FORSCHUNGSPROBLEME DER
VERGLEICHENDEN LITERATURGESCHICHTE

IV

Herausgegeben von

Kurt Wais

HORST HINA

Nietzsche und Marx
bei Malraux

Mit einem Ausblick auf
Drieu la Rochelle und Albert Camus

Max Niemeyer Verlag Tübingen
1970

Gebundene Ausgabe: ISBN 3 484 60019 5
Broschierte Ausgabe: ISBN 3 484 60031 4

© Max Niemeyer Verlag Tübingen 1970
Alle Rechte vorbehalten. Printed in Germany
Herstellung: Bücherdruck Helms KG Tübingen
Einband von Heinr. Koch Tübingen

à Renée-Anne

Inhaltsverzeichnis

Verzeichnis der Abkürzungen

Malraux zwischen Mythos und Wirklichkeit

Ein Blick auf die Forschung

Trotz der beträchtlichen Zahl der Veröffentlichungen zu André Malraux' Gestalt und Werk ist der Boden für eine wirklich historisch-kritische Auseinandersetzung mit diesem merkwürdig verrätselten Autor noch kaum vorbereitet. Erst seit 1964 sind Arbeiten erschienen, die Malraux' dichterisches Schaffen aus der Gesamtheit seiner Lebensverhältnisse heraus zu erschließen versuchten. Beispielhaft und richtungsweisend ist vor allem die Untersuchung von André Vandegans,[1] die den Zeitraum bis 1928 erfaßt und den Schwerpunkt auf die »Farfelue«-Prosa gelegt hat. Freilich wird auch diese Arbeit noch einiger Korrekturen bedürfen, weil das erst langsam zutagetretende Forschungsmaterial notwendig perspektivische Verschiebungen zur Folge haben wird. Schon die Darstellung von Malraux' Indochina-Abenteuer bei André Vandegans, bei Clara Malraux[2] und bei Walter Langlois[3] läßt in Auswahl und Wertung des Materials einschneidende Unterschiede erkennen. Obwohl die Mehrzahl der Forschungen bisher dem jungen Malraux galt, ist selbst im Jahrzehnt 1920/30 noch manches unklar, besonders für die Zeit nach Malraux' Rückkehr aus Indochina. Die Epoche zwischen 1930 und 1945, in der nicht nur Malraux' politische Tätigkeit einen ersten Höhepunkt fand, sondern in der mit Ausnahme der »Conquérants« alle Romane Malraux' entstanden sind, ist schließlich überhaupt noch nicht Gegenstand einer Spezialuntersuchung geworden.

Der breite Strom der Malraux-Literatur setzte ungeachtet der Schwierigkeit der Quellenforschung in Frankreich schon nach 1945, besonders heftig nach 1948 ein. Aus der zeitgeschichtlichen Bedingtheit dieser Literatur sind die Art ihrer Themenstellung wie die von ihr gebotenen Lösungen zu verstehen. Das Jahr 1948 ist der Zeitpunkt, zu dem Malraux' Werk erstmals aus einer gewissen

---

[1] André Vandegans, La jeunesse littéraire d'André Malraux, Essai sur l'inspiration farfelue, Paris 1964
[2] Clara Malraux, Nos vingt ans, Paris 1966
[3] Walter Langlois, André Malraux, The Indochina Adventure, New York 1966

I

Distanz als »historisch« empfunden wurde. Der Wandel des Bewußtseins war freilich vorwiegend politisch orientiert: Malraux' spektakulärer Übertritt in das Lager de Gaulles, der besonders deutlich in der erbittert antikommunistischen Rede in der Salle Pleyel vom 5. März 1948 sichtbar wurde, zeigte auch einer breiteren Öffentlichkeit, daß die Zeit seiner kommunistischen Bundesgenossenschaft endgültig vorüber war. Die nun erscheinende Malraux-Literatur hatte vor allem das Ziel, diesen Bruch aus der inneren Gesetzlichkeit von Malraux' Schaffen nachzuweisen. Daraus geht hervor, daß der Charakter der Forschungen von Picon, Savane, Cl. Mauriac, Boisdeffre, Stéphane, Magny, Mounier, Rousseaux, P.-H. Simon, Béguin hauptsächlich durch die lebendige Nähe zum diskutierten Autor und oft auch durch politische Voreingenommenheit ausgezeichnet ist. Im Hinblick auf Malraux' Beziehung zu Marx ist dabei bedeutsam, daß der zu de Gaulle übergetretene Autor zumeist vom Gesichtspunkt seiner Marx-Ferne betrachtet wird.

Der Vergleich der 1948 herausgegebenen Sondernummer der Zeitschrift »Esprit« zum Thema Malraux mit den »Yale French Studies« von 1957, die sich mit dem gleichen Autor befassen, zeigt (wie Joseph Hoffmann[4] richtig erkannt hat), daß die nach 1950 einsetzende amerikanische Malraux-Forschung – die erste bleibende Leistung ist Frohocks Malraux-Monographie[5] – demgegenüber durch ihre akademische Form und durch ihre wissenschaftliche Haltung bestimmt ist. Doch diese Wissenschaftlichkeit erweist sich bei näherem Hinsehen weitgehend als vordergründig. In der Mehrzahl ihrer Veröffentlichungen entwickelt die amerikanische Malraux-Forschung einen Malraux-Mythos, der den Autor als makellosen Vorkämpfer gegen den Faschismus und nach 1945 gegen den stalinistischen Kommunismus in der Verteidigung von Freiheit und demokratischer Staatsform schildert. Charles Blends Malraux-Buch[6] ist wohl der eindeutigste Ausdruck dieses Mythisierens, bei dem die kritische Distanz zum dargestellten Schriftsteller verloren geht. Arbeiten wie die von Frohock, Gannon und Blend versuchen umständlich darzulegen, daß die Beziehung des kommunismusfreundlichen Malraux in den dreißiger Jahren zum Marxismus nur eine äußerliche war und daß Malraux nie der KP angehört hat. J. Hoffmann stellt dazu die Frage, ob auch noch auf den amerikanischen Malraux-Arbeiten der Schatten MacCarthys liege.

J. Hoffmanns Gegenüberstellung von französischer und amerikanischer Malraux-Forschung läßt die Frage nach Stellung und Aufgabe der deutschen Mal-

---

[4] Joseph Hoffmann, A propos de quelques études sur Malraux. In: Bulletin des jeunes Romanistes, 4, Dez. 1961, S. 40–46

[5] W. M. Frohock, André Malraux and the Tragic Imagination, Stanford 1952

[6] Charles D. Blend, André Malraux, Tragic Humanist, Columbus 1963

raux-Forschung besonders dringlich erscheinen. Angesichts der Unsicherheit der Beurteilung des Einflusses von Marx wäre es gerade der deutschen Malraux-Forschung aufgegeben, in einer nüchternen und unparteilichen Betrachtung die einseitig politische Einschätzung dieses Einflusses zu überwinden und ihren philosophischen Charakter stärker in den Vordergrund zu stellen. Schon die Mächtigkeit, in der das deutsche Denken auf Malraux eingewirkt hat, müßte der deutschen Malraux-Forschung zur Verpflichtung werden. Merkwürdigerweise ist aber von einem tiefergehenden Interesse an Malraux in der deutschen Forschung bislang wenig zu spüren. Größere deutschsprachige Arbeiten zu Malraux sind äußerst selten, trotz einiger hoffnungsvoller Ansätze in den fünfziger Jahren von Hans Jeschke, Friedrich-Georg Bollnow, Gerda Zeltner-Neukomm und Hans Paepke. Einsam stehen die Dissertationen von Fritz Kerndter (1957) und Dietmar Eggart (1966), die nicht zuletzt wegen der geringen Breite der deutschen Malraux-Forschung in der französischen und angelsächsischen Literatur keine Beachtung gefunden haben.[7]

Aus dem politischen Dilemma der Malraux-Forschung ist zu verstehen, daß die Einfluß-Konstellation Nietzsche–Marx nie richtig ins Zentrum der Betrachtung rücken konnte. Die amerikanische Malraux-Forschung war zwar durchaus bereit, Nietzsche einen beträchtlichen Platz in Malraux' geistiger Welt einzuräumen, doch sperrte sie sich entschieden gegen die Annahme einer größeren Einwirkung von Marx und war nicht im geringsten willens, eine gegenseitige Durchdringung von Nietzsche und Marx in Malraux' Werk anzunehmen. Bezeichnend ist die Auffassung von Blend, der als einziger überhaupt der Einflußverbindung Nietzsche–Marx einige Überlegungen widmet. Er befürwortet den Gedanken der Berührung der Einflußsphären nicht grundsätzlich, sondern stellt die Frage, ob sich die Einflußbereiche nicht antagonistisch verhielten.[8] Demnach hätte der starke Nietzsche-Einfluß auf den frühen Malraux die Einwirkung von Marx zunächst sehr behindert; nach 1930 dagegen hätte Marx überwogen und Nietzsche sei in den Hintergrund getreten. Malraux' Abkehr vom Kommunismus nach 1945 hätte wiederum die Verdrängung von Marx durch Nietzsche bedeutet. Daß gerade im Roman »La Condition Humaine« der Einfluß nicht nur Marx', sondern auch Nietzsches mit am stärksten ist, erwägt Blend nicht; eine gleichzeitige Einwirkung von Nietzsche und Marx nimmt er nicht an. Überdies bemerkt er, das der Forschung verfügbare Material lasse eine

---

[7] Fritz Kerndter, André Malraux, Die Suche nach einem neuen Menschenbild in Leben und Werk bis 1933, Diss. München 1957; Dietmar Eggart, Das Problem der Einsamkeit und ihre Überwindung im Romanwerk von André Malraux, Diss. Tübingen 1966

[8] Charles D. Blend, S. 79.

3

Beurteilung des antagonistischen Einflußverhältnisses nicht zu, und damit verzichtet er auf die Ausarbeitung der angedeuteten Beziehungen.

Dagegen ist die französische Forschung viel eher geneigt, die Möglichkeit eines Komplementärverhältnisses Nietzsche–Marx in Erwägung zu ziehen. Besonders die grundlegenden Arbeiten von Gaëtan Picon zeigen einige deutliche, wenn auch nur stichwortartige Ansätze zu einer solchen Betrachtungsweise. In dem aphoristisch gehaltenen Malraux-Buch von 1945, das recht eigentlich als der Beginn der französischen Malraux-Forschung anzusprechen ist, weist Picon darauf hin, daß dieser Nietzsche und Marx als die beiden bedeutendsten Autoren des neunzehnten Jahrhunderts betrachtet hat.[9] Malraux – »réunissant Marx et Nietzsche«[10] – hat versucht, den Gegensatz der individualistischen Isolation und der kommunistischen Vergesellschaftung des Menschen in der »fraternité« aufzuheben. Die acht Jahre später erschienene Darstellung »Malraux par lui-même« spinnt diese Gedanken fort. Malraux entnehme von Marx, was diesen mit Nietzsche verbinde: seine Abneigung gegen den »bürgerlichen« Optimismus und »Hedonismus«; die Prophetie der Stunde der Entscheidung, in der sich das Schicksal wende; den Glauben an die Gewalt, welche die brüchig gewordene alte Gesellschaft zerstöre und verwandle; das Vertrauen auf die fördernde Kraft der Antagonismen.[11] Wo Nietzsche jedoch mit der Formel »amor fati« den Einklang des Menschen mit dem kosmischen Schicksal verkünde, glaube Malraux mit Marx an die Hoffnung des Menschen, der sein Schicksal am Ende bezwinge.[12] Diese Leitgedanken fanden allerdings in der französischen Forschung nicht die Beachtung, die sie verdient hätten. Schon Pierre de Boisdeffre zerstört den Begriff der Einfluß-Konstellation Nietzsche–Marx, indem er, wohl in Polemik zu Gaëtan Picon, einzig darauf hinweist, Malraux stehe viel eher unter der Einwirkung Nietzsches als der von Marx, und so die Beziehung der Einflüsse von Nietzsche und Marx nicht weiter untersucht.[13] Die ausführlichen Arbeiten von Jeanne Delhomme,[14] Joseph Hoffmann und André Vandegans schließlich nehmen auf die Einflußverbindung Nietzsche–Marx keinen Bezug mehr.

Die Gründe, weshalb diese eigentlich naheliegende Beziehung bisher unbeachtet blieb, liegen in der Problematik der Einzeleinflüsse von Nietzsche und Marx verborgen. Vor allem ist es nie gelungen, Marx' Einfluß auf Malraux konkret

---

[9] Gaëtan Picon, André Malraux, Paris 1945, S. 29
[10] Gaëtan Picon, ebd., S. 33
[11] Gaëtan Picon, Malraux par lui-même, Paris 1953, S. 92
[12] Gaëtan Picon, ebd.
[13] Pierre de Boisdeffre, André Malraux, Paris 1952, S. 19
[14] Jeanne Delhomme, Temps et destin. Essai sur André Malraux, Paris 1955

nachzuweisen. Wie wir gesehen haben, sind es zum Teil politische Gründe, die der amerikanischen Malraux-Forschung den Zugang zu Marx verschlossen. Demgegenüber litten die meisten französischen Arbeiten darunter, daß sie angesichts von Malraux' gaullistischem Engagement die Bedeutung von Marx für Malraux' schriftstellerische Entfaltung zu gering einschätzten, nur um zu beweisen, daß Malraux' politische Wende von Anfang an in seiner Entwicklung angelegt war. Der Sartre nahestehende Kritiker Roger Stéphane betrachtet in seiner Studie »Malraux et la révolution« Malraux als einen Schriftsteller, der nie anders denn als »activiste méthodique«[15] handelte und dem jedes ideologische Engagement fremd war. Auch die Arbeit von Claude Delmas »André Malraux et le communisme«[16] bewegt sich auf den gleichen Bahnen. Einzig auf deutscher Seite erwähnt Fritz Kerndter, Malraux habe sich schon früh mit den »mehr philosophischen« Schriften von Marx beschäftigt,[17] eine Information, die von Manès Sperber stammt. Zweifelhaft ist indes nicht nur, welche Schriften Marx' darunter zu verstehen sind, sondern auch die Tatsache, daß die Marx'schen Frühschriften, die am ehesten als »philosophisch« anzusprechen sind, in Frankreich erst 1929 und 1937 auszugsweise veröffentlicht wurden[18] und so erst den mittleren Malraux beeinflussen konnten. Insgesamt ließe sich eine präzise Beschreibung von Marx' Einfluß auf Malraux wohl nur auf dem Hintergrund der allgemeinen französischen Marx-Rezeption im Zeitraum 1920/1940 vornehmen, die ganz eigenen Gesetzen folgt und nicht ohne weiteres verständlich ist. Doch auf einer solch fundierten Grundlage ist kein Versuch der Deutung des Marx-Einflusses gewagt worden.

Ganz anders steht es mit Nietzsches Einwirkung auf Malraux. Daß Nietzsche für Malraux eine große Bedeutung gehabt hat, läßt sich wohl kaum bestreiten; die Unsicherheit besteht eher darin, diesen Einfluß in seinem Umfang und vor allem in seinen Grenzen sichtbar zu machen. Bei der Annäherung von Nietzsche und Malraux ist jedes Maß überschritten worden; es entsteht der Eindruck, als ob es eines der Kennzeichen des Malraux-Mythos sei, Malraux als den Schriftsteller darzustellen, der Nietzsches Prophetien leibhaftig vorgelebt habe. Am weitesten bei der Identifikation von Nietzsche und Malraux geht Charles Blend: seiner Auffassung nach verwirklicht Malraux Nietzsches Forderung

---

[15] Roger Stéphane, Malraux et la révolution. In: Esprit, Sondernummer Oktober 1948, S. 461–68, hier S. 467
[16] Claude Delmas, André Malraux et le communisme. In: L'Age Nouveau, 79, Februar 1953, S. 51–62
[17] Fritz Kerndter, S. 15
[18] Siehe die Bibliographie der Frühschriften von Günther Hillmann in: Karl Marx, Texte zu Methode und Praxis II, Hamburg 1966, S. 240

nach einer Vermännlichung Europas; Malraux schreibt seine Werke mit seinem eigenen Blut, wie es Nietzsche gewollt hatte; Malraux besitzt Nietzsches unerschrockenen Tatsachenblick; durch Nietzsche vermittelt ist die irrationale Ausrichtung seines Werks, seine Hochschätzung der Musik, seine Ablehnung des Wissenschaftlichen, seine Konzeption des Prometheischen, ja schließlich sein Begriff des Tragischen schlechthin.[19] Eine Grenze zwischen Nietzsche und Malraux ist überhaupt nicht mehr sichtbar. Und doch zeigt ein Blick auf die verschiedenen Stimmen zum Nietzsche-Einfluß auf Malraux, wie schwankend selbst auf diesem Feld die Meinungen sind. Hans Jeschke bezeichnet Malraux rundweg einen »Nietzschejünger«;[20] Fritz Kerndter will erfahren haben, daß Malraux seit seinem sechzehnten Lebensjahr Nietzsche begeistert las;[21] Charles Moeller rühmt die Tiefe des Nietzsche-Verständnisses beim frühen Malraux im Vergleich zu Gide, der Nietzsche als Taschenbuch für die damalige Pariser »jeunesse dorée« zurechtgestutzt hätte.[22] Demgegenüber warnt der sehr kritische W. M. Frohock, es lägen keine festen Anhaltspunkte vor, daß Malraux vor 1930 mehr als die gängigen »Nietzscheismen« gekannt und verwendet habe;[23] Emmanuel Mounier weist mit Nachdruck darauf hin, wie sehr sich Malraux im einzelnen von Nietzsche unterscheide;[24] E. Mounier wie E. Gannon sind eher geneigt, Heidegger und selbst Jaspers zur Erklärung des frühen Malraux heranzuziehen, obwohl dieses Verfahren kaum zu verantworten ist, da »Sein und Zeit« erst 1928 erschien und Malraux Heidegger frühestens gegen 1930 durch die Vermittlung von Bernard Groethuysen und später Raymond Aron kennenlernte. Die Skepsis gegen den Nietzsche-Einfluß bei Malraux setzt sich auch in den neueren Veröffentlichungen fort; so betont Joseph Hoffmann an mehreren Stellen den beträchtlichen Unterschied der Auffassungen von Nietzsche und Malraux.[25] Uns scheint jedoch, daß weder die völlige Identifikation von Nietzsche und Malraux noch die ebenso entschiedene Betonung ihres Gegensatzes geeignet sind, die Beziehung zwischen Nietzsche und Malraux aufzuzeigen; es handelt sich vielmehr darum, Identifikation und Opposition in der Darstellung

[19] Charles D. Blend, André Malraux, The Tragic Humanist, Columbus 1963, S. 3, 6, 17, 59
[20] Hans Jeschke, Tragischer Humanismus als Lebensaspekt bei André Malraux. In: Romanistisches Jahrbuch IV, 1951, S. 347
[21] Fritz Kerndter, S. 15
[22] Charles Moeller, Espoir des Hommes. In: Littérature du XXe siècle et christianisme, Paris 1959, Bd. III, S. 32
[23] W. M. Frohock, S. 31
[24] E. Mounier, André Malraux ou l'impossible échec. In: Esprit, Okt. 1948, S. 487
[25] J. Hoffmann, L'humanisme de Malraux, Paris 1964, S. 92–94

des Prozesses der schöpferischen Anverwandlung Nietzsches durch Malraux aufzuheben. Dieser Prozeß schließt die innere Gegensätzlichkeit nicht aus, ohne doch gleichzeitig den Einfluß abzustreiten. Freilich muß dabei die Frage geklärt werden, wie sich Malraux selbst zu Nietzsche stellt und wie er sein eigenes Denken im Hinblick auf Nietzsche sieht. Die Frage von Malraux' Beurteilung Nietzsches ist bisher überhaupt noch nicht angeschnitten und in ihrer Bedeutung bewußt geworden. Die unterschiedliche Bewertung des Nietzsche-Einflusses auf Malraux ist nicht zuletzt darauf zurückzuführen, daß die meisten Betrachter sich von der bloßen Analogie leiten lassen und trotz mangelnden Materials Einflußbeziehungen aufzuweisen suchen. Aus der Methode des Vergleichs allein läßt sich ein Einfluß nicht hinreichend begründen. Ein besonders extremes Beispiel ist der Versuch von Blossom Douthat,[26] Malraux' Begriff der »angoisse« in »La Tentation de l'Occident« aus Nietzsches Begriffen des Dionysischen und des Apollinischen herzuleiten, obwohl Malraux selbst in dieser Schrift diese Begriffe nie verwendet und auch andere Problemzusammenhänge als Nietzsche in der »Geburt der Tragödie« behandelt. Gewiß spricht die Verfasserin nur von »Nietzschean motifs«, doch selbst die alleinige Zuordnung zweier wesensfremder Denkbereiche ist schwer zu rechtfertigen.

So erfordert das Schwanken in der Einschätzung des Einflusses nicht nur von Marx, sondern auch Nietzsches zunächst eine genaue Abgrenzung und Charakterisierung der Einwirkung dieser Denker auf Malraux' Werk. Erst von dieser Grundlage aus kann der Versuch unternommen werden, in der Einflußkonstellation Nietzsche–Marx den spezifischen Aspekt von Malraux' Aneignung von Nietzsche und Marx herauszuarbeiten.

[26] Blossom Douthat, Nietzchean motifs in »Temptation of the Occident«. In: Yale French Studies 18, 1957, S. 77–86

A

MALRAUX UND NIETZSCHE

I

Erste Zeugnisse von Malraux' Beschäftigung mit Nietzsche

Malraux' frühe Beschäftigung mit Nietzsches Werk bestätigt Clara Malraux in ihren Erinnerungen »Apprendre à vivre«. Sie beschreibt den angehenden Schriftsteller als von Nietzsches Philosophie im Innern betroffen, »hanté par Nietzsche, bien entendu, et cela avant même que nous nous connûmes«.[1] Clara Malraux besaß zu jener Zeit Ausgaben von Nietzsches »Zarathustra«, von »Jenseits von Gut und Böse« sowie einen Auswahl-Band seiner Aphorismen; Malraux, der alle diese Bücher sehr gut kannte, schätzte »Jenseits von Gut und Böse« am höchsten ein.[2] Die in Magdeburg geborene französische Jüdin Clara Goldschmidt, seit 1921 Malraux' Frau, bereicherte Malraux' Kenntnisse nicht nur Nietzsches, sondern der deutschen und zum Teil auch der europäischen Literatur: »Je lui parle de Hölderlin et Novalis, nous parlons de Nietzsche, de Dostoïevski, de Tolstoï, dont il ne connaît pas encore ›Guerre et Paix‹, il me parle de l'Espagne et du Greco, je lui parle de l'Italie, des peintres que j'aime«.[3] Bemerkenswert ist das rege Interesse, das Malraux neben Nietzsche seit Anfang auch für Dostojevskij und Tolstoi aufbrachte; gegen 1922, noch vor Gides Dostojevskij-Vorträgen, denen Malraux nicht beiwohnte,[4] hatte er wie sein Freund Marcel Arland alle damals ins Französische übersetzten Werke Dostojevskijs gelesen.[5] Nietzsche und Dostojevskij treten bei Malraux in ein Wechselverhältnis; sie erhellen sich gegenseitig, und bei diesem Vergleich werden die metaphysischen Fragestellungen bei Nietzsche wie bei Dostojevskij stärker sichtbar. Zur Erkenntnis der Wechselbeziehung zwischen Nietzsche und Dostojevskij trug Leo Schestov viel bei, den Malraux Mitte der zwanziger

[1] Clara Malraux, Apprendre à vivre, Paris 1963, S. 271
[2] Dem Verfasser mitgeteilt von Clara Malraux.
[3] Clara Malraux, Apprendre à vivre, S. 271
[4] Dem Verfasser mitgeteilt von Marcel Arland und Clara Malraux.
[5] Dem Verfasser mitgeteilt von Marcel Arland.

Jahre kennenlernte und auf den er in seinen Schriften mehrfach zu sprechen kommt.[6] Für die von Clara Malraux weiterhin genannten Dichter Novalis und Hölderlin begeisterte sich Malraux in geringerem Maße als Clara, die gegen 1925 den »Hyperion« ins Französische übertrug, jedoch zögerte, das fertige Manuskript zum Druck einzureichen.[7] So haben diese Autoren kaum auf Malraux' entstehendes Nietzsche-Bild eingewirkt. Von größerer Bedeutung ist Malraux' ebenfalls durch seine Frau vermittelte erste Berührung mit Freuds Psychoanalyse, gegen die er zwar sofort entschieden Stellung nimmt, die ihn aber zu psychologischen Reflexionen anhält, in die er auch Nietzsche einbezieht.

Malraux begann seine schriftstellerische Laufbahn im Kreis der um die Zeitschrift »Action« versammelten Autoren, zu denen neben André Gide und André Suarès die Avantgardisten Max Jacob, André Salmon und Paul Reverdy, aber auch gänzliche Neulinge wie Gabory und eben Malraux gehörten. Die Zeitschrift war hauptsächlich auf moderne Lyrik ausgerichtet; ihr politisches und soziologisches Interesse war gering. Der Mitherausgeber von »Action«, Marcel Sauvage, leitete jedoch gleichzeitig eine am individualistischen Anarchismus orientierte Zeitschrift, in der auch der Anarchist Victor-Serge (Kibaltchiche) schrieb. In seinem allerdings nicht veröffentlichten »Essai sur Nietzsche« von 1920 versuchte dieser ein politisches Nietzsche-Bild zu entwerfen, das der anarchistischen Tradition entsprach.[8] Malraux, der mit Victor-Serge seit jener Zeit bekannt war, hatte in diesen Jahren noch kaum politische Interessen; das politisierte Bild Nietzsches als des Philosophen der Aktion entwickelt sich erst langsam seit seinen Indochina-Aufenthalten.

Die ausgedehnten Reisen, die Malraux seit 1920 unternahm, trugen auch zu einer Vertiefung und Bereicherung der von Nietzsche vermittelten Gedanken bei. Die längeren Aufenthalte in Italien (1921) und Griechenland (1922) erweckten Malraux' Begeisterung für die Renaissance, vor allem für die Epoche zwischen Giotto und Michelangelo, sowie für die griechische Antike; sie führten ihn jedoch eine Zeitlang ins antiromantische Lager von Charles Maurras und damit zu einer skeptischeren Einschätzung von Nietzsche selbst. Einen besonders nachhaltigen Eindruck hinterließen die Reisen nach Deutschland – 1922 nach Berlin, Magdeburg, Nürnberg, 1923 ins Rheinland –, die ihn mit der geistigen Revolution des Nachkriegsdeutschlands bekannt machten. In Berlin

---

[6] Dem Verfasser bestätigt von Boris de Schloezer.

[7] Clara Malraux, Nos vingt ans, Paris 1966, S. 241

[8] Nachforschungen des Verfassers nach dem Manuskript bei Pascal Pia, Florent Fels und Marcel Sauvage blieben ergebnislos, so daß das Manuskript wohl als verloren anzusehen ist. André Vandegans (La jeunesse littéraire d'André Malraux, Paris 1964, S. 24) erwähnt den Aufsatz von Victor-Serge.

lernte Malraux 1922 erstmals die Schriften von Spengler und Keyserling kennen, die ihn zu seinen kulturpsychologischen Überlegungen anregten und ihm die kulturkritischen Aspekte von Nietzsches Philosophie erst voll erschlossen. Auch die Kenntnis der Psychoanalyse wird vertieft; Clara Malraux erstand sich eine Schrift Freuds, die sie 1928 unter dem Titel »Journal psychanalytique d'une petite fille« in französischer Übersetzung veröffentlichte. Schließlich brachte ihn der Berlin-Aufenthalt in erneute Berührung mit der jungen expressionistischen Lyrik, mit Benn, Werfel, Kayser, Carl Einstein, die zum Teil in »Action« übersetzt erschienen waren. So hat der Berlin-Aufenthalt Malraux' Denken um viele Gesichtspunkte bereichert.[9]

Eine neue Phase der Nietzsche-Rezeption begann mit den Reisen nach Indochina (1923/25). Besonders nach ihrer Verhaftung, während des mehrmonatigen Krankenhausaufenthalts in Pnom-Penh, der Claras simuliertem Selbstmordversuch folgte, vertiefte sich Malraux erneut intensiv in Nietzsches Werk.[10] Er las gleichzeitig auch Sorel, Durkheim und Lévy-Bruhl und verstand nun Nietzsche auch aus einer politischen Perspektive heraus. Im Glauben an eine vom Übermenschen bestimmte gesellschaftliche Rangordnung schuf sich Malraux einen literarischen Olymp, in dem Nietzsche neben Georges Sorel, neben dem Dostojevskij des »Raskolnikov« und dem Balzac des Rastignac seinen Platz hatte. Da Marx' Einfluß zu dieser Zeit noch nicht spürbar ist, fehlt diesem Denken die soziale Dimension; es betont einseitig die machtpolitische Bedeutung des immoralistischen großen Individuums. Clara Malraux charakterisiert Malraux' Kult des großen Menschen folgendermaßen:

A l'époque, mon compagnon croit à une hiérarchie, non pas sociale, mais établie en fonction de valeurs pour l'essentiel nietzschéennes. Avant de se révolter contre la condition humaine, avant de songer à l'aménager, il accepte un ordre qui permet et stabilise le triomphe des forts. La dignité de certains l'intéresse davantage que le bonheur d'un grand nombre. Le commun des mortels, à peu de choses près, se compose pour lui de marionnettes qui se meuvent sans justification, sinon sans pittoresque.[11]

Dieses bewußt überspitzte Urteil betont allerdings nur den vulgären Charakter von Malraux' Nietzsche-Verehrung, sozusagen die Ismus-Schicht des Einflusses; erst der Blick auf das Kunstwerk vermag zu zeigen, in welcher Weise Malraux diese Anschauung in der Dichtung fruchtbar machen kann. Der 1930 veröffentlichte Roman »La Voie Royale«, der Malraux' Indochina-Abenteuer dichterisch

---

[9] Clara Malraux, Nos vingt ans, S. 53/54
[10] Clara Malraux, ebd., S. 186
[11] Clara Malraux, ebd., S. 179–80

überhöht, gibt am ehesten Antwort auf die Frage der Nietzsche-Rezeption in dieser ersten Epoche seines künstlerischen Schaffens.

Nach Malraux' Rückkehr aus Indochina 1925 begann seine eigentliche Laufbahn als Schriftsteller. Wichtig für die Vertiefung seiner Nietzsche-Kenntnis sind einige bedeutsame Freundschaften, die er zu dieser Zeit schloß. 1928 lernte er in Pontigny den aus deutschem Geschlecht stammenden Bernard Groethuysen kennen. Da Malraux seit diesem Jahr bei Gallimard eine Stellung als Leiter der »éditions de luxe« innehatte, traf er Groethuysen, der bei Gallimard als Berater für Übersetzungen aus dem Deutschen tätig war, mehrmals in der Woche.[12] Der um einige Jahre ältere Groethuysen konnte bereits auf ein umfangreiches kritisches Werk zurückblicken; er hatte unter anderem 1926 eine »Introduction à la pensée philosophique allemande depuis Nietzsche« herausgebracht; er war wohl der beste französische Spengler-Kenner; er veröffentlichte regelmäßig in der NRF die »Lettres d'Allemagne« über die neueste deutsche Literatur. Zu der Zeit, da Malraux an seinem Roman »La Voie Royale« arbeitete, war ihre Beziehung am engsten; damals sahen sich Malraux und Groethuysen fast täglich.

Ein anderer Freund Malraux' in jenen Jahren war der um zehn Jahre ältere Emmanuel Berl. Der von Berl geplante Zyklus über die Zersetzung der »bürgerlichen« Werte ist in engem Gedankenaustausch mit Malraux entstanden; viele der von Malraux in seinen Schriften nur knapp angedeuteten Gedanken finden sich hier ausführlich dargelegt, wenn auch zuweilen vergröbert, so daß Berl manchen Fingerzeig zum Verständnis des frühen Malraux abgeben kann. Die Malraux gewidmete Broschüre »Mort de la pensée bourgeoise« (1929) endet mit einer Apotheose der »Conquérants«: »Je ne connais pas, depuis Nietzsche, un livre aussi héroïque que le sien«,[13] bemerkt Berl zu Malraux' erstem Roman. In der Abhandlung »Mort de la morale bourgeoise« (1930) nahm Berl Malraux' Kritik des Individualismus auf; er polemisierte heftig gegen Maritain und Massis; er gab zu erkennen, wie er Nietzsches Erbe fortzuführen gedachte. Malraux, dem die an Nietzsche gemahnende prägnante aphoristische Form von Berls Büchern sehr zusagte, entlehnte ihnen bis hin zum Roman »Espoir« (1937) manche geglückte Formulierung. Weitere Schriftsteller, zu denen Malraux gegen Ende der zwanziger Jahre verhältnismäßig rege Beziehung hatte, waren Arland, Chamson, Drieu, Nizan, Giono, Guéhenno, Guilloux, deren Verhältnis zu Nietzsche jedoch zumeist weniger ausgeprägt war als das Malraux'. Die jungen Autoren trafen einander häufig in einem der glanzvollsten literarischen

---

[12] Dem Verfasser mitgeteilt von Pascal Pia.
[13] Emmanuel Berl, Mort de la pensée bourgeoise, Paris 1929, S. 190

Salons jener Jahre, den der Nietzsche-Verehrer Daniel Halévy – er hatte 1909 das Buch »La vie de Frédéric Nietzsche« publizierte – jeden Samstagmorgen abhielt und bei dem sich auch Malraux einfand.

Einer der wichtigsten literarischen Treffpunkte jener Zeit, Umschlagplatz für Nietzsche wie für fast alle wesentlichen Einflüsse der Epoche, waren die von Paul Desjardins begründeten »Dekaden« von Pontigny. Paul Desjardins hatte Malraux im Haus von Louis Martin-Chauffier kennengelernt und berichtet darüber in seinen »Carnets« unter dem Datum des 3. Dezember 1927: »Je trouve chez Martin-Chauffier des jeunes gens de lettres dont l'un, André Malraux', m'a plu extrêmement; nous avons parlé de Michelet qu'il aime et comprend«.[14] Dieses günstige Urteil nahm er indes bald zurück: »Malraux avec ses certitudes tranchantes me déconcerte toujours et je bafouille devant lui«,[15] heißt es unter dem 24. Februar 1929. Doch diesem Wechsel des Urteils entspricht auch bei Malraux eine kritische Distanzierung vom Geist von Pontigny, die in der dichterischen Transposition des Kolloquiums von Altenburg in »La Lutte avec l'Ange« (1943) zum Ausdruck kommt. Aus dieser Darstellung geht hervor, daß die in Pontigny betriebene Art der Nietzsche-Rezeption nicht der geringste Grund für Malraux' Abneigung war. Malraux hat insgesamt an zwei »Dekaden« teilgenommen:[16] an der »Dekade« vom 19.–29. August 1928 über das Thema »Jeunesse d'après-guerre, à cinquante ans de distance«, sowie 1932 ebenfalls an der zweiten »Dekade« vom 28. Aug.–7. Sept. über das Thema »De la transposition des valeurs; d'une génération à une autre, d'une classe sociale à une autre, d'une nation à une autre«. Am 18. Mai 1933, als Desjardins ein Exemplar der »Condition Humaine« zugeschickt erhielt, überlegte er sich einen Augenblick, ob er im Falle von Chamsons Rücktritt die geplante »Dekade« mit dem Titel »Sur le caractère révolutionnaire des événements actuels« an Malraux übertragen solle, doch ist später nicht mehr davon die Rede. Da 1933 überdies dessen aktive politische Tätigkeit begann, war eine weitere Teilnahme in Pontigny ohnehin ausgeschlossen.

Mit diesen Daten liegen die wichtigsten Stadien von Malraux' geistiger Biographie im Hinblick auf seine Nietzsche-Rezeption fest, und zwar bis an die Schwelle der dreißiger Jahre. Mit Malraux' persönlichen Verbindungen und mit seiner Stellung zu den einzelnen literarischen Kreisen läßt sich zwar nicht

[14] Zitiert bei Anne Heurgon-Desjardins, Paul Desjardins et les Décades de Pontigny, Paris 1964, S. 295
[15] Aus den unveröffentlichten »Carnets« von Paul Desjardins.
[16] Malraux' Pontigny-Aufenthalte 1928 und 1932 haben wir mit freundlicher Hilfe von Anne Heurgon-Desjardins anhand der Pontigny-Alben festgestellt, da Teilnehmerlisten nicht vorhanden sind.

der Charakter der Nietzsche-Rezeption ausmachen; es läßt sich aber angeben, daß sich Malraux in der Tat seit früher Jugend intensiv mit Nietzsche beschäftigt hat und daß er zum Teil von ausgezeichneten Nietzsche-Kennern umgeben war, mit denen er Gelegenheit hatte, seine Kenntnisse zu erweitern und innerhalb des französischen Nietzsche-Einflusses Position zu ergreifen. Unsere Aufgabe ist nun, diese eher quantitative Analyse durch eine qualitative Bestimmung von Malraux' Nietzsche-Rezeption zu ersetzen.

II

Malraux' Annäherung an Nietzsche im Spiegel seines Verhältnisses zu Maurras und Gide

Um die für Malraux charakteristische Weise seiner Nietzsche-Aneignung zu bestimmen, versuchen wir sein Bemühen um Nietzsche anhand der literarischen Tradition zu deuten, in der er sich befindet und aus der heraus er sich versteht. Aus dieser Tradition wählen wir mit Maurras und Gide zwei Schriftsteller, in deren Spannungsfeld sich der frühe Malraux bewegt und von denen seine Haltung zu Nietzsche gegensätzlich beeinflußt wird. Unter der Einwirkung von Maurras gelangt Malraux zu seiner frühen antiromantischen Nietzsche-Kritik, während er durch Gide zu einer dramatisch-existentiellen Auffassung seiner Weltanschauungsproblematik und damit zu einer Bejahung Nietzsches kommt. Im Übergang von Maurras zu Gide zeigt sich, wie Malraux nach anfänglichem Zögern sich voll dem Einfluß Nietzsches öffnet. Gleichzeitig bezeichnen die beiden Autoren die zwei Ebenen, auf denen sich die Begegnung zwischen Malraux und Nietzsche abspielt; Malraux' Nietzsche-Aneignung läßt sich als zweifache Lektüre Nietzsches am Leitfaden von Maurras und Gide beschreiben. In diesem Versuch der Aneignung von zwei verschiedenen Perspektiven her ist die eigentliche Funktion des Nietzsche-Bildes doppeldeutig: auf der einen Seite gelingt es Malraux, vom Standpunkt der beiden Autoren Nietzsche kritisch einzugrenzen und zu einem distanzierenden Urteil über ihn zu gelangen, andererseits hilft ihm aber auch Nietzsche, sich aus den zwei Einflußbereichen zu lösen und den Weg zu der ihm angemessenen künstlerischen Aussage zu finden. Die ambivalente Bedeutung des sich entwickelnden Nietzsche-Bildes im Rahmen von Malraux' Verhältnis zu der ihn tragenden literarischen Tradition soll den Blick auf Nietzsches Position im Ganzen von Malraux' Schaffen eröffnen.

a) Malraux' antiromantische Nietzsche-Kritik unter dem Einfluß
von Maurras

Malraux' erste kritische Einschätzung Nietzsches ist durch seine Annäherung an Maurras und die »Action Française« begründet, der er in den Jahren vor seiner Reise nach Indochina 1924 keineswegs ablehnend gegenübersteht. Gewiß ist das im Auftrag von Florent Fels zur fünften Auflage von Maurras' »Mademoiselle Monk« verfaßte Vorwort Malraux' als literarische Gelegenheitsarbeit anzusehen, doch die wesentlichen Elemente seiner offenkundig antiromantischen Haltung zeigen sich auch unabhängig davon in Malraux' Aufsätzen »Aspects d'André Gide« (1922) und »Ménalque« (1923). In der Tat liest Malraux schon auf seiner Italienreise 1921 mit Begeisterung Maurras' »Anthinea«[1] und läßt sich dazu bewegen, mit Maurras ein geistiges Abenteuer einzugehen. Auf Malraux' Urteil über Nietzsche wirkt sich diese Wendung nicht vorteilhaft aus; Malraux läßt sich von der antiromantischen Nietzsche-Kritik bestimmen. Doch ist die Ambivalenz dieses antiromantischen Nietzsche-Bildes unübersehbar: schon die sprachlichen Ausdrucksformen des jungen Malraux zeigen, wie stark Nietzsches Einfluß auch in dieser Phase ist, und die Frage wird laut, ob er nicht erst mit Nietzsche seine antiromantische Wendung überhaupt vollziehen kann.

In seinem Aufsatz »Aspects d'André Gide« zeigt sich Malraux voll Skepsis über die ausländischen Einflüsse auf das französische Schrifttum. Die »östlichen« Literaturen, also etwa Nietzsche und Dostojevskij, hätten höchstens eine propädeutische Aufgabe, indem sie den Blick für das Große und Dauerhafte der französischen Tradition schärften. Nur die heimische Tradition vermöge einen Schriftsteller wirklich zu fördern, und so rät der junge Malraux Gide, immer das Wissen um seine geistige Herkunft zu bewahren:

> Se plier à une discipline française, c'est se défendre à l'avance contre la possibilité d'être soumis à une discipline étrangère; c'est aussi choisir la discipline la plus douce, puisque la plus en accord avec ses désirs. Sans doute, la connaissance des esprits étrangers a-t-elle un grand avantage: elle fait connaître profondément l'esprit français, celui-ci n'existant qu'en fonction de celui-là. Nous nous découvrons à travers les littératures de l'Est...[2]

Nur im Hinblick auf die eigene Literatur habe die Beschäftigung mit fremden Schriftstellern ihren Sinn. Wie gering der junge Malraux Nietzsche zu schätzen vorgibt, zeigt sich daran, daß er unter den literarischen Vorbildern Gides in

---

[1] Nach Clara Malraux, Nos vingt ans, S. 16
[2] Aspects d'André Gide, S. 20

15

einem Atemzug »Marcel Schwob et Nietzsche«[3] nennt und gleichzeitig deren Bedeutung für Gide einschränkt. Sicher ist die Hintanstellung Nietzsches mit der Nebenabsicht geschehen, nicht in den Chor der französischen Nietzscheaner einzufallen und einen gefährlichen Einfluß möglichst zu verharmlosen.

Diesem Zweck dienen auch einige allgemeine einflußtheoretische Überlegungen mit der Absicht, die Bedeutung des Einflusses grundsätzlich in Frage zu stellen. Malraux kommt zu der Erkenntnis, daß die Wirkung eines Einflusses zuweilen den Intentionen des Einfluß ausübenden Autors diametral entgegengesetzt ist. Noch öfter sei das Vermittlungsverhältnis derart unbestimmt, daß der beeinflussende Autor im Einfluß nicht wiederzuerkennen sei. Ein Einfluß sei im Grunde nichts weiter als ein Denkimpuls, der den beeinflußten Schriftsteller zu einem tieferen Bewußtsein seiner selbst bringt. In Malraux' Augen bietet dafür Rémy de Gourmont ein treffendes Beispiel: seine Empfänglichkeit für gewisse Einflüsse des »Ostens« führt nicht zur Ausbildung einer irrationalen und anarchischen Haltung, sondern läßt nur seine Verstandesklarheit, seine geistige Beweglichkeit und Vielseitigkeit deutlicher hervortreten. Der Einfluß löst sich konturlos im Werk des beeinflußten Autors auf:

> Sans doute, certaines influences philosophiques se manifestent-elles fort longtemps; elles s'atténuent, et, presque disparues, semblent être fort différentes d'elles-mêmes autant qu'une couleur diluée dans l'eau le devient de ce qu'elle était, pure.[4]

Überdies sei das Verhältnis von Philosophie und Dichtung, von ideengeschichtlicher und dichterischer Entwicklung so problematisch, daß der Einfluß eines Philosophen auf ein dichterisches Werk von vornherein in Zweifel gezogen werden müsse:

> La personnalité artistique d'un écrivain est aujourd'hui aussi indépendante de l'évolution de ses idées que peut être celle d'un peintre de ses sujets.[5]

Bleibt nach diesen Äußerungen der Einfluß eines Philosophen wie Nietzsche auf ein künstlerisches Werk geradezu unerheblich, gibt ein genauerer Blick auf Wortschatz und Denkkategorien des Schriftstellers Malraux ein anderes Bild. Bezeichnend für Nietzsches Einfluß auf Malraux ist schon, wie häufig dieser die Begriffe des höheren und des niederen Menschentums verwendet. Malraux teilt die Menschen unumwunden in »esprits simples« und »esprits supérieurs« ein[6] und betont, wie sehr Maurras die niederen Massen aus berechtigter Abnei-

---

[3] Ebd., S. 20
[4] Ebd., S. 19
[5] Ebd., S. 19
[6] Préface à Mademoiselle Monk. In: Contemporains Bd. 20, Paris 1923, S. 7–9, hier S. 8

gung mißachtet habe.[7] »N'avoir rien de commun avec des esprits simples«[8] ist seine Maxime, in die Malraux voll einstimmt. Immer wieder müssen sich die höheren Menschen selbst überwinden (»lutter contre eux-mêmes«),[9] um sich treu zu bleiben; sie stehen wie Maurras in beständigem Kampf mit sich selbst. Nietzsches Einwirkung bei Malraux' Deutung auch anderer Züge in Maurras' antiromantischer aristokratischer Haltung ist offenkundig; es scheint, als habe Malraux seine Kategorien von Nietzsche bezogen und wende sie erst dann auf Maurras an. Malraux hebt rühmend Maurras' klassizistische Ästhetik hervor; er betont bei Maurras die Vorrangstellung der klassischen »raison« vor der romantischen und unfesten »sensibilité«.[10] Es gehöre zum Verdienst von Maurras, daß er die Bedeutung des französischen siebzehnten Jahrhunderts zur Herausbildung dieser Ästhetik so stark unterstreiche; Malraux räumt gar ein, daß das von seinem bevorzugten Schriftsteller Michelet so bewunderte Jahrhundert der Revolution neben dem siebzehnten verblasse.[11] Auch ist Malraux Maurras dankbar, daß dieser den Ursprung der klassischen Harmonie in Griechenland entdeckt hat, der ursprünglichsten Antike. Schon zu dieser Zeit betrachtet Malraux Racine und Poussin als Künstler, die Sophokles und Pindar weit unterlegen sind.[12] »Ordre«, »force«, »beauté«, »harmonie« seien die Grundwerte von Maurras' antiromantischer Ästhetik, die im Blick auf die antike Klassizität alles Ungeordnete und Anarchische verdamme. Indem Maurras mit der »Action Française« aktiv gegen den Geist der Unordnung zu Felde ziehe, gelinge es ihm, Denken und Tun zur Einheit zu verbinden und zur schöpferischen Aktion fortzuschreiten: »Aller de l'anarchie intellectuelle à l'Action Française, n'est pas se contredire, mais construire«.[13]

Vier Jahre später hat Malraux den Glauben an ein klassisch orientiertes Menschenbild über Bord geworfen und befindet sich seit seinen Indochina-Aufenthalten (1923–25) im Lager des von antiromantischer Seite erbittert befehdeten »Asiatismus«, zu dessen Grundkräften Nietzsche gehört. Die 1927 zu Massis' »Défense de l'Occident« in der NRF verfaßte Rezension ist die Apologie der neuen Einflüsse. Wenn die Parteinahme für Maurras doch einige bleibende Spuren bei Malraux hinterlassen hat, so sind es gewiß nicht einzelne konkrete Anschauungen und Standpunkte. Folge der Beschäftigung mit Maurras ist weniger

---

[7] Ebd., S. 8
[8] Ebd., S. 8
[9] Ebd., S. 8
[10] Ebd., S. 7
[11] Ebd., S. 8/9
[12] Nach Clara Malraux, Nos vingt ans, S. 58
[13] Préface à Mademoiselle Monk, S. 7

eine nur oberflächliche Ablehnung von Nietzsches Einfluß als vielmehr die Herausbildung eines stark antiromantisch gefärbten Nietzsche-Bildes. Nur mit Hilfe gewisser von Nietzsche entlehnter Kategorien kann sich Malraux »seines« Maurras bemächtigen. Malraux' Hinneigung zu Nietzsches Aristokratismus wird durch sein Maurras-Erlebnis entscheidend vertieft. Der Wille zur klaren Form, eine gewisse Vorliebe zur klassischen Tradition, die Liebe zu Griechenland, der Sinn für Rangordnung und Hierarchie – das sind in Nietzsche wirksame Kräfte, denen sich Malraux in seiner Begegnung mit Maurras bewußt wird.

b) Das existentielle Nietzsche-Bild als Folge des Einflusses von Gide

Nietzsches Bedeutung wird Malraux erst voll im Rahmen seiner Auseinandersetzung mit Gide bewußt, dessen Werk und mehr noch dessen geistige Ahnenschaft besonders in den zwanziger Jahren immer wieder im Mittelpunkt heftiger literarischer Fehden standen, an denen sich Malraux mit einigen Aufsätzen beteiligte. Bei dieser Diskussion ist allgemein bemerkenswert, in welch enger gegenseitiger Abhängigkeit Nietzsche und Gide gesehen werden: Gides »expérience«, sein leiblich-seelisches Drama, wird als Verwirklichung von Nietzsches Denken als Abenteuer des Geistes verstanden. Ja mehr noch: die Grenze zwischen Dichtung und Philosophie verschwimmt, und selbst Nietzsche wird hauptsächlich unter dem Blickpunkt praktischer Lebensverwirklichung gedeutet, obwohl er gerade seinen »Willen zur Macht« als »ein Buch zum Denken, nichts weiter«[1] aufgefaßt wissen wollte. Daß andererseits Gides Denken philosophische Absichten unterlegt wurden, die er nur in begrenztem Maße tatsächlich gehabt hat, ist die natürliche Folge dieser Koppelung mit Nietzsche. Indessen ist es wohl das Geheimnis von Nietzsches Wirkung in dieser Epoche, daß er über den Bereich der Spekulation hinaus vom Begriff der »expérience«, aus der Perspektive der existentiellen Lebensverwirklichung eines denkerischen Wagnisses her gesehen wird. Gide selbst hat zu dieser neuen Optik den Anstoß gegeben, und vergebens warnt Charles Du Bos vor der folgenschweren Wendung innerhalb der französischen Nietzsche-Rezeption:

Oui, Gide a eu raison de dire que le grand problème nietzschéen est toujours: jusqu' où l'homme peut-il aller? Que peut l'homme? Mais il faut bien voir que chez Nietzsche – qu'il l'ait voulu ou non – c'est là problème de pensée et que tous ceux

---

[1] Friedrich Nietzsche, Großoktavausgabe Bd. XVI, S. 420

qui, à la suite de Gide, y ont vu avant tout problème d'action, tendent à débarquer le tragique nietzschéen central.[2]

Die Verwischung der Unterschiede zwischen dem »homme de pensée« und dem »homme d'action« ist auch für Malraux' sich entwickelndes Nietzsche-Bild charakteristisch. So ist es nicht von ungefähr, daß der Titel der Vorlesung, die im Roman »La Lutte avec l'Ange« Vincent Berger der jungtürkischen Hörerschaft über Nietzsche hält, »Philosophie de l'Action« (LA 39) lautet. Um diese Verwandlung des Nietzsche-Bildes bei Malraux zu verstehen, ist es notwendig, den Zusammenhang des Nietzsche- und des Gide-Einflusses zu untersuchen.

Die philosophischen Grundlagen von Gides Werk werden in Malraux' Auseinandersetzung mit Henri Massis zum Gegenstand eines offenen Weltanschauungsstreites. Malraux polemisiert schon 1922 gegen Massis' Gide-Kritik und widmet dessen Schrift »Défense de l'Occident« 1927 eine umfangreiche Rezension.[3] Die Auseinandersetzung ist das Zeugnis dafür, daß sich Malraux endgültig vom antiromantischen Einfluß gelöst hat und sich nun zu den Einflüssen des von Massis befehdeten »Asiatismus« bekennt, vor allem auch zu Nietzsche, der einen ständig wachsenden Raum in seinem Denken einnimmt und geradezu zum Sinnbild des modernen Denkens wird.

Der Anstoß zu Massis' feindlichem Aufsatz gegen Gide[4] sind dessen 1922 im »Vieux Colombier« gehaltenen sechs Vorträge über Dostojevskij, in denen er

---

[2] Charles Du Bos, Journal 1924/25, Paris 1948, S. 14

[3] In »Aspects d'André Gide« (S. 18) polemisiert Malraux gegen Massis' Vorwurf, Gide appelliere an das »Dämonische«. Zu Massis' Schriften »Jugements« (2 Bde., 1923/24 und der »Défense de l'Occident« (1927) nimmt er in seiner Rezension in der NRF (28, 1927, S. 813–18) Stellung.
Massis hatte ursprünglich geglaubt, mit dem ersten Weltkrieg sei Gides Einfluß auf das geistige Frankreich erlahmt, doch mußte er diese Meinung schon bald ändern. Um der neuen Gide-Welle nach 1920 entgegenzutreten, verfaßte Massis die Aufsatz-Reihe der »Jugements«. Malraux' Gide-Aufsätze erscheinen Massis als typische Beispiele der Gide-Begeisterung der jungen Generation, und er geht in einer Randbemerkung in »Jugements« (Bd. 2, S. 6) auf sie ein. Es ist wohl das erste Mal, daß Malraux' Name in einem Werk von solcher Verbreitung genannt wird.
Während Massis in der Folge kein großes Interesse an Malraux zeigt und nicht einmal dessen Rezension in der NRF liest, verfolgt Malraux Massis' Anschauungen mit großer Aufmerksamkeit. Eine persönliche Begegnung zwischen Malraux und Massis hat, wie uns Henri Massis mitgeteilt hat, nur 1926 im Beisein von Marcel Arland stattgefunden; das Gespräch ging über Bernanos' Roman »Sous le soleil de Satan«, für den sich Malraux sehr interessierte.

[4] Henri Massis, André Gide ou l'immoralisme. In: Jugements, Bd. 2, Paris 1924, S. 1–135

eine umfassende Darstellung seiner eigenen geistigen Welt gegeben hatte. Massis sucht in seinem Aufsatz den Nachweis zu erbringen, daß die von Gide gestützte »asiatische« Philosophie und besonders dessen berühmter »chariot«, das Quartett Nietzsche-Dostojevskij-Browning-Blake, das Bild vom klassischen Menschen zerstören und die moderne Dekadenz verschuldet haben:

> ...ceux-là même à qui Gide s'adresse, – et qu'il appelle les *vrais*, parce que »rien ne les retient, ni le respect d'autrui, ni la crainte, ni la pitié, ni la pudeur, ni la haine«, – ceux qu'il admire, qu'il aime, qu'il trouve ›grands‹, c'est un Nietzsche, un Dostoïevski, les plus timides des penseurs, je veux dire les plus *épouvantés*. Car Chestov a raison, quand il dit de ces hommes qu'ils appellent le lecteur en témoignage: ce qu'ils veulent, c'est que certains leur accordent le droit de penser comme ils l'entendent, le droit d'espérer, le droit d'exister, contre ceux qui brutalement leur déclarent: ›Vous êtes des fous, des êtres immoraux, condamnés, perdus‹, et ils vont en appel, avec l'espoir que ce verdict sera revisé. Ils se cherchent l'absolution en se cherchant des complices.[5]

Nietzsche durchstoße wie Gide die Schranken der überkommenen Moral und entfeßle die bisher mühsam zurückgehaltenen dunklen Kräfte des Menschen. Bei beiden stehe am Anfang das religiöse Erschrecken über die eigene Verworfenheit, die angstvolle Frage »Y a-t-il des hommes tels que moi?«. Nachdem Gide jedoch alle Winkel der Seele durchforscht und alle guten und schlechten Instinkte ermutigt habe, lande er wie zuvor Nietzsche gestrandet am Ufer und rufe nach dem Gott, den er verleugnet hat: »Le dernier cri de ce nietzschéen, écœuré de Dieu, du ›Dieu réduit à un principe moral ou logique‹, c'est encore: ›Il faut chercher Dieu‹«.[6] Da die unterirdische Welt der Instinkte die Macht romanischer Helle und Verstandesklarheit durchbrochen habe, sehe sich Gide gezwungen, zur Rechtfertigung der Welt in ihrer Gesamtheit wie auch des Kunstwerks beim »Dämonischen« als letzter Instanz Zuflucht zu nehmen. Massis spielt hierbei auf das Wort von Blake aus den »Proverbes de l'Enfer« an, auf das sich Gide berufen hatte: »Il n'y a pas d'œuvre d'art sans collaboration du démon«.[7] Das sei nur das Eingeständnis des modernen Menschen, der nach Nietzsche nicht mehr ein noch aus wisse (»l'homme qui ne sait plus où aller«,[8] zitiert Massis, ohne Nietzsche zu nennen). In dieser Deutung des »Dämonischen« liegt wohl die Ursache für das überraschende Echo, das Massis mit seiner Untersuchung allgemein findet. »Un jour, Massis appela Gide démo-

---

[5] Henri Massis, ebd., S. 33
[6] Henri Massis, ebd., S. 34
[7] Henri Massis, ebd., S. 72; siehe auch André Gide, Dostoïevski, Paris 1964, coll. Idées Bd. 48, S. 203
[8] Henri Massis, ebd., S. 76

niaque. Pour l'un et pour l'autre, ce fut un vif succès«,[9] so kommentiert Marcel Arland Massis' energischen Angriff auf Gides »Immoralismus«.

In der »Défense de l'Occident« präzisiert Massis den weltanschaulichen Hintergrund des hier als »Asiatismus« bezeichneten Anschlags auf die romanische Kultur. Neben Nietzsche und Dostojevskij klagt Massis vor allem die deutsche Kulturpsychologie Spenglers oder Keyserlings an, die den Weg Asiens nach Europa geebnet haben soll. Die Nietzscheaner Halévy und Schestov trügen eine vergleichbare Schuld, ebenso die Bolschewisten, deren Theorie Massis als die spezifisch russische Form von Marx' Lehre ansieht. Die einzige Rettung ist für Massis die katholische Kirche, eine universale Einrichtung, eine »ordonnatrice de l'Occident«, »fondée sur la Loi et sur la Révélation«.[10]

Mit Nietzsche, Dostojevskij, Schestov, Halévy, Spengler, Keyserling, Marx und Lenin ist im Negativbild das Einflußfeld umgrenzt, das auf Malraux vor allem einwirkt und zu dem er sich ausdrücklich bekennt. In der Auseinandersetzung mit Massis und dem Kreis der «Abendländer« gelangt Malraux zum Bewußtsein der Zusammengehörigkeit dieser ihn beeinflussenden Kräfte, für die sich teilweise schon Gide mit Nachdruck eingesetzt hatte. Diese Kräfte bezeichnet Malraux wie zuvor Massis mit dem Epithet des »Dämonischen«, das er jedoch positiv und als Kennzeichen der Moderne schlechthin auffaßt. »Dämonisch« sei die moderne Geisteshaltung deshalb, weil sie ohne Rücksicht auf überlieferte Glaubensvorstellungen alle Werte radikal in Frage stelle und einzig aus diesem Infragestellen ihre Rechtfertigung herleite. Gides Verdienst ist es nach Malraux, den Bedeutungswandel des Wortes »dämonisch« im Ganzen des modernen Denkens erkannt und bejaht zu haben.

> Le diable, en grec, c'est: le calomniateur. Pour André Gide, c'est de plus en plus: le véridique; et voilà pourquoi nous avons trouvé André Gide entre Renan et l'Asie, dernière expression, pour M. Massis, de l'esprit de désagrégation, autrement dit du démon.[11]

Gides »sincérité« und auf umfassendere Weise Nietzsches intellektuelle »Wahrhaftigkeit« sind Kräfte, die jedes feste Wertbild zerstören. Da sie aber auf Wahrheit und Erkenntnis ausgerichtet sind, bejaht sie Malraux, zumal die bisher gültigen Werte ihre Glaubhaftigkeit verloren haben. Der Begriff des »Dämonischen« hat also beim frühen Malraux nicht die dunkle Färbung der kunstphilosophischen Schriften, wo das »Dämonische« die Fatalität bezeichnet, das stumme Verhängnis, dem der Mensch ohnmächtig ausgeliefert ist. Den bedin-

---

[9] Marcel Arland, André Gide. In: Essais et nouveaux essais critiques, Paris 1952, S. 54–65, hier S. 58
[10] Henri Massis, Défense de l'Occident, Paris 1927, S. 267/68
[11] Défense de l'Occident, par Henri Massis, S. 814

gungslosen Willen zur Wahrheit faßt Malraux als den herrschenden Zug der Moderne auf:

> Cet esprit... il est difficile de lui donner un nom; esprit de connaissance (cette connaissance n'étant pas subordonnée), de recherche et *de création par cette recherche même*; bolchevisme intellectuel ne lui conviendrait pas mal, si nous lui étions assez opposés pour lui donner un qualificatif d'ordre moral. Il implique cette idée que la nature de l'homme est telle que toutes les expériences sont possibles.[12]

Auf verwandte Weise hatte Nietzsche die sein Denken bestimmende Erfahrung formuliert, »jenen Gedanken, daß das Leben ein Experiment des Erkennenden sein dürfe«.[13] Nietzsche betrachtet »das Leben ein Mittel der Erkenntnis«[14] und sieht darin den gefährlichen, aber auch beglückenden Grundsatz seiner Philosophie, in der er seine Existenz aufs Spiel setzt, um zur Wahrheit zu gelangen. Der Absturz in den Wahnsinn ist für Malraux der Beweis dafür, daß Nietzsche sein denkerisches Experiment an sich selbst vollzieht. In der Rezension von Keyserlings »Reisetagebuch eines Philosophen« betont er, Nietzsches Wahnsinn sei kein Zufall, sondern ein Ereignis von höchster Bedeutung gerade für Nietzsches Philosophie.[15] Das Wesen der Dichtung wie der Philosophie sei dadurch verwandelt worden: der Begriff einer »tragischen« oder doch wenigstens »dramatischen« Philosophie sei möglich geworden, in der sich der Philosoph selbst zum Versuchsobjekt mache und sich in den Schnittpunkt eines geistigen Dramas stelle, dessen Darstellung höchste Aufgabe der Dichtkunst sei. Dieser Verwandlung werde die Dichtung am ehesten gerecht, wenn sie die Gestalt des Philosophen in das Kunstwerk einbeziehe. Keyserling, jener im Paris von 1926 so gefeierte Schriftsteller, habe die Möglichkeit einer »dramatischen« Philosophie aufgezeigt.[16] Am Beispiel Nietzsches oder Keyserlings deutet Malraux an, wie sich eine als Experiment verstandene existentielle Philosophie dem »Drama« und der »Tragödie« nähert und somit Dichtung wird.

Die innere Zusammengehörigkeit von Nietzsche und Gide und die ihnen gemeinsame metaphysische Problematik stellt Malraux nochmals in seinen Diskussionsbeiträgen zu der Debatte im »Studio franco-russe« 1930 über André Gide mit Entschiedenheit heraus. Er wendet sich hier in großer Erregung gegen den Einwand des »Abendländers« Jean Maxence, der Gide gegenüber Nietzsche

---

[12] Ebd., S. 816/17
[13] Friedrich Nietzsche, W II, S. 187/88
[14] Friedrich Nietzsche, ebd.
[15] Journal de voyage d'un philosophe, par Hermann Keyserling. In: NRF 32, 1929, S. 884–86, hier S. 886
[16] Ebd., S. 886

22

abzuwerten versucht und ihm nicht dessen Lauterkeit und Aufrichtigkeit zubilligt. In Erinnerung an eine Äußerung aus Emmanuel Berls Pamphlet »Mort
de la morale bourgeoise«[17] verwahrt sich Malraux gegen alle Versuche seiner
Gegner, Nietzsche für ihre Zwecke in Beschlag zu nehmen:

> ... puisque vous avez besoin de grands esprits, pourquoi allez-vous chercher
> Nietzsche? Manquez-vous de philosophes catholiques? Pascal ne suffit-il pas, ou le
> trouvez-vous par trop ›enfermé‹? Vous avez plus de saints que de jours dans l'année,
> plus de philosophes que nous puisque vous revendiquez les nôtres; laissez donc
> Nietzsche tranquille dans la haine qu'il vous portait![18]

Malraux stellt Nietzsche also noch über Pascal und sieht ihn und Gide als die
verpflichtenden Denker seines agnostischen Weltbildes an. Worin besteht die
Gemeinsamkeit von Nietzsche und Gide? Beider Werk ist eine »apologie de
l'homme attaqué par les dieux«.[19] Der von den Göttern bedrohte oder gar auf-
gegebene Mensch suche zu einem neuen Selbstverständnis zu gelangen, und dazu könnten ihm Nietzsche und Gide Hinweise geben. Beide hätten ohne Unter-
laß an der Frage gearbeitet:

> De proposer une image de l'homme par laquelle les questions ›maudites‹ ne se
> posent pas. Il s'agit là d'un des grands problèmes humains: que peut l'esprit
> des hommes contre la mort? – Problème d'autant plus malaisé que Gide l'a dû poser
> dans le particulier, presque sans aide et sans appel métaphysique.[20]

Was Gide im konkreten Detail und in der Praxis des Lebens auffinden mußte,
konnte Nietzsche spekulativ im Bereich der Philosophie durchdenken. Die Leistung Gides, den Malraux 1922 »le plus grand écrivain français vivant« nennt
und den er 1930 mit Phidias, Montaigne und Goethe in eine Reihe stellt,[21] sei
gerade auf Grund der Kargheit der ihm zur Verfügung stehenden Mittel um so
bewundernswerter.

Diese Interpretation ist so stark an Nietzsche orientiert, daß Gides eigentliche
Fragestellungen kaum mehr zu erkennen sind. Der Diskussionsleiter Georges
Adamovitch, der wohl mit Malraux' bis dahin veröffentlichtem Werk nicht
vertraut war, bemerkt so nicht ohne Seitenhieb auf diesen, daß einige der Red-

---

[17] In dieser 1930 erschienenen Abhandlung hatte Berl die katholische Partei beschul-
digt: »Ils ont un saint par jour dans le calendrier, ne peuvent-ils pas laisser Nietzsche
tranquille puisqu'il les haissait? Ils diront bientôt que nous ne comprenons pas
Nietzsche. Est-ce que nous leur disons qu'ils ne comprennent pas saint Thomas?«
(E. Berl, Mort de la morale bourgeoise, éd. Pauvert, S. 81)
[18] André Gide. In: Cahiers de la Quinzaine, 5. 4. 1930, S. 50/51
[19] André Gide, ebd., S. 50/51
[20] André Gide, ebd., S. 51
[21] Aspects d'André Gide, S. 21

ner Gides Werk ihren eigenen philosophischen Standpunkten untergeordnet hätten und dessen Charakter nicht mehr träfen. Doch beweist Malraux' Argumentation andererseits, daß er Nietzsche und Gide von einer einheitlichen philosophischen Grundlage aus zu begreifen versucht: aus dem Konflikt zwischen Gott und Mensch, aus der angstvollen Frage nach dem Schicksal des Menschen angesichts der sich entziehenden Gottheiten, aus der sich wandelnden Bedeutung des Todes für den Menschen der Gottferne. Die Annäherung von Nietzsche und Gide, die sich schon aus Malraux' frühesten Bemerkungen zu Gide erkennen läßt, erreicht hier ihren Endpunkt. In Nietzsche und Gide ereignet sich, wenn auch in wechselnden Graden, das Drama des Menschen, dem die überlieferte geistige Welt fragwürdig und Gott fremd geworden ist. Die Tragödie des Menschen ist zum Thema einer neuen Art von Dichtung geworden, die sich von der Philosophie nicht mehr grundsätzlich unterscheidet. Die Verwandlung der herkömmlichen Begriffe von Dichtung und Philosophie ist deshalb möglich geworden, weil sich für Malraux die Problematik von Nietzsches Philosophie in der Dramatik seiner Existenz offenbart, während der philosophische Begriff allein keine gültige Wahrheit besitzt. An Nietzsches existentiellem Drama entzündet sich immer wieder Malraux' dichterische Einbildungskraft.

So fruchtbar diese Verwandlung für Malraux' künstlerisches Schaffen auch ist, so sehr werden dadurch die spekulativen Fragestellungen, die mit Nietzsches philosophischen Begriffen gegeben sind, als unerheblich vernachlässigt. Selten widersteht Malraux der Versuchung, die Leitbegriffe von Nietzsches Philosophie, den Willen zur Macht, den Übermenschen, die ewige Wiederkehr, einfach in ihrer Uneigentlichkeit als »prédication« abzutun, weil nicht im spekulativen Begriff, sondern allein im existentiellen Drama die Wahrheit sei.

Freilich kommt in diesem Zwiespalt eines der grundsätzlichen Methodenprobleme der Nietzsche-Forschung zum Ausdruck. Hatte Jaspers Nietzsche vorwiegend unter existentiellem Gesichtspunkt betrachtet, so machte ihm Heidegger den Vorwurf, er sei außerstande, Nietzsches Philosophie als »sachhaltige« Frage ernst zu nehmen, weil es für ihn keine Wahrheit des begrifflichen Wissens gäbe.[22] Für den Künstler Malraux ist die Versuchung noch viel naheliegender, die Spekulation des Begrifflichen gegenüber der gelebten Erfahrung abzuwerten. Um so wichtiger ist daher, neben Malraux' existentieller Betrachtungsweise das Augenmerk darauf zu richten, in welcher Weise Nietzsches konkrete Denkproblematik in Malraux' Werk schöpferisch geworden ist. Erst das Ineinanderwirken beider Methoden ergibt den Blick auf das Nietzsche-Bild Malraux' in seiner Gesamtheit.

---

[22] Zu Heideggers Jaspers-Kritik siehe »Nietzsche, I«, Pfullingen 1961, S. 31/32

III

Nietzsches Bedeutung für Malraux' frühe kulturpsychologischen Versuche

a) Die Dialektik »Dieu est mort« und »L'Homme est mort«

Im Briefroman »La Tentation de l'Occident« schildert der Chinese Lin seinem französischen Freund den Besuch eines chinesischen Gartens aus dem achtzehnten Jahrhundert. An einem Spätsommerabend, bei gerade einbrechender Dämmerung, betritt Ling den zuvor nie gesehenen Park und wird Zeuge eines unsagbar schönen und berückenden Schauspiels:

> L'ombre qui montait de la terre effaçait les contours; il semblait que la pureté du jardin, au long des siècles, fût demeurée inaltérée. Peu à peu, une paix monastique avait revêtu ce lieu auquel elle convenait seule, comme pour adoucir sa pureté blessée. Au rythme du vent chaud encore, les arbres aimés par les ancêtres, s'inclinant et se relevant avec lenteur, semblaient balancer longuement ce passage de rochers bas, d'étangs et de collines, sur l'immuable horizon marin.
> Un rayon tardif, un de ces rayons presque sans lumière, mais très colorés, que lance le soleil avant de se coucher, passa à travers les troncs des arbres et éclaira tout à coup une partie du jardin et, au loin, quelques villas européennes jusque-là indistinctes. Le désordre des allées et des arbustes, la présence de ces maisons étrangères détruisaient si cruellement cette beauté calme accablée d'années que je songeais à l'achèvement honteux d'une vie héroïque. Royaume de la ferveur, quelles que soient ta gloire ancienne et ta noblesse, il est une heure où la plaie que tu portes au cœur ne peut plus être cachée, et saigne ... C'est l'heure du plus grave silence.
> Heure que je savais unique, heure d'une inégalable solitude! Dans l'agonie des déesses recueillies je trouvais une émotion que je n'eusse osé demander à leur gloire. Le sang qui coulait sur leur corps les détrônisait comme les flammes et les parait comme leur lumière ... Plus même que leur souvenir, j'aimais leur image meurtrie. Leur mort m'attachait passionnément à elles, et l'adolescent que j'étais s'enivra longtemps de l'odeur lourde de leur sang terrestre. (TO 78).

»L'heure du plus grave silence«, die sich plötzlich mit ungeheurer Intensität dem jungen Ling aufdrängt und ihm den Atem nimmt, ist die Stunde der Entscheidung, in der sich schicksalhaft die innere Unzulänglichkeit und Brüchigkeit als Fatum offenbart. Es ist der Augenblick, da die Hinfälligkeit der alten Kultur schmerzhaft ins Bewußtsein tritt, die Unausweichlichkeit ihres Untergangs noch in spätsommerlicher Lebensgröße zur Gewißheit wird. Der jugendliche Beschauer berauscht sich an der schweren Pracht dieses Sterbens, fühlt aber deutlich, daß er über den Untergang hinauskommen muß.

»L'heure du plus grave silence« verweist auf Zarathustras »Stillste Stunde«. In dem dramatisch gespannten Kapitel am Ende des zweiten Buchs von Nietzsches

Dichtung erlebt Zarathustra seine Agonie: er erkennt, daß er ein Untergehender sein muß, bevor er ein Hinübergehender sein kann. Die Einsamkeit, die ihn umgibt, droht ihn zu erdrücken; beklemmend ist die Stille, die das Ungelöste und vielleicht Unlösbare seines Konfliktes enthüllt und seine verborgene Wunde bluten läßt, in einer Stunde, da die Welt den Atem anhält und die Dinge sich die Waage halten.

Malraux hat in seinem lyrisch getönten Bild die Melancholie des Untergangs festgehalten. Als literarisches Modell können wir Barrès' Gartenbeschreibungen annehmen, etwa die schwermutdurchtränkte Schilderung des spätherbstlichen Parks in Versailles im Abschnitt »Sur la décomposition« in »Du Sang, de la Volupté et la Mort«. Doch ist der Unterschied nicht zu übersehen: wo sich Barrès im Stimmungshaften verliert, läßt Malraux metaphysische Spannungen ganz elementarer Natur sichtbar werden. Darin zeigt sich, daß Malraux in der Nachfolge Nietzsches steht, dessen lyrische Landschaftsbilder der späten Gedichte ebenfalls die Zeichensprache metaphysischen Erlebens sind.

In der Tat sind Entlehnungen und Anspielungen in »La Tention de l'Occident« und mehr noch in dem sprachlich weniger durchgeformten Manifest »A une Jeunesse européenne« sehr häufig. Malraux' sprachliche Aneignungen betreffen sowohl den »Zarathustra« wie das lyrische Werk Nietzsches und zeugen zunächst von Malraux' Faszination vor Nietzsches Bilderreichtum für die Zustände der Überreife und Müdigkeit einer Kultur, die Stimmungen von Spätnachmittag und Abend, Einsamkeit und Verzweiflung, aber auch für die heroischen Leidenschaften der Destruktion und der Regeneration.

Nietzsches Metaphorik des Unter- und Übergangs gibt Malraux die Möglichkeit, seinen großen Entwurf der abendländischen Kultur auszuführen und das Erlebnis der eigenen Epoche sprachlich zu bewältigen. Die Anklänge an Nietzsche lassen bereits den Rahmen nachzeichnen, in dem sich Malraux' Auseinandersetzung mit den Problemen der Kulturpsychologie abspielt, und sie deuten den Charakter von seiner Nietzsche-Nachfolge an. Wir wollen uns mit einigen Beispielen begnügen. Auf den Analytiker der »Großen Müdigkeit« bezieht sich der Kulturpsychologe Malraux mehrfach mit seiner Charakteristik der müde gewordenen europäischen Kultur:

Les Européens sont las d'eux-mêmes, las de leur individualisme qui s'écroule, las de leur exaltation (TO 86).

Malraux beschwört die übervollen und schweren Herzen, die nach ihren Siegen ihr Ende ahnen:

Cœurs lourds qui sur toutes les terres de l'Europe apprenez peu à vous détacher de vous-mêmes, que de conquêtes passées vous payez de votre tristesse et de votre violence (JE 146f.).

Schwer an Opfern ist auch das Idol, um dessentwillen alle Kämpfe geführt worden sind, der Individualismus:

L'idole est lourde de tous les présents du monde (JE 145).

Nachdem alle Werte fragwürdig geworden seien, sei der Nihilismus als Endphase der europäischen Geschichte offenbar, wenn er auch noch uneingestanden ist:

Notre époque, où rôdent encore tant d'échos, ne veut pas avouer sa pensée nihiliste, destructrice, foncièrement négative (JE 148).

Malraux beklagt laut, daß der Illusionscharakter aller bisher geglaubter Ideale offenkundig geworden und daß nirgends mehr Halt ist; er weiß aber auch, welchen Heroismus an Opfern noch die Zukunft abverlangen wird:

Il n'est pas d'idéal auquel nous puissions nous sacrifier, car de tous nous connaissons les mensonges, nous qui ne savons point ce qu'est la vérité... Patrie, justice, grandeur, vérité, laquelle de ces statues ne porte de telles traces de mains humaines qu'elle ne soulève en nous la même ironie triste que les vieux visages, autrefois aimés? Et cependant, quels sacrifices, quels héroïsmes injustifiés dorment en nous ... (TO 124).

Der aller menschlich-allzumenschlicher Ideale beraubte junge Dichter erinnert sich an Nietzsches Flammen-Vergleich »Ungesättigt gleich der Flamme / Glühe und verzehr ich mich«,[1] wenn er sich angesichts der zerbrochenen Wertetafeln auf das ihm Verbleibende besinnt und sich mit dieser verzehrenden Flamme gleichsetzt:

Lucidité avide, je brûle encore devant toi, flamme solitaire et droite (TO 125).

Nietzsches unbedingten Willen zur Wahrheit betrachtet Malraux als dasjenige Erbe, an dem er in allen Phasen seines Werkes mit der gleichen Entschiedenheit festhält.

Ein Bild des Abends und des Untergangs, aber auch des Aufbruchs zu einer noch unentborgenen Zukunft gibt Malraux in der Schrift »La Tentation de l'Occident«. Worin besteht die »tentation de l'Occident«? Der Genitiv läßt sich sowohl als »subiectivus« wie als »obiectivus« auffassen. Subjektivisch verstanden ist sie die Geschichte des zersetzenden Einflusses Europas auf Asien, objektivisch gesehen bezeichnet sie die Versuchung des aus den Fugen geratenen europäischen Geistes durch Asien. Jedenfalls dürfen wir die »Tentation de l'Occident« nicht nur als Asiens Erwachen zum Individualismus auffassen, sondern müssen ebenso die gegenläufige Bewegung in Erwägung ziehen, nämlich die

[1] Friedrich Nietzsche, W II, S. 32

europäische Selbstkritik an seiner individualistischen Lebensauffassung angesichts Asiens Individualismus-Feindlichkeit. Die Analyse der europäischen und asiatischen Kultur enthüllt in beiden Bereichen das Phänomen der Dekadenz, die Auflösung der ererbten Werte durch die verwandelte moderne Welt. Die tiefe innere Brüchigkeit des Abendlandes, aber auch Altchinas, ist dem Verfasser der »Tentation de l'Occident« zur Gewißheit geworden; er erkennt, daß beide Kulturen nicht in ihrer ererbten Form weiterbestehen können. Der kulturpsychologische Vergleich vermag jedoch die fundamentalen Wertsetzungen beider Denksysteme in ihrer von Ursprung und Ansatz her bedingten Fragwürdigkeit aufzudecken und so den Niedergang aus den Postulaten des Anfangs als einen Prozeß von unheimlicher Konsequenz herauszustellen. Die Diagnose dieses Niedergangs erlaubt zwar nicht, konkrete Hinweise auf eine hoffnungsvollere Zukunft zu geben; indem sie aber vorhandene Illusionen aus dem Wege räumt, schafft sie die Voraussetzung für eine innere Erneuerung.

Mit dieser Darstellung folgt Malraux dem Grundriß von Nietzsches abendländischer Kritik, die inzwischen von Spengler erweitert und fortgeführt worden war. Diese Theorie der Dekadenz erweist sich in der Abkunft von Nietzsches Psychologie der Kultur unter einem doppelten Aspekt: sie ist einerseits die Geschichte des Zusammenbruchs der bisher gültigen Werte und damit die Ankündigung des Nihilismus, der die letzte Phase der Neuzeit einleitet; sie ist auf der anderen Seite aber auch die Geschichte der zweitausendjährigen Gesamtentwicklung des Abendlandes, die eine einzige Dekadenz ist und deren innere Zwiespältigkeit erst in der Moderne voll zur Erscheinung gelangt. Ob Malraux also das Bild des antiken Roms zeichnet oder die Ratlosigkeit der Zeit um die Jahrhundertwende analysiert, jedesmal finden sich verwandte Momente des Zerfalls, jedesmal enthüllt sich die der ganzen westlichen Kultur innewohnende tiefe »Absurdität« (TO 24). Während diese Doppelbödigkeit der Betrachtung die gesamte Schrift »La Tentation de l'Occident« durchherrscht, blendet die ein Jahr später erschienene Abhandlung »A une Jeunesse européenne« die welthistorische Perspektive aus und beschränkt sich auf eine Darstellung der Geschichte des modernen Nihilismus. Sie ist daher geeignet, die komplizierten Überlegungen der »Tentation de l'Occident« aufzuhellen und außerdem an einer begrenzten Fragestellung die Verwandtschaft von Nietzsches und Malraux' Kritik der Moderne aufzuzeigen.

»A une Jeunesse européenne« ist der Form nach ein Pamphlet, geschult wohl an den surrealistischen Manifesten (erstes Manifest von Breton 1924), im Ganzen wohl nur dann verständlich, wenn man es als Angriff auf die katholisch-thomistische Richtung um Massis und Maritain auffaßt. Allerdings will der Verfasser der Schrift keine neue Weltanschauung liefern, sondern es liegt ihm nur daran, den Zusammenbruch der überlieferten christlichen Werte als Tatsache festzustellen, um damit alle Scheinlösungen auszuschließen und eine wirkliche Erneuerung des Denkens zu ermöglichen. Ausgangspunkt dieser Kritik aber ist Nietzsches Erkenntnis »Gott ist tot«. Von hier aus wird Malraux' gesamter kulturpsychologischer Entwurf deutlich.

In »La Tentation de l'Occident« hatte Ling im elften Brief an A. D. in einer ahnungsvollen Vision vom Schicksal Europas auf den Tod Gottes angespielt (TO 105). In »A une Jeunesse européenne« verkündet Malraux offen, was dort nur verschlüsselt anklang: das Ende der europäischen Zivilisation und den Tod der alten Götter:

> Dans toute l'Europe centrale, en Russie, en Italie, aux Etats-Unis, en Belgique et en France même, considérant les étranges cristallisations que la pensée européenne élève, comme du givre, le long de ses constructions, je vois s'affaiblir ce mouvement *sans terme* qui est le maître de notre race. Des hommes veulent se délivrer de leur civilisation, comme d'autres voulurent se délivrer du divin. En face de ses dieux morts, l'Occident tout entier, ayant épuisé la joie de son triomphe, se prépare à vaincre ses propres énigmes... (JE 139).

Doch schon hier ist der Tod Gottes nur das vordergründige, zeitlich vorgängige Ereignis, dem die wahre Tragödie erst nachfolgt: der Tod des Menschen, der an der Stelle Gottes die Erdherrschaft antreten wollte. Die Verbindung der beiden Fragekreise kennzeichnet Malraux' besondere Interpretation dieses zentralen Problems in Nietzsches Philosophie und stellt den Kern seines Versuchs dar, Nietzsche im Ganzen der philosophischen Tradition kritisch zu würdigen. Der Tod Gottes schließe die erste Stufe der neuzeitlichen Entwicklung ab; das Abendland erfahre dieses Ereignis als »joie« und »triomphe«. Die gesamte Geschichte des abendländischen Geistes deutet Malraux als fortwährende »Revolte« (JE 136) gegen die herrschende Gottheit, die mit deren Tod endet. Der Triumph des Menschen sei indes ein Pyrrhussieg; der Mensch sehe sich auf seine eigenen unlösbaren Rätsel (»ses propres énigmes«) zurückgeworfen, an denen er scheitre. Das Modell dieses Vorgangs sei in der Antike vorgegeben, im Mythos des Ödipus. »Après la mort du sphinx, œdipe s'attaque à lui-même« (TO 49). Ödipus besiege zwar die Sphinx, doch nach der Überwältigung der äußeren Gefahr erliegt er den Dämonen, die in seinem Innern erwacht sind. Das Drama der Moderne, das zum Tod Gottes geführt hat, sei der Kampf gegen eine andere »Sphinx«, das Christentum. Über die Notwendigkeit der Zerstörung des christlichen Bewußtseins ist sich der Verfasser von »A une Jeunesse européenne« mit Nietzsche einig, wenngleich ihre Absicht verschieden ist. Im Gegensatz zu Nietzsche will Malraux mit dem Ende des Christentums nicht die Göttlichkeit des Übermenschen herbeiführen; sein Ziel beschränkt sich vielmehr darauf, einen Blick für das durch das Christentum bisher verstellte Bild des Menschen zu bekommen. Wenn Malraux vom christlichen Menschen spricht, so meint er damit die vom Kreis um Massis und Maritain entwickelte Vorstellung des im Rückgriff auf das siebzehnte Jahrhundert entworfenen »homme fixe«. Nietzsches antichristliche Psychologie wendet Malraux gegen diese Verfälschung des Bildes vom Menschen an.

So besteht Malraux' gedankliche Arbeit weniger darin, die Bedeutung von Nietzsches »Gott ist tot« in allen Lebensbereichen nachzuweisen, sondern die Problematik der daraus abgeleiteten Verherrlichung des Menschen aufzuzeigen. Im neunzehnten Jahrhundert sieht Malraux den Höhepunkt des Kultes des göttlich gewordenen Menschen:

> Un élan dirige tout le XIXe siècle, qui ne peut être comparé, pour la puissance et l'importance, qu'à une religion. Il se manifeste d'abord par un goût extrême, une sorte de pasion de l'Homme, qui prend en lui-même la place qu'il donnait à Dieu, et ensuite par l'individualisme (JE 138f.).

Die »passion de l'Homme« und der darauf folgende »individualisme« haben die Funktion eines »moyen de combat« (JE 138) im Kampf mit den transindividuellen religiösen Werten. Daß der Begriff des »individualisme« nicht in sich selbst begründet ist, offenbart sich in dem Augenblick, da Gott tot und der lang erhoffte Sieg des Menschen errungen ist. Jetzt muß sich erweisen, ob die Verherrlichung des Menschen nur durch den Gegensatz zu Gott gerechtfertigt ist, oder ob sie als Voraussetzung zu einer Neubegründung des Menschseins dienen kann. Allein es zeigt sich, daß die Enttäuschung über den plötzlich zu göttlichem Rang aufgestiegenen Menschen eine vollständige ist. Malraux hat zwei Vergleiche zur bildlichen Darstellung dieses Vorganges der Desillusionierung gewählt:

a) In »La Tentation de l'Occident« erscheint, wohl in Erinnerung an »La vie de Rancé« von Chateaubriand, den Malraux sehr geschätzt hat, der Vergleich mit dem vor der toten Madame de Montbazon stehenden Abbé Rancé:

> ... l'esprit européen a anéanti tout ce qui pouvait s'opposer à l'homme: parvenu au terme de ses efforts, comme Rancé devant le corps de sa maîtresse, il ne trouve que la mort. Avec son image enfin atteinte il découvre qu'il ne peut plus se passionner pour elle. Et jamais il ne fit d'aussi inquiétante découverte ... (TO 124).

b) In »A une Jeunesse européenne« verwendet Malraux den Vergleich mit Rittern, die nach der Erstürmung der Burg nur gähnend leere Gänge und Gemächer anstelle der verehrten Dame antreffen:

> Après avoir affirmé son existence et ses droits, l'homme commence sa propre queste, comme ces chevaliers à qui leurs victoires permettent de pénétrer dans les palais

dont ils attendaient l'objet de leurs rêves, et où ils ne trouvaient que de profondes perspectives d'ombre (JE 145).

Die individualistische Bewegung erweist sich also als höchster Sieg und zugleich als rettungsloser Abstieg in die Tiefe. Im Siege selbst wird die Ausweglosigkeit der Situation und damit die Niederlage voll bewußt:

Mais nous voici au point où l'individualisme triomphant veut prendre de lui-même une conscience plus nette. Chargés des passions successives des hommes, il a tout anéanti, sauf lui-même; élevé par les plus hauts esprits de notre époque, précédé de la folie de Nietzsche et paré de la dépouille des dieux, le voici devant nous, et nous ne voyons en lui qu'un tiomphateur aveugle. L'idole est lourde de tous les présents du monde, mais elle ne nous intéresse plus, et notre anxiété est d'autant plus grande que nous trouvons en elle notre propre image (JE 145).

Nietzsche hat den Sieg des Individualismus mit dem Wahnsinn bezahlt. Im Augenblick des Sieges wird aber deutlich, daß der Mensch selbst nicht Gottheit sein kann. Als philosophischer Schriftsteller erkennt Malraux seine Aufgabe darin, eine Kritik des Individualismus zu unternehmen und zu zeigen, daß die »passion de l'Homme« von Anfang an fehlgeleitet war. Diese Kritik eröffnet ihm den Blick für die wahren Bedürfnisse der menschlichen Innerlichkeit und gibt ihm die Möglichkeit, das Wesen des Menschen in einem tieferen Bereich zu verankern.

Malraux' Kritik des Individualismus ist zunächst eine Kritik des Machtwillens, der den Individualismus konstituiert. Individualismus und Machtwillen gehören zusammen: »Le développement de soi-même a pour but la conquête de la puissance« (TO 124). Da Malraux' Kritik der modernen Dekadenz mit seiner Kritik der abendländischen Gesamtentwicklung zusammenfällt, weist er die Problematik des individualistischen Machtwillens exemplarisch schon am Beispiel der römischen Kultur nach. Das römische Reich gründe auf der Vergötterung der Macht; Macht sei aber nur denkbar mit der gleichzeitigen Verknechtung anderer. Überdies müsse man, um herrschen zu können, zuerst selbst dienen; die Herrschaft erfordere eine beständige Selbstüberwindung, die das Opfer als nihilistischen Selbstzweck bejaht. Nihilistisch sei dieses Opfer, weil es einer Macht diene, die in sich selbst beschlossen ist und keinen transzendentalen Wert in sich birgt. So kann der Chinese Ling, der Rom besucht, den römischen Geist eine »leçon de soldats grossiers« (TO 43) nennen. »Pour être puissante, la barbarie est-elle moins barbare?« (TO 43) Der Tod enthülle die Nichtigkeit eines sich im Diesseitigen genügenden Denkens, das den Machtwillen als Endzweck ansieht. »Race vouée à la puissance, race désespérée« (TO 71), so apostrophiert Ling die Abendländer. »La création sans cesse renouvelée par l'action d'un monde destiné à l'action« (TO 55) sei wohl das Grundgesetz der ganzen abendländischen Geschichte. Für Asien dagegen liege die Größe des Menschen im Reichtum der empfindenden Innerlichkeit; die asiatische Bildung ziele auf eine »parfaite assimilation du monde par l'homme« (TP 110). Die asiatische Vorstellung von einem unendlich zu vertiefenden und zu vervollkommnenden menschlichen Innenraum, in dem sich die Welt in ihrer Totalität spiegelt, erweckt im Europäer die Sehnsucht nach der Überwindung der Subjekt-Objekt-Spaltung, der Aufhebung jener für ihn nur in der Aktion zu lockernden Spannung zwischen Ich und Welt, die den Individualismus auszeichnet.

Indem Malraux das Machtstreben geradezu als Beweis für die Selbstentfremdung des europäischen Menschen wertet, entwickelt er nur den einen und wohl nicht einmal entscheidenden Aspekt von Nietzsches Machtlehre fort. Der Wille zur Macht erscheint bei Malraux als Ausdruck des Seinsverlusts, als Charakteristikum des abendländischen Weltverständnisses, das sich seit Rom nur noch im Seienden bewegt und so der Verzweiflung anheimgegeben ist. Doch ist diese Deutung nur aus der Geschlossenheit von Malraux' Konzeption des Individualismus zu erklären. Malraux nimmt Individualismus und Wille zur Macht zusammen, um in polemischem Bezug zu Nietzsche die Fragwürdigkeit der Verherrlichung des Menschen aufzudecken.

Sodann stellt Malraux die Grundlagen des Individualismus selbst in Abrede, indem er mit erkenntnistheoretischen Argumenten die Begriffe »Persönlichkeit« und »Ich« als Illusion entlarvt. Beide Begriffe seien hypothetisch, weil die einzige Gewißheit des Menschen seine Momentaneität und seine Unizität sei. »Au plus profond de nous-mêmes est le sentiment de notre existence distincte dans l'instant; la conscience d'être un est l'une des données irréductibles de l'existence humaine, et peut-être la seule intangible« (JE 143f.). Das Ich sei ein Gebilde aus ungewissen Träumen und Hoffnungen:

> Le Moi, palais du silence où chacun pénètre seul, recèle toutes les pierreries de nos provisoires démences mêlées à celles de la lucidité; et la conscience que nous avons de nous-mêmes, est surtout tissée de vains désirs, d'espoirs et de rêves (JE 142).

Das Ich sei im Grunde nur eine proteushafte Größe, die dem wechselnden Bewegungsganzen Mensch aufgenötigt wird. Seine Faszination beruhe auf seiner mythischen Vervielfältigung. Der Täuschung des Begriffs verfalle die Psychoanalyse, die mit ihrer Theorie die Konzeption der Persönlichkeit nur untermauert (TO 61; JE 144). Wenn Malraux mit seiner Kritik von »Ich« und »Persönlichkeit« den Individualismus und damit auch Nietzsches »passion de l'Homme« treffen will, so muß festgestellt werden, daß Nietzsche selbst den Setzungscharakter des Ichs aufgewiesen und in seiner Kritik des Subjektbegriffs auf seine Ursprünge hin untersucht hat. Nietzsche enthüllt das Subjekt als Glaubensinhalt und letztlich als Produkt des Willens zur Macht. »›Subjekt‹ ist die Fiktion, als ob viele gleiche Zustände an uns die Wirkung *eines* Substrats wären: aber wir haben erst die Gleichheit dieser Zustände *geschaffen*; das Gleich-*setzen* und Zurecht-*machen* derselben ist der Tatbestand, nicht die Gleichheit (– diese ist vielmehr zu *leugnen* –)«.[2] Nietzsche erklärt unumwunden: »Die Annahme des *einen Subjekts* ist vielleicht nicht notwendig«[3] und stellt als »seine« Hypothese den Satz »Das Subjekt als Vielheit« auf.[4] Ebenso wenig wie Malraux kommt es Nietzsche dabei auf müßige Spekulationen an; die dichterische Fruchtbarkeit dieser Überlegungen zeigt sich in der unerhörten Fülle von Nietzsches Ich-Mythologien, in Zarathustras verwirrendem Spiel der Maskierungen; bezeichnend ist das Wort, das Dionysos der verlassenen Ariadne ins Ohr flüstert: »Ich bin dein Labyrinth ...«.[5]

Die herkömmliche Vorstellung von der von vornherein festgelegten Persönlichkeit weicht dem Bild einer durch ein gemeinsames Ich mehr oder weniger gebundenen losen Folge von Persona-Masken. Malraux' Theorie der Persönlichkeit ist der Ausgangspunkt für die Charakterisierung vieler seiner Romanfiguren, am sinnfälligsten vielleicht des »mythomanen« Clappique in der »Condition Humaine«. Während hier jedoch die Mythomanie ins Persönlichkeitsbild integriert ist, betrifft die Kritik in »A une Jeunesse européenne« die Persönlichkeit an sich und ist von einer Radikalität, hinter der Malraux' Romanwerk zurückbleibt. Daß sich Malraux bei seiner Theorie der Persönlichkeit nicht zuletzt unter surrealistischem Einfluß von Nietzsches Subjekt-Kritik hat anregen lassen, ist durchaus möglich, kannte er doch die berühmten Stellen aus dem ersten Teil von »Jenseits von Gut und Böse« (»Von den Vorurteilen der Philosophen«) und aus dem Nachlaß der Achtzigerjahre.

Hinter dem Begriffsgespinst des Individualismus, hinter »Person« und »Ich« entdeckt Malraux das »moi profond« (JE 144), die »vieilles nécessités humaines« (JE 152), die übermächtigen »besoins de l'âme«, die den modernen Menschen mehr denn je bedrängen. Während sich der Individualismus nur mit dem Seienden abgibt und an der Oberfläche bleibt, sucht Malraux den Weg zu den Tiefen der menschlichen Innerlichkeit. Das Modell des Rückgangs über die Individuationsstufen hinweg in die Tiefen der Person ist in Schopenhauers

---

[2] Friedrich Nietzsche, W III, S. 627
[3] Friedrich Nietzsche, W III, S. 473
[4] Friedrich Nietzsche, ebd.
[5] Friedrich Nietzsche, W II, S. 1259

Theorie des »Willens« ebenso wie in Nietzsches Metaphysik des »Leibes« vorgegeben; bei Nietzsche findet sich gar als Kehrreim zu Malraux' Beteuerungen, daß ihn der Mensch nicht mehr interessiere, die Bemerkung: »Zuletzt handelt es sich gar nicht um den Menschen: er soll überwunden werden.«[6]

Die Veränderungen, die sich durch die Verdrängung des Individuums aus seiner Vorrangsstellung ergeben, versucht Malraux in einigen Skizzen am Ende des Manifests »A une Jeunesse européenne« anzudeuten. Die Veränderung komme einer »kopernikanischen Wende« in den Wissenschaften vom Menschen gleich. Der Mensch rücke aus dem Zentrum der Welt; die Welt lasse sich nicht mehr als Spiegelung des menschlichen Bewußtseins begreifen. Vielmehr werde der Mensch seinerseits Teil eines umfassenden Bezugssystems, das mit der modernen Auffassung der Materie gemeinsam habe, daß jeder Fixpunkt ausgeschlossen ist:

... le monde se réduit à un immense jeu de rapports, que nulle intelligence ne s'applique plus à fixer, puisqu'il est dans leur nature même de changer, de se renouveler sans cesse. Il semble que notre civilisation tende à se créer une métaphysique d'où tout point fixe soit exclu, du même ordre que sa conception de la matière (JE 151).

Dieses veränderte Weltbild wirke sich vor allem auf den traditionellen Begriff der Dichtung aus. Da die Welt als Spiegelung des Bewußtseins nicht mehr glaubhaft sei und überdies das menschliche Ich nicht mehr interessiere, habe die auf der »imitatio« beruhende individualistische Ästhetik ihren Sinn verloren. Dichtung als Nachahmung sei nicht mehr möglich:

Que devient un monde qui est ma représentation si je n'ai que peu d'intérêt pour moi-même et si je tiens pour essentiellement mensongère la volonté d'édifier cette représentation? Quelle vanité, celle d'une allégorie du monde que je dois à des patientes constructions? (JE 151).

Die künstlerische Schöpfung dürfe also nicht mehr auf der Wiedergabe der sichtbaren Welt beruhen, sie müsse vielmehr absolut sein und einen eigenen Kosmos, eine zweite Welt erbauen:

Le créateur est ici à l'extrême de l'individualisme: dédaignant même son expression du monde, il nous propose des visions, ne leur demandant que des qualités poétiques et plastiques (JE 151).

»Und was ihr Welt nanntet, das soll erst von euch geschaffen werden«,[7] läßt Nietzsche durch den Mund Zarathustras verkünden. Malraux' Kritik des Indi-

---

[6] Friedrich Nietzsche, W III, S. 902
[7] Friedrich Nietzsche, W II, S. 344

vidualismus endet also bei Nietzsches Forderung nach absoluter Schöpfung, in welcher der Künstler nach dem Zusammenbruch der alten eine neue Welt errichtet. Insgesamt ist also Malraux' Stellung zu Nietzsche mehr als zwiespältig. Einerseits polemisiert er gegen die Verherrlichung des Menschen und entwirft ein im Grunde von Nietzsche abweichendes Menschenbild. Auf der anderen Seite bekennt er sich aber eng zu Nietzsches unerbittlichem Wahrheitswillen und zu seiner kritischen Psychologie. Schließlich lehnt er sich auch an Nietzsches im »Zarathustra« entworfene Ästhetik des absoluten Schaffens an. Die Frage ist daher angebracht, wie sich Malraux selbst im Verhältnis zu Nietzsche sieht und welche Bedeutung er seinem eigenen Denken im Hinblick auf Nietzsche zubilligt.

b) Malraux' Nietzsche-Kritik als Versuch einer Selbstinterpretation

Welche Rolle kommt Nietzsche in Malraux' Vision vom Schicksal des modernen Menschen zu? Nietzsche hat das erregende Drama des Individualismus vorgelebt; er hat dessen Verzweiflung durchlitten und sich mit Gewalt behaupten wollen: »Si Nietzsche trouve tant d'échos dans des cœurs désespérés, c'est qu'il n'est lui-même que l'expression de leur désespoir et de leur violence« (JE 145). Er ist in gewisser Weise jener »triomphateur aveugle« (JE 146), dessen Wahnsinn dem Sieg des Individualismus vorausgeht, der Denker, der mit gebrochener Stimme den Hymnus auf den Übermenschen singt. Sicher setzt Malraux Nietzsches Philosophie nicht mit dem Individualismus gleich, doch ist andererseits die enge Beziehung zwischen der Lehre vom Übermenschen, dem »culte de l'Homme« und dem Individualismus, wie ihn Malraux auffaßt, offenkundig. Malraux hebt diesen geistesgeschichtlichen Zusammenhang besonders heraus, indem er der Schrift »A une Jeunesse européenne« zwei Nietzsche-Zitate vorausstellt, deren voller Sinn erst jetzt klar wird:

> L'Homme est le seul objet digne de notre passion (JE 139).
> Je suis le seul objet digne de me passionner (JE 139).

Es ist zunächst auffallend, daß die Zitate in diesem Wortlaut bei Nietzsche nicht nachzuweisen sind. Wenigstens in dieser Form hat sie Nietzsche nicht ausgesprochen, und selbst wenn Malraux die Nietzsche-Zitate in freier Umwandlung gebraucht hätte, zeigt sich gerade in der Art der Manipulation die charakteristische Weise von Malraux' Nietzsche-Verformung. Malraux' Satz »L'Homme est mort« und dessen Stellung zu Nietzsche wird erst durch die beiden Zitate richtig konturiert. Die Nietzsche-Zitate stehen nämlich in genauem Gegensatz zu den Äußerungen Malraux' selbst, daß seine Leidenschaft für den Menschen erkaltet sei und das Ich ihn nicht mehr interessiere. »La passion de l'Homme s'est éteinte sans trouver un nouvel objet d'amour«[1] urteilt Malraux in der Rezension von Massis' »Défense«. Auch das Ich fesselt seine Aufmerksamkeit nicht mehr: »Image mouvante de moi-même, je suis pour toi sans amour« (TO 124). Ähnlich wie in »La Tentation de l'Occident« äußert sich der Autor von »A une Jeunesse européenne«: »... Je n'ai que peu d'intérêt pour moi-même« (JE 151). Wir haben gesehen, daß Malraux in erkenntnistheoretischen Überlegungen sich bemühte, den Fiktionscharakter der Ich-Vorstellung nachzuweisen. Wenn Malraux aber Nietzsche zum Denker des Menschen und zum Verherrlicher des Ichs stempelt, so sieht er sich unbestreitbar als Endpunkt und Gegenpol der von Nietzsche geförderten Bewegung des Individualismus, obwohl er selbst gewisse Abhängigkeiten von Nietzsche kaum in Abrede stellen wird.

Angesichts der Frage, in welcher Weise sich Malraux tatsächlich von Nietzsche absetzt und ihn weiterdenkt, müssen wir zunächst festhalten, daß er mit Nietzsche in einem grundsätzlichen Punkt übereinstimmt: in der Annahme des Todes Gottes. Nietzsches »Gott ist tot« als einen der Angelpunkte von Nietzsches Philosophie erkannt zu haben, ist nicht nur der sichere Griff eines auf Wirksamkeit bedachten Literaten, sondern zeugt vom Willen, das Verhältnis zu Nietzsche auf der Grundlage seiner Metaphysik neuer und tiefer zu begründen. Unter dem Blickpunkt des »Gott ist tot« war Nietzsches Philosophie in Frankreich bis dahin noch nicht untersucht worden. Gewiß hatte schon 1891 E. W. de Wyzéwa[2] das Bild eines »nihilistischen« Nietzsche entworfen, doch war dieser »Nihilismus« nur eine Spielart des individualistischen Skeptizismus. Gide hatte in seinen Dostojevskij-Vorträgen 1922 Nietzsches Willen betont, den Übermenschen an die Stelle Gottes zu rücken; Nietzsche wolle den »Dieu-homme« durch den »homme-Dieu« ersetzen und sei Christus gegenüber von tiefer »Eifersucht« erfüllt.[3] Wenn Gide darlegt, daß Nietzsches Bestreben der Vergottung des Menschen notwendig scheitern müsse, so nimmt er gewissermaßen Malraux' Erkenntnis vom Tod des Menschen vorweg. Wie weit er aber trotz alledem von Nietzsches innerster metaphysischer Problematik entfernt ist, läßt sich daran ersehen, daß im »Journal« vom Tode Gottes nie die Rede ist. Selbst

[1] Défense de l'Occident, par Henri Massis, S. 818
[2] E. W. de Wyzéwa, Nietzsche le dernier métaphysicien allemand. In: Revue Blanche, 1. November 1891
[3] André Gide, Dostoïevski, S. 105; siehe auch S. 212

die ewige Wiederkehr vermag Gide nur als »signe de sa naissance folie«[4] aufzufassen. Du Bos war dagegen bereit, im Tode Gottes einen der Abgründe von
Nietzsches Philosophie zu erblicken, wenn er auch nur zurückhaltend formu-
lierte: »la mort de l'idée de Dieu, point capital si l'on veut appréhender le mouvement de pensée nietzschéen«.[5] Die Ende der zwanziger Jahre im Kreis um
Gide aufbrechende Krise, zu deren Äußerungen auch die Auseinandersetzung
zwischen Gide und Du Bos gehört,[6] war das allgemeine Zeichen einer metaphysischen Vertiefung auch der Nietzsche-Betrachtung, die sich im Jahrzehnt
nach dem ersten Weltkrieg vollzog. Malraux' Nietzsche-Rezeption mit der Betonung des »Gott ist tot« fügt sich diesem Rahmen ein.

Wenn Malraux indes auch Nietzsches Erschütterung über den Tod Gottes
teilt, so sucht er doch gleichzeitig die Forderungen umzudeuten, die Nietzsche
aus diesem Ereignis zieht. Malraux stellt Nietzsches Verherrlichung des Übermenschen den Satz »L'Homme est mort« entgegen. Für das Verhältnis zwischen
Nietzsche und Malraux erscheinen uns drei Aspekte dieses Satzes von besonderer Bedeutung. »L'Homme est mort« enthält einmal eine Kritik von Nietzsches Übermenschentum, das nach dem Tode Gottes ebenfalls als hinfällig er-
achtet wird (1). Der Satz bedeutet sodann eine Kritik des »humanistischen«
Bildes vom Menschen schlechthin (2). Schließlich enthält er eine kunsttheore-
tische Dimension: er zielt auf eine Kritik des überkommenen »realistischen« Ro-
manbegriffs ab (3). Diese drei Aspekte wollen wir etwas eingehender betrachten.

*I. »L'Homme est mort« als Kritik von Nietzsches Begriff
des Übermenschen*

Malraux ist der Auffassung, Nietzsche leite aus dem Tode Gottes die Notwendigkeit ab, daß der Mensch die nun leer gewordene Stelle einnehmen müsse
und damit zur Gottähnlichkeit aufrücke. Diesen Versuch der Vergottung des
Menschen sieht Malraux aus seiner historischen Distanz zu Nietzsche als ge-
scheitert an. Nietzsches Lehre vom Übermenschen betrachtet er letztlich aus
der geschichtlichen Konstellation des neunzehnten Jahrhunderts bedingt: als
Denker aus der »passion de l'Homme« rückt Nietzsche in bedenkliche Nähe zu
den optimistischen Verherrlichern des Menschen in der Unbegrenztheit seiner

---

[4] André Gide, Journal 1889–1939, Paris 1939, S. 1051 (1930)
[5] Charles Du Bos, Journal 1924/25, Paris 1948, S. 20
[6] Siehe dazu »Le labyrinthe à claire-voie«, Paris 1927

zukünftigen Möglichkeiten, zu Marx, Renan, Comte, Proudhon. Diese Deutung von Nietzsches Übermensch behält Malraux in allen Schaffensphasen bei; noch in seiner Unesco-Rede 1946 stellt er Nietzsches »Gott ist tot« in seiner Bedeutung für die Vergöttlichung des Menschen geradezu programmatisch heraus, wenn er sich auch des Tragischen dieses Aktes durchaus bewußt bleibt: »A la fin du dix-neuvième siècle, la voix de Nietzsche reprit la phrase antique entendue sur l'archipel: ›Dieu est mort!‹ ... et redonna à cette phrase tout son accent tragique. On savait très bien ce que cela voulait dire: cela voulait dire qu'on attendait la royauté de l'homme«.[7] Nietzsche und Marx als die antitheistischen Denker der Gottferne des neunzehnten Jahrhunderts stehen mit ihrem Bild des vollendeten und Gott gleich gewordenen Menschen in dieser Rede in genauem Gegensatz zu den bitteren Erfahrungen des zwanzigsten Jahrhunderts, die jeden Glauben an die Selbstherrlichkeit des Menschen untergraben haben. Diese Art der Interpretation von Nietzsches »Gott ist tot« findet sich in Frankreich recht häufig: schon Gide hatte Nietzsches Satz in seinen Dostojevskij-Vorträgen in dieser Richtung gedeutet, und Camus neigt im »Homme révolté« ebenfalls dieser Auffassung zu; schließlich interpretiert Henri de Lubac in seiner 1944 erschienenen Studie »Le drame de l'humanisme athée« Nietzsche neben Feuerbach, Marx und Comte als Vertreter eines nur dem Menschen vertrauenden gottfeindlichen »culte de l'Homme«. Demgegenüber muß ernsthaft gefragt werden, ob Nietzsche tatsächlich im Sinn hatte, den Übermenschen an die Stelle Gottes zu setzen. Bezeichnend ist die Ansicht Heideggers: »Man könnte grob denkend meinen, das Wort sage, die Herrschaft über das Seiende gehe von Gott an den Menschen über, oder noch gröber gemeint, Nietzsche setze an die Stelle Gottes den Menschen. Die es so meinen, denken allerdings wenig göttlich von Gottes Wesen. Nie kann sich der Mensch an die Stelle Gottes setzen, weil das Wesen des Menschen den Wesensbereich Gottes nie erreicht.«[8] Und Heidegger fährt fort: »Der Übermensch tritt nicht und nie an die Stelle Gottes, sondern die Stelle, auf die das Wollen des Übermenschen eingeht, ist ein anderer Bereich einer anderen Begründung des Seienden in seinem anderen Sein«.[9] Demnach bedeutet der Tod Gottes, daß dessen Ort fürderhin leer bleibt und aus dieser veränderten Konstellation eine völlige Umwandlung des Menschen notwendig wird, der sich nun nicht mehr auf Gott beziehen kann. Nietzsches Übermensch ist der Mensch der höchsten Verantwortung; er lebt in einer Spannung, die ihm

---

[7] L'homme et la culture artistique. In: Les conférences de l'U.N.E.S.C.O., Paris 1947, S. 75–89, hier S. 75

[8] Martin Heidegger, Nietzsches Wort »Gott ist tot«. In: Holzwege, Frankfurt/M. 1952, S. 193–247, hier S. 235

[9] Martin Heidegger, ebd., S. 235/36

zwar die Möglichkeit zur größten Mächtigkeit seiner Gattung eröffnet, die ihn aber gleichzeitig der größten Gefahr aussetzt. So darf man den Tod Gottes und den Tod des Menschen nicht wie Malraux geradezu »historisch« als zwei verschiedene Etappen auseinanderlegen, sondern muß sie im Gegenteil in unaufhörlicher Dialektik aufeinander bezogen denken.

Eugen Bieser[10] hat gezeigt, daß der Charakter von Nietzsches »Gott ist tot« zutiefst »postulatorisch« ist. Nur in diesem Sinne spricht Zarathustra vom Tode Gottes: »*Wenn* es Götter gäbe, wie hielte ich's aus, kein Gott zu sein! *Also* gibt es keine Götter«.[11] Und er vergißt nicht hinzuzufügen: »Wohl zog ich den Schluß; nun aber zieht er mich.«[12] Die Aphorismen »Der tolle Mensch« und »Neue Kämpfe«,[13] in denen Nietzsche den Tod Gottes erstmals thematisiert, sind in Legendenform abgefaßt, woraus zu schließen ist, daß der Tod Gottes nicht als Faktum gesetzt werden darf, aus dem der Sieg des Übermenschen zwangsläufig folgt. Wenn der Mensch vielmehr den Tod Gottes setzt, so ist er zur höchsten Entscheidung aufgerufen; er begibt sich in ein äußerstes Spannungsfeld, in dem er entweder zum Übermenschen erhöht oder aber zum »letzten Menschen« erniedrigt werden kann. Der Tod Gottes kann damit nach Nietzsches eigener Anschauung auch den Tod des Menschen zur Folge haben. »Dieu est mort« und »L'Homme est mort« sind also keine Gegensätze, sondern nur die eine Seite der Gleichung; der Tod des Menschen ist die Alternative zum Übermenschen, die in der Möglichkeit des Übermenschen selbst miteinbeschlossen ist. Somit hat Nietzsche den Tod des Menschen im Tode Gottes schon mitgedacht. Malraux' Polemik gegen Nietzsches Verherrlichung des Menschen ist also nicht voll berechtigt; im Grunde steht auch Malraux mit seiner These »l'Homme est mort« auf dem Boden Nietzsches.

2. »L'Homme est mort«, als Kritik des »humanistischen« Bildes
vom Menschen

Gedanklich weitreichender als der Versuch, den Tod des Menschen dem Tode Gottes entgegenzusetzen, ist Malraux' kühne Erkenntnis, daß sich aus dem Tod Gottes das Ende der in strengem Sinne »humanistischen« Betrachtung des Menschen ableiten läßt. Diese »humanistische« Betrachtung ist dadurch gekennzeichnet, daß sie den Menschen zum Ausgangspunkt aller Erkenntnis wählt

---

[10] Eugen Bieser, »Gott ist tot«, Nietzsches Destruktion des christlichen Bewußtseins, München 1963
[11] Friedrich Nietzsche, W II, S. 344
[12] Friedrich Nietzsche, ebd.
[13] Aph. 108 und 125 der »Fröhlichen Wissenschaft«

und die Außenwelt als Spiegelung des menschlichen Bewußtseins versteht. Die wenigen Skizzen in »A une Jeunesse européenne« lassen ahnen, daß Malraux an die Stelle des menschlichen Bewußtseins eine übergreifende, objektive Größe zu setzen gedenkt: ein mittelpunktsloses »System« von Bezugspunkten, in dem der Mensch nur noch einen bestimmten Stellenwert besitzt. Die Interpretation des menschlichen Bewußtseins wird durch die Beschreibung dieses Systems ersetzt, von dem aus allein sich der Bewußtseinsinhalt charakterisieren läßt. Malraux' Kritik von Begriffen wie »Persönlichkeit« und »Ich«, ja im weitesten Sinne seine Kritik des christlichen Bewußtseins sind aus dem Bestreben zu verstehen, die Unzulänglichkeit der vom Menschen ausgehenden, »humanistischen« Betrachtung des Menschen aufzuweisen. Die kunstmetaphysische Bedeutung dieser Überlegungen liegt darin, daß Malraux an die Stelle einer Poetik der Nachahmung, die im Kunstwerk vorwiegend die Nachschöpfung der sich im Bewußtsein spiegelnden Eindrücke sieht, eine Theorie der absoluten Schöpfung setzt, die das Kunstwerk als eine unabhängige Welt mit besonderen Wirklichkeitskriterien auffaßt. In dieser Kritik des »humanistischen« Denkens ist die Parallele zwischen Malraux und den Surrealisten zu sehen, mit denen dieser während der zwanziger Jahre in spannungsreicher Beziehung stand. In vollem Ausmaße bewußt wurde das Problem der »humanistischen« Betrachtung des Menschen in weitestem Sinne allerdings erst nach 1960 in den theoretischen Auseinandersetzungen der »Strukturalisten«, so bei Michel Foucauld,[14] die ebenfalls auf Nietzsche und nicht auf Hegel und Marx zurückgreifen. Für Malraux' dichterisches Werk ist bedeutsam, daß ihn Nietzsches Metaphysik des »Gott ist tot« zu einer Kritik des traditionellen Menschenbildes und damit zu der entscheidenden Vertiefung seiner Auffassung vom Menschen führt. So ist das Revolutionäre seines Romanwerks wesentlich durch Nietzsches Einfluß bedingt.

3. »L'Homme est mort« als Kritik der herkömmlichen Ästhetik des Romans

Malraux' Polemik gegen den Individualismus ist nicht nur von philosophischen Erwägungen geleitet; sie wendet sich hauptsächlich auch gegen die literarische Ausprägung des Individualismus, einer Bewegung, die nach Malraux' Auffassung im neunzehnten Jahrhundert mit Balzac einen ersten Höhepunkt erreicht

---

[14] Siehe Michel Foucauld, Les Mots et les Choses, Paris 1966. Über Nietzsches Bedeutung für die Destruktion des »humanistischen« Menschenbilds siehe dessen Interview in der »Quinzaine littéraire« vom 15. 5. 1966.

und sich in den verschiedensten Spielarten über Barrès bis hin zu Gide fortsetzt, die sich letztlich aber in vielen Bereichen des psychologischen Romans seit Madame de Lafayette nachweisen lasse. Die individualistische Psychologie ist Malraux' Schaffen zutiefst entgegengesetzt, weigert er sich doch, seine Romanfiguren als voneinander abgesetzte Individualitäten zu charakterisieren. Der auf Äußerlichkeiten abzielende psychologische Unterschied zwischen den Figuren ist seiner Meinung nach eine Illusion, die den großen Problemen des Lebens nicht standhält und vor dem Tode zunichte wird: »La volonté d'être distinct des autres peut s'appuyer sur l'illusion seule« (TO 122). Nietzsche jedoch war in der französischen Nietzsche-Rezeption der Zeit vor 1920 vornehmlich als Vertreter einer individualistischen Lebensphilosophie verstanden worden; »maître d'idéalisme individualiste«[15] nennt ihn René Lalou noch 1930. »L'Homme est mort« bedeutet eine Abrechnung mit der individualistischen psychologisierenden Dichtung und die Forderung nach einer neuen Ästhetik des Romans, der nicht mehr die Plastizität der Charaktere, sondern die Intensität des erlebten inneren Dramas darstellen soll. Drama und Tragödie sind die übergeordnete Einheit, die über den Bereich des Individuellen hinausgeht. Die Abneigung gegen die »realistische« psychologische Menschendarstellung ist damit die kunstästhetische Dimension des Satzes »l'Homme est mort«.

So gelangt Malraux bei seinem Bemühen, die Folgen von Nietzsches »Gott ist tot« für den modernen Menschen auszudenken, zu einer erkenntnistheoretische wie kunstästhetische Gesichtspunkte mit einschließenden Kritik des individualistischen Menschenbildes. Der Versuch, Nietzsche als Schöpfer des Übermenschen in die individualistische Tradition einzureihen und ihn aus der eigenen Perspektive der These vom Tode des Menschen zu kritisieren, ist zwar für Malraux' entstehendes Nietzsche-Bild bedeutsam, läßt aber nicht den vollen Umfang von Nietzsches Einfluß auf diesen erkennen. In Wirklichkeit lassen sich Malraux' kritische Positionen zu Nietzsche aus Nietzsches eigener Denkproblematik erklären. Wichtig ist Nietzsche für Malraux deshalb, weil dieser unter seinem Einfluß zu einer Kritik des herkömmlichen Bildes vom Menschen gelangt und so in noch unentdeckte Bereiche des Menschseins vordringt.

Die Frage wird laut, in welcher Weise Malraux das von Nietzsche angeregte neue Wissen vom Menschen im Kunstwerk zur Darstellung zu bringen vermag. Daher untersuchen wir in Malraux' Werk den Komplex des Willens zur Macht, mit dem Nietzsche nach dem Tode Gottes den Menschen aus sich selbst zu begründen versuchte. Wir zeigen zunächst an Malraux' eigenen theoretischen Ur-

[15] André Gide. In: Cahiers de la Quinzaine, 5.4.1930, S. 36

teilen zum Willen zur Macht, daß er der vollen metaphysischen Problematik des Begriffes nicht gerecht wird, sehen dann aber am Beispiel des Romans »La Voie Royale«, daß erst in der dichterischen Transposition die eigentliche Höhe der Auseinandersetzung mit Nietzsches Machtlehre erreicht wird.

IV

Der Wille zur Macht als absolute Affirmation[1]

a) Malraux' Ansichten zum Willen zur Macht

Der Komplex der Macht wird in Malraux' Werk mehrfach erörtert. In Zusammenhang mit der Problemstellung in »La Tentation de l'Occident« und »A une Jeunesse européenne« haben wir Macht und Energie als Attribute des Individualismus kennengelernt. Das Machtstreben, das im Willen zur Tat zu seinem angemessenen Ausdruck findet, erscheint dabei vor allem aus der Sicht des Asiaten Ling als letztlich leerer Selbstzweck, weil die Macht keinen über sich hinausweisenden Sinn hat und nur zur Steigerung und Festigung der Selbstherrlichkeit des Individuums dient. Das Streben nach Macht, das seit den Römern ein herrschender Zug der abendländischen Erobererhaltung ist, wird vom modernen Europäer in seiner Nichtigkeit erfahren. Mit dieser Interpretation der Macht entfernt sich Malraux von der spekulativen Deutung, die Nietzsche selbst dem Willen zur Macht gibt.

Es erscheint überhaupt als fraglich, ob Malraux je gewillt war, der metaphysischen Schwierigkeit des Begriffes vom Willen zur Macht auf den Grund zu kommen. Viel eher ist er geneigt, den Willen zur Macht als eine jener müßigen Theorien zu betrachten, die nur darauf abzielen, die Fülle der wirklichen Erscheinungen in das leblose Gespinst ihrer Begrifflichkeit einzukerkern und damit überschaubar zu machen. In diesem Sinne äußert im Roman »La Lutte avec l'Ange« einer der Teilnehmer des Kolloquiums von Altenburg, der Wille

---

[1] Den Begriff der »absoluten Affirmation« entnehmen wir einem Werk der Ricœur-Schule, der Arbeit von Jean Grenier, Le problème de la Vérité dans la philosophie de Nietzsche, Paris 1966.
Die »absolute Affirmation« deutet Grenier aus dem Zusammenhang der ewigen Wiederkehr des Gleichen und des Übermenschen (im Kapitel »Les chemins de l'affirmation absolue: l'éternel retour et le surhomme«, S. 557–602). Mit dem Begriff der »affirmation absolue« hatte schon 1951 Albert Camus das Nietzsche-Kapitel von »L'Homme révolté« überschrieben (Essais, bibl. Pléiade, S. 472).

zur Macht sei ähnlich La Rochefoucaulds Theorie von der »amour-propre« der Versuch eines Systematikers, die Erscheinungen auf wenige Ursachen zurückzuführen und ihnen damit ihr Geheimnis zu nehmen. Dagegen begnügten sich die englischen und russischen Romanschriftsteller damit, mit den lebendigen Erscheinungen so vertraut zu werden, daß ihnen nichts Menschliches mehr fremd bleibe (LA 83). Einige Male gebraucht Malraux im Hinblick auf Nietzsches zu Schlagwörtern geronnene Lehre den Ausdruck »prédication« (C 15; LA 71); das eigentlich Wertvolle an Nietzsches Denken – wie überhaupt bei jedem Philosophen – sei vielmehr das ständige Infragestellen der eigenen Position, eine unaufhörliche »interrogation«,[2] die nicht durch gebrauchsfertige Lösungen zum Schweigen gebracht werden dürfe. So berechtigt diese Skepsis hinsichtlich Nietzsches Leitbegriffen allerdings sein mag, so darf doch nicht der Eindruck entstehen, als sei die denkerische Auseinandersetzung mit diesen Begriffen nicht mehr nötig.

Überdies scheut sich Malraux nicht, den Begriff des Willens zur Macht auch in recht vulgärem Sinne zu gebrauchen. Im Eingang des Romanes »La Lutte avec l'Ange« schildert er die Nietzsche-Begeisterung von Vincent Berger, der sich nach Kleinasien begibt, um dort den Willen zur Macht in die Wirklichkeit umzusetzen. Hier wie auch sonst ist Malraux immer wieder versucht, besonders Nietzsches Lehre vom Willen zur Macht im Zusammenhang mit der politischen Praxis zu sehen und sie mit der kämpferischen Aktion zu verbinden. Vincent Berger fiebert geradezu danach, Macht zu erringen und Macht auszuüben. Nicht auf Rang oder persönlichen Reichtum, selbst nicht auf eine angesehene persönliche Stellung, nur auf Machtfülle ist er aus: »L'autorité c'est bien, mais le pouvoir c'est mieux« (LA 40). Wenn der Erzähler auch ironisch bemerkt, bei Vincent Berger stehe weniger die Philosophie als die Aktion im Vordergrund, so bleibt doch die Frage bestehen, ob Malraux hier den Willen zur Macht nicht grundsätzlich mißversteht. Meint Nietzsche mit dem Willen zur Macht ein Streben *nach* Macht?

»Wille für sich gibt es so wenig wie Macht für sich. Wille und Macht sind daher auch nicht erst im Willen zur Macht aneinandergekoppelt, sondern der Wille ist als Wille zum Willen der Wille zur Macht im Sinne der Ermächtigung zur Macht ... Der Wille zur Macht ist das Wesen der Macht. Er zeigt das unbedingte Wesen des Willens an, der als bloßer Wille sich selbst will.«[3] Mit dieser Interpretation sucht Heidegger darzulegen, daß »Wille« und »Macht« nicht

---

[2] Siehe G. d'Ambarède, Rencontre avec André Malraux. In: Nouvelles littéraires 3. 4. 1952, S. 1

[3] Martin Heidegger, Nietzsches Wort »Gott ist tot«. In: Holzwege, Frankfurt/M. 1952, S. 193–247, hier S. 217

zweierlei sind, daß Wille zur Macht also nicht Streben nach Macht bedeutet, sondern den sich selbst wollenden und bejahenden Willen. An anderer Stelle wiederholt Heidegger, daß die Macht nicht das Attribut des Willens sein kann, und er belegt den Willen zur Macht in seiner Einheitlichkeit mit einem Terminismus aus »Sein und Zeit«, mit »Entschlossenheit zu sich selbst«.[4] Damit scheidet er jede konkret politische Auslegung des Willens zur Macht als Machtstreben von vornherein als Mißdeutung aus. Auch in den Heidegger widersprechenden Deutungen des »Willens zur Macht« ist kaum ernsthaft der Versuch gemacht worden, diesen als Machtstreben zu politisieren, und Nietzsche, der fürchtete, sein geplantes Buch könne »als Bestärkung irgendwelcher reichsdeutscher Aspirationen«[5] mißbraucht werden, hat sich selbst energisch gegen diese Möglichkeit gewandt. So begnügt sich selbst Baeumler, der Nietzsche als »Philosoph und Politiker«[6] untersucht, damit, Nietzsches Machtlehre als Ausdruck einer heraklitischen »Welt als Kampf« auszulegen, in welcher sich der »Wille *als* Macht« in seiner Unschuld selber bejaht.

So gehen Malraux' eigene Überlegungen zum Willen zur Macht insgesamt an der metaphysischen Problematik vorbei, die dieser Teil von Nietzsches Philosophie enthält. Im Grunde hat Malraux eine solche Auseinandersetzung gar nicht beabsichtigt, nicht zuletzt deshalb, weil er dem Begriff als Schlagwort nicht den vollen Ernst zugebilligt hat. Das bedeutet indes nicht, daß Malraux im Kunstwerk nicht die Tiefe der damit verbundenen Frage erkannt hätte. Gerade der Roman »La Voie Royale« (1930) ist dasjenige Werk Malraux', das seine Konzeption der Macht in einem von Nietzsche geprägten geistigen Klima am eindeutigsten erkennen läßt.[7] Freilich handelt es sich hier nicht mehr um

---

[4] Martin Heidegger, Nietzsche I, Pfullingen 1961, S. 52
[5] Friedrich Nietzsche, Werke, Großoktavausgabe Bd. XIV, S. 420
[6] Adolf Baeumler, Nietzsche, Der Philosoph und Politiker, Leipzig 1931
[7] In der Malraux-Forschung sind Zweifel über die Reihenfolge der Entstehung der Romane »Les Conquérants« (1928) und »La Voie Royale« (1930) aufgetaucht. Vor allem Joseph Hoffmann (L'humanisme de Malraux, Paris 1964, S. 44) versucht zu beweisen, daß »La Voie Royale« im Manuskript vor »Les Conquérants« fertiggestellt war. Eigene Nachforschungen des Verfassers haben aber die Unhaltbarkeit dieser These ergeben. Es ist kaum vorstellbar, daß Malraux bei seinen ständigen finanziellen Schwierigkeiten das Manuskript von »La Voie Royale« jahrelang zurückgehalten hätte, um erst die »Les Conquérants« fertigzustellen. Wie uns Clara Malraux mitgeteilt hat, fällt die Abfassung des Romans ins Jahr 1929, in eine Zeit, da sich Malraux häufig mit Groethuysen und dessen Gefährtin Alix Guillain traf und monatelang ihr einziges Gesprächsthema der Tod war, bis schließlich »Groet« eines Tages bemerkte, er wisse nichts mehr darüber zu sagen und schlage einen Wechsel des Themas vor. Der Roman »La Voie Royale« spiegelt diese ständige Meditation über den Tod deutlich wider.

eine unmittelbare Übernahme von Nietzsches Machtlehre, sondern um die schöpferische und selbständige Verarbeitung der Problemkreise von Willen und Macht in einem auf Nietzsche verweisenden geistigen Zusammenhang. Wir stehen hier an der Grenze der Einflußforschung: dort, wo sich der Einfluß in einem neuen Werk mit eigener Gesetzlichkeit auflöst.

b) Der Komplex der Macht im Roman »La Voie Royale«

Die Wortfelder Wille und Macht nehmen in »La Voie Royale« einen breiten Raum ein. Auffallend ist die Häufigkeit der Ausdrücke schon bei der Charakterisierung der Romangestalten. So verraten Perkens Züge die ständige Arbeit eines übermenschlichen Willens, der seiner Existenz Macht und Tiefe verleiht. »Mû par une volonté profonde« (VR 24), erscheint er dem Betrachter. Eine »puissance sauvage« (VR 14) spricht aus ihm, ein unbändiger Machtwille, mit dem es ihm gelungen ist, die gefährlichen Eingeborenenstämme in Nordsiam seinen Plänen zu unterwerfen. Sein Gesichtsausdruck hat etwas Schweres, aber er ist von eigentümlicher Festigkeit, wenn eine Willensanstrengung darin zum Ausdruck kommt: »l'expression du regard: pesante, enveloppante, mais d'une singulière fermeté lorsqu'une affirmation rendait un instant les muscles fatigués du visage« (VR 21). Seine sparsame Gestik läßt gestaute Energie ahnen. Perken ist der einzige, der das Wort »Energie« mit Gelassenheit ausspricht (VR 18). Hartnäckigkeit, Ausdauer, Klugheit und Menschenkenntnis sind Schlüssel zu Perkens Wirksamkeit und Erfolg: »Son efficacité tenait vraisemblablement à la persévérance dans l'énergie, à l'endurance, à des qualités militaires unies à un esprit assez large pour s'efforcer à comprendre des êtres très différents de lui, plutôt qu'à telles aventures ...« (VR 23). Claude muß feststellen, daß die Schwierigkeiten der Reise zu den buddhistischen Tempeln vor Perkens gesammeltem Willen zu Nichts zerfallen: »L'état-civil, ... les faits sont aussi impuissants contre la puissance de certains hommes que contre le charme d'une femme. Les histoires de bijoux, la biographie de cet homme, en ce moment, n'existaient pas. Il était si réel, là, debout, que les actes de sa vie passée se séparaient de lui comme des rêves« (VR 42). Die Stärke des Willens bedingt den Grad und die Mächtigkeit der Wirksamkeit eines Menschen, ja seine Realität überhaupt, die nicht von vornherein fraglos gegeben ist.

Der hier entwickelte Energiebegriff ist fern vom lebensphilosophischen »élan vital«. Es handelt sich vielmehr um eine verzweifelte, existentielle Energie, die der Held in jedem Augenblick zur Gründung und Behauptung seines Selbst in einer sinnlosen Welt benötigt. Ziel des Willens ist die »affirmation«: im metaphysischen Spiel des Lebens setzt sich der Mensch selbst gegen die Absurdität des Daseins und versucht, mit verzweifelter Energie sein Spiel zu gewinnen. Der Wille will sich selbst und begründet sich damit als Existenz. Der Prozeß dieser »affirmation«, die Behauptung des Willens gegen die ihn in seinem Kern bedrohende Unmenschlichkeit, läßt sich beispielhaft in der Auseinandersetzung Perkens und Claudes mit der Dämonie des Urwalds aufzeigen.

Der Kampf mit dem Urwald ist das Drama der Selbstbehauptung des Menschen gegen elementare Naturgewalt. Der Urwald ist die Negation des menschlichen Willens schlechthin: das Unpersönliche, Vorindividuelle, Formlose, die Welt der Insekten, die Gefahr des Fiebers, tropische Hitze und Feuchtigkeit, die den menschlichen Willen lähmen und untergraben:

> L'unité de la forêt, maintenant, s'imposait; depuis six jours Claude avait renoncé à séparer les êtres des formes; la vie qui bouge de la vie qui suinte; une puissance inconnue liait aux arbres les fongosités, faisait grouiller toutes ces choses provisoires sur un sol semblable à l'écume des marais, dans ces bois fumants de commencement du monde. Quel acte humain, ici, avait un sens? Quelle volonté conservait sa force? Tout se ramifiait, s'amollissait, s'efforçait de s'accorder à ce monde ignoble et attirant à la fois comme le regard des idiots, et qui attaquait les nerfs avec la même puissance abjecte que ces araignées suspendues entre les branches, dont il avait eu d'abord tant de peine à détourner les yeux (VR 99f.)[8]

Der Wille selbst ist in Gefahr, sich im Fieber des Urwalds aufzulösen. Das tropische Klima, die Hitze und Feuchtigkeit machen jede Willensanspannung beinahe unmöglich: »Projets, volonté se volatisaient en elle« (VR 100). Das menschliche Leben steht auf dem Spiel. In dieser höchsten Bedrohung ist die absolute Affirmation, die den Menschen zum Übermenschen werden läßt, die einzige Möglichkeit der Selbstbehauptung angesichts der Naturgewalt:

> Cependant c'était sa vie menacée qui était là ... Sa vie. Tout l'entêtement, la volonté tendue, toute la fureur dominée qui l'avait guidé à travers cette forêt, tendaient à découvrit cette barrière, cette pierre immobile dressée entre le Siam et lui (VR 120).

So sieht Claude seinen Versuch, mit einer Säge die Skulpturen des buddhistischen Tempels zu entfernen, als ein Wagnis, bei dem es um sein eigenes Leben geht. Die Übermächtigung der unmenschlichen Natur erfolgt durch einen Machtwillen, der ebenfalls von elementarer Gewalt ist:

> La volonté de vaincre le bouleversait comme la soif ou la faim, serrait des doigts sur le manche du marteau qu'il venait d'arracher à Perken (VR 121).

---

[8] Eine Interpretation der Urwald-Metaphorik zum Teil im Anschluß an Sartres Begriff des »visqueux« in »L'être et le néant« findet sich bei Yvonne Moser, L'essai de la constitution d'un monde dans l'œuvre de Malraux, Diss. Zürich 1957.

Als das Ziel erreicht und die Skulpturen losgelöst sind, hat sich dadurch der Mensch gleichzeitig gegenüber der Unmenschlichkeit der elementaren Natur durch einen Akt des Willens behauptet und in seiner Existenz gesetzt. »La forêt, la force des lianes et des feuilles spongieuses s'affaiblissaient pourtant: ces pierres conquises le défendaient contre elle« (VR 130).

Was wir hier »absolute Affirmation« nennen – im Anschluß an den immer wiederkehrenden Begriff der »affirmation« in Malraux' Roman –, ist Malraux' existentielle Interpretation des Willens, der sich angesichts einer nichtigen Welt in seiner Gesamtheit selbst wollen muß, um dem menschlichen Tun gegenüber dem Nichts einen Sinn zu geben. Das Drama dieser Selbstsetzung des Willens ereignet sich in einem Augenblick höchster Spannung, die Malraux als »tragische Faszination«[9] zum Leitbegriff einer modernen Ästhetik erhoben sehen möchte. Nur im Kunstwerk kann die Maßlosigkeit dieser Spannung gebändigt und damit überschaubar gemacht werden. Die »tragische Faszination« gleicht einem Bannkreis, in den der Held wie in eine andere Welt hineintritt und in dem das Spiel um den Sinn seines Lebens beginnt. Wenn das Spiel zuendegespielt ist, kann sich der Mensch kaum wieder in seiner Alltäglichkeit zurechtfinden. Freilich ist in einer »absurden«, also auch der zeitlichen Kohärenz ermangelnden Welt diese Selbstbehauptung kein nur einmalig erforderlicher Akt; sie muß immer aufs Neue gewagt werden. Daher verlangt Malraux von den Helden der »Conquérants« wie der »Voie Royale« die »persévérance de l'énergie«, »endurance« (VR 23), »volonté constante« (C 54). Sie sind die Kräfte, mit denen der Mensch im Nichts Stand gewinnt.

Eine Existenz, die der »absoluten Affirmation« bedarf, um sich selbst zu begründen, läuft beständig die Gefahr der Selbsterniedrigung oder gar Selbstvernichtung, wenn sie zu dieser »Affirmation« nicht die volle Kraft hat. Das Scheitern ist eine dauernde Möglichkeit existentieller Bedrohung, die den Zusammenbruch des ganzen Menschen nach sich ziehen kann: »La vraie mort, c'est la déchéance« (VR 53). »Son pire adversaire, la déchéance« (VR 206), bemerkt der Erzähler ein anderes Mal im Hinblick auf Perken. Verwandt mit der »déchéance« ist die »impuissance«, der Mangel an Kraft, vor allem auch in sexuellem Sinne, der es dem Menschen unmöglich macht, sich im Willen zur Macht zu behaupten. Als abschreckendes Beispiel des der »impuissance« verfallenen Menschen erscheint in »La Voie Royale« die gemarterte Gestalt des blinden Grabot, der einst mit dem gleichen Heroismus wie Perken und Claude in die Urwälder zog, von den Eingeborenen geblendet und kastriert und damit jeglicher menschlicher Würde beraubt wurde. Er ist als entmachteter Unter-

---

[9] Préface à William Faulkner, Sanctuaire, Paris 1934, S. IV

mensch das genaue Gegenbild zu Perken und vergegenwärtigt eine Gefahr, mit der auch Perken immer rechnen muß.

Der rhythmische Pendelschlag zwischen »affirmation« und »impuissance« läßt sich an der Schilderung der Befreiung Grabots nachverfolgen. In einer unerhört eindringlichen Szene beschreibt Malraux die Verhandlung mit dem Stamm der Mois, die Grabot als Sklaven gefangen halten. Durch die Feindseligkeit des Stammes und durch den undurchdringlichen Urwald gleichermaßen gefährdet, sind Perken und Claude in jenes Spannungsfeld zwischen »affirmation« und »déchéance« geraten, in dem über ihr Leben entschieden wird. Regungslos und gebannt stehen die beiden Weißen der geschlossenen Front der Eingeborenen gegenüber, die sich jederzeit auf sie stürzen und sie vernichten können. Perken steigert sich in einen Zustand der Agonie; er bietet seine höchsten Willenskräfte auf; eine »puissance d'animal fasciné« (VR 195) erwacht in ihm. Seine Hände verkrampfen sich, seine Augen sind weit aufgerissen und doch unfähig, die verwirrenden Eindrücke aufzunehmen. Hinter den Baumkronen glüht das letzte Abendrot.

> La passion de cette liberté qui allait l'abandonner l'envahit jusqu'au délire.. Jeté sexuellement sur cette liberté à l'agonie, soulevé par une volonté forcenée se possédant elle-même devant cette imminente destruction, il s'enfonçait dans la mort même, le regard fixé sur le rayon horizontal qui là-haut s'allongeait de plus en plus, délivré de ces ombres sinistres et vaines dont l'affût se perdait dans l'obscurité qui montait de la terre (VR 197).

Perken steht in der Gebanntheit der »tragischen Faszination«. »Une volonté forcenée se possédant elle-même« ist der gegen die drohende Vernichtung gewaltsam aufgebotene Wille zur Selbstbehauptung. Erst das Gefühl des Schmerzes, das ein auf sein Knie treffender Pfeil hervorruft, reißt ihn aus seiner Erstarrung (»il revenait à sa surface« [VR 198]). Zwar ist der Häuptling zur Versöhnung bereit, doch bleibt die feindselige Stimmung bestehen. Es gelingt Perken nur halb, sich verständlich zu machen: »Le guide ne traduisit pas: l'impuissance tomba sur Perken comme une révélation« (VR 200). Vermag Perken der Masse der Eingeborenen seinen Willen aufzuzwingen? Sein rasender Wille zur Übermächtigung erweckt in ihm die Versuchung, die Eingeborenen kurzerhand niederzuschießen: »Depuis une heure, il n'avait pas eu une aussi violente envie de tuer (VR 202).« Schließlich kommen die Verhandlungen doch zum erfolgreichen Ende; die Gefahr der »impuissance« ist gebannt. Perken tritt aus seiner inneren Extase heraus. Er empfindet sich nicht mehr als Gefangener in einem grausamen Spiel. Jetzt, da seine Energie zurückflutet, spürt er sein Fieber, seine Schmerzen. Gleichzeitig überwältigt ihn ein unbändiger Haß gegen die Sinnlosigkeit des Lebens, das nicht mehr im Spannungsfeld der Übermächtigung steht.

48

Die höchste Bewährungsprobe dieses Willens als Selbstsetzung im Nichts ist naturgemäß der Tod als die Zerstörung des Individuums. Der Tod ist der unumstößliche Beweis für die Sinnlosigkeit des Lebens. Dem jungen Claude erklärt Perken unmißverständlich: »Vous savez aussi bien que moi que la vie n'a aucun sens ... La mort est là, comprenez-vous, comme ... comme l'irréfutable preuve de l'absurdité de la vie« (VR 157). »L'obsession de la mort« (VR 53) liegt schwer auf Malraux' Roman. Die Nähe des Todes hat Perken die »Absurdität« des Lebens fühlen lassen: »J'ai failli mourir: vous ne connaissez pas l'exaltation qui sort de l'absurdité de la vie, lorsqu'on est en face d'elle comme d'une femme dé ... – déshabillée« (VR 160f.). Als Männer ohne Gott und ohne leibliche Kinder (VR 54) sind Perken und Claude am unbarmherzigsten der »Absurdität« ausgeliefert. Erst durch die Gewißheit des »Gott ist tot« gewinnt der Tod des Menschen eine so unerhörte tragische Größe. Durch ihn wird die menschliche Existenz all ihrer transzendentaler Stützen beraubt und auf sich selbst zurückgeworfen; sie wird in ihrem Wert absolut und durch den Tod von einer totalen Destruktion bedroht. Daher rührt das bedrängende Gefühl der Sinnentleertheit des Lebens und gleichzeitig das bohrende Verlangen nach Ewigkeit, »cette exigence de choses éternelles, si lourdement imprégnée de son odeur de chair« (VR 15), das sich als Echo auf Zarathustras Ewigkeitssehnsucht verstehen läßt.[10] Bisher hatte Perken mit der heroischen Aktion sein Verlangen nach Ewigkeit gestillt. Im Augenblick jedoch, da der Tod unausweichlich geworden ist, wird mit der Zerstörung des Individuums auch jeder von ihm abhängige Wert in Frage gestellt.

Bis zuletzt bäumt sich Perken verzweifelt gegen den Tod auf. »Le premier instinct de Perken avait été de frapper« (VR 145) – so ist seine erste Reaktion, als ihm der Arzt sein zur Gewißheit gewordenes Ende mitteilt. Noch in den letzten ihm verbleibenden Tagen bemüht sich Perken, den Eingeborenenhäuptling Savan zum Kampf gegen die Europäer anzustacheln, die sich mit einer Eisenbahnlinie das Land unterwerfen wollen. Als Savan zögert, ist Perken versucht, ihn niederzuschießen. »Il éprouva furieusement le désir de tirer sur lui, comme si le meurtre seul eût pu lui permettre d'affirmer son existence, de lutter contre sa propre fin« (VR 256). Nur eines gilt: kämpfend seine Macht zu erweisen und so die »déchéance« zu besiegen, die durch den Tod droht. »Malgré sa douleur, il se sentait furieusement vivant contre cette affirmation de sa déchéance. De nouveau, combattre. Et poutant, tout ce qu'il avait fait était devant lui comme son propre cadavre« (VR 248). Ebenso hoffnungslos ist Perkens letzter Versuch, sich mittels einer siamesischen Prostituierten nochmals

---

[10] Siehe vor allem »Das andere Tanzlied« (Friedrich Nietzsche, W II, S. 470–76).

seine sexuelle Potenz zu beweisen. Der Wille als Selbstbejahung in der Absurdität verliert im Tode seinen Sinn. Selbst Claudes »fraternité désespérée« (VR 268) ist eine fragwürdige Hilfe, denn der sterbende Perken sieht Claude wie aus einer anderen Welt. Perken erlebt seine eigene Vernichtung: »Il n'y a pas de mort ... Il y a seulement ... moi ... moi qui vais mourir« (VR 268). In einer Welt ohne das Individuum transzendierende Werte gibt es nicht den Tod als objektive Erscheinung, sondern nur »ma mort«.

In der Tragödie von »La Voie Royale« findet Malraux mit seinen Begriffen Wille und Macht zu dem zurück, was Nietzsche als Wille zur Macht zu einem der Hauptpunkte seines philosophischen Fragens gemacht hatte. Der Wille zur Macht erscheint hier nicht als vulgarisiertes Streben nach Macht, sondern in existentieller Umsetzung als Notwendigkeit der Selbstbehauptung des Menschen in einer Welt, die mit Gott ihren natürlichen Mittelpunkt verloren hat. Aus dem Mangel an transindividuellen Werten ist der Wille zur Macht als Selbstbegründung der menschlichen Existenz unumgänglich. Aus dieser durch Nietzsche bedingten metaphysischen Notwendigkeit erhellt, warum die Helden von »La Voie Royale« bis in Einzelheiten Züge von Nietzsches »höherem Menschen« tragen. Ihre Ablehnung allgemein anerkannter Wertschätzungen (»hostilité à l'égard des valeurs établies« [VR 25]), ihre nicht mehr sozial, sondern nur noch metaphysisch zu verstehende Einsamkeit – im Hinblick auf Perken spricht der Erzähler gar von einer »volonté de solitude« (VR 24) –, ihr Abenteuergeist, den Malraux in genealogische Beziehung zu den Wikingern setzt und dessen Symbol des Aufbruchs das Meer[11] ist, schließlich das Bewußtsein, daß sie, die ständig ihr Leben aufs Spiel setzen, den obersten Platz in der Hierarchie der Ränge einnehmen und ihren nach »bürgerlicher« Anerkennung strebenden Mitmenschen unendlich überlegen sind – all diese Eigenschaften sind der Ausweis eines Übermenschentums, das sich im Wagnis selbst findet und bestätigt. Der Wille zur Macht ist das Drama, in dem dieses Wagnis seinen Ausdruck und seine gedankliche Form erhält. Im Gegensatz zu Nietzsche freilich verzichtet der Romancier Malraux darauf, auf spekulative Weise den Willen zur Macht als problematisch auszulegen; er nimmt ihn vielmehr in das Leben seiner Gestalten hinein und zeigt in dem entstehenden Drama seine Fragwürdigkeit und seine Grenzen in der künstlerischen Gestaltung auf.

Das fundamentale Problem einer metaphysischen Grundlegung des Willens

---

[11] Perkens Gespräch mit Claude im Angesichte des Meeres (»Il lui avait répondu un jour, devant l'Océan: ›Je pense que votre grand'père était moins significatif que vous ne le croyez, mais que vous l'êtes, vous, bien davantage...‹« [VR, S. 32]) ist in der Kraft seiner Verheißung wohl eine bewußte Nachbildung zu Zarathustra, der »auf ferne Meere blickte« (Bd. II, S. 444), als er den Übermenschen verkündete.

zur Macht hatte Nietzsche dazu veranlaßt, den Willen zur Macht in den umgreifenden Rahmen seiner Lehre von der »ewigen Wiederkehr des Gleichen« zu stellen und damit den Willen zur Macht als »anthropologische« Gesetzlichkeit des Menschen durch eine »kosmologische« Weltdeutung als Inhalt einer transindividuellen Weltordnung zu verankern. Die Lehre von der »ewigen Wiederkehr« sollte den individuellen Tod als überwunden erscheinen lassen und die Gleichung für ein in Ewigkeit gleich abrollendes kosmisches System ohne Anfang und Ende sein, dem sich der Wille zur Macht lückenlos einfüge.[12] Nietzsches unüberwindliche Schwierigkeiten, Wille zur Macht und ewige Wiederkehr miteinander zu versöhnen, führen zu seinem faszinierenden inneren Drama, das erst mit dem Zusammenbruch abschließt. Diese Tragödie hat Malraux in ihrer Tiefe erfaßt. Gerade deshalb weigert er sich, Nietzsches Begriff der ewigen Wiederkehr mitzudenken; er begnügt sich damit, den Willen zur Macht in seiner tragischen Bedeutung darzustellen. Wo der Philosoph Nietzsche gezwungen ist, auf ein verzweifeltes Problem eine ebenso verzweifelte Antwort zu geben, vermag der Dichter Malraux in der höheren Sinnordnung des Kunstwerks die Tragödie des Willens zur Macht durch die reine Darstellung überschaubar zu machen und so zu bewältigen. So erscheint der Wille zur Macht als nicht aufzulösende tragische Widersprüchlichkeit in einer Welt, in der Gott tot ist und die bisher geglaubten Werte zusammengebrochen sind. Da sich Malraux in »La Voie Royale« versagt, eine neue Wertordnung zu versuchen, ist der Roman wohl das entschiedenste Werk seiner Nietzsche-Nachfolge.

V

Die Grundzüge von Malraux' Nietzsche-Bild

Thomas Manns Bemerkung, er könne sich wohl über Humanisten wie Goethe oder Tolstoi im Essay verbreiten, über dämonische Gestalten wie Nietzsche oder Dostojevskij sich jedoch nur in der künstlerischen Nachschöpfung offen

---

[12] Karl Löwith (Nietzsches Philosophie der ewigen Wiederkehr des Gleichen, 2. Aufl., Stuttgart 1956, S. 86–112) erkennt in der Lehre der ewigen Wiederkehr eine »anthropologische« und eine »kosmologische« Gleichung, deren problematische Einheit darin bestehe, daß Nietzsche versucht, die »anthropologische« Seite als Teil der »kosmologischen« darzustellen und so den Willen zur Macht als Naturgesetz mit der ewigen Wiederkehr zu versöhnen. Dieses Bestreben, das Dasein des Menschen und das Sein der Welt ineins zu sehen, müsse indes notwendig scheitern, da der Wille immer linear ist und sich nicht den kosmischen Kreisen angleichen kann.

aussprechen,[1] hat auch für Malraux seine Gültigkeit. Einen Nietzsche-Essay hat Malraux nicht geschrieben. Die großzügige Skizze, die er zu T. H. Lawrence oder Saint-Just entworfen hat, fehlt uns zum Verfasser des »Zarathustra«. Wie Malraux über Nietzsche denkt, das müssen die teilweise großartigen Abbreviaturen lehren, die er in seinen Aufsätzen und Rezensionen verstreut, Randbemerkungen, die ein plötzliches Licht auf Nietzsche werfen und einen Aspekt seines Denkens in ungeahntem Zusammenhang erscheinen lassen. Auf dem Hintergrund des dichterischen Werkes gewinnen diese Äußerungen dann größere Präzision. Anspielungen und Zitate ergeben ein Gesamtbild, das wir in seinen wesentlichen Zügen zu rekonstruieren suchen.

a) Das Nietzsche-Zitat

Unter den Hinweisen auf Nietzsche kommt dem Nietzsche-Zitat in Malraux' Werk einige Bedeutung zu, wenn es auch nicht so verbreitet ist wie beispielsweise im Werk von Camus. Malraux' Zitate verraten zwar immer ein tiefes Gefühl für eine ungewöhnliche und bemerkenswerte Seite an Nietzsches Denken, doch darf nicht verschwiegen werden, daß die allerwenigsten Zitate Lesefrüchte von Malraux' eigener Lektüre sind. Malraux hat sie zumeist schon als Zitate vorgefunden und mit sicherem Gespür für ihre Wirksamkeit übernommen. Die ungenaue Zitierweise läßt außerdem den Schluß zu, daß er die Zitate nicht im Originalwerk aufgesucht und nachgeprüft hat. Ein bezeichnendes Beispiel in dieser Hinsicht ist die Aufnahme eines Aphorismus aus der »Fröhlichen Wissenschaft«: »Was ist dir das Menschlichste? – Jemandem Scham ersparen« (Aph. 274), der ein feines Verständnis für den Moralisten Nietzsche verrät. In Wahrheit jedoch hat Malraux den Aphorismus sehr zum Mißfallen von Jean Guéhenno aus dessen Buch »Journal d'un homme de quarante ans«[2] entnommen,

---

[1] Thomas Mann (Dostojevskij mit Maßen. In: GW Bd. IX, Reden und Aufsätze I, Frankfurt/M. 1960, S. 656–74, hier S. 656) begründet sein langjähriges Schweigen über Nietzsche mit dem Argument: »Vom Dämonischen, so fühle ich, soll man dichten, nicht schreiben«.

[2] Journal d'un homme de quarante ans, par Jean Guéhenno. In: NRF 41, 1934, S. 148–51, hier S. 151.
Die Beziehungen zwischen Malraux und Guéhenno waren bis 1936 sehr freundschaftlich. Guéhenno, der im Verlag Grasset zusammen mit Daniel Halévy die »Cahiers verts« herausgab, lernte Malraux 1927 bei Gelegenheit der Veröffentlichung von dessen Abhandlung »A une Jeunesse européenne« zusammen mit Jean Grenier, Henri Petit und André Chamson, welche die übrigen drei Beiträge des Bandes »Ecrits« lie-

das er 1934 in der NRF rezensiert hatte. Ähnlich liegt der Fall bei den Nietzsche-Zitaten, die Malraux bei der Gide-Debatte im »Studio franco-russe« äußert und mit denen er seine Gegner von der katholisch-»abendländischen« Partei virtuos angreift (»Choisissez mieux vos maîtres« und »Lorsque les faibles ne savent plus comment nous atteindre, ils nous aiment«[3]). Es stellt sich über-

ferten, in seinem Verlagsbüro kennen. 1928 erwirkte Guéhenno die Veröffentlichung von Malraux' Roman »Les Conquérants«, den Daniel Halévy wegen seiner vermeintlich stark sozialistischen Tendenz zurückgewiesen hatte. Als sich Guéhenno indes bereit erklärte, den Roman ausnahmsweise in seiner dem Essay vorbehaltenen Reihe der »Cahiers verts« abzudrucken, gab Halévy seinen Widerstand rasch auf.

Guéhennos »Journal d'un homme de quarante ans« hat Malraux sehr beeindruckt. Die Lektüre vermittelte ihm überdies drei wichtige Zitate, die er ohne Angabe der Quelle in der Folge mehrfach anführt:

a) Das genannte Nietzsche-Zitat. Es findet sich im »Journal d'un homme de quarante ans«, S. 242 (»Ce qu'il y a de plus humain, selon Nietzsche, sera un jour accompli: ›un temps viendra ou sera épargné à tout homme la honte‹«).

b) Malraux' Wort vom Menschen als dem »animal qui sait qu'il doit mourir« (VS, S. 639) ist ein von Guéhenno hervorgehobenes Voltaire-Zitat. Guéhenno zitiert es im »Journal« S. 240 (»L'espèce humaine, remarquait Voltaire souvent aussi grave que Pascal, est la seule qui sache qu'elle doit mourir‹). Guéhenno nimmt das Zitat in seinem Voltaire-Artikel in dem von Malraux mit herausgegebenen »Tableau de la littérature française« (»De Corneille à Chénier«, Paris 1939, S. 233–49, hier S. 244) wieder auf. So gelangte es schließlich zu Malraux.

c) Shakespeares berühmten Dialog Lorenzo-Jessica im »Kaufmann von Venedig« hat Guéhenno im Schlußkapitel des »Journal« dichterisch ausgestaltet.

> C'est une de ces grandes nuits claires, telles que sont, s'il faut en croire Shakespeare, les nuits des serments d'amour, une nuit telle que fut la nuit ou Lorenzo et Jessica se promirent de s'aimer: ›La lune brille claire. C'est par une telle nuit, quand le vent doux baisait les feuilles des arbres, sans qu'elles ne fissent aucun bruit, c'est par une telle nuit . . .‹ Mon cœur se fond à ces paroles. Il me semble entrer dans tous les secrets de l'amour (S. 258).

Malraux wurde dadurch auf die poetische Ergiebigkeit der Shakespeare-Stelle aufmerksam und versäumte nicht, drei Jahre später im Roman »L'Espoir« die Wirksamkeit des Zitats als Gleichnis für das Glück schlechthin zu erproben. An entscheidendem Ort des Romans, nach der Bergung der verletzten Flieger durch die Dorfbewohner, beschreibt Malraux die Landschaft unter Bezugnahme auf Shakespeare:

> . . . des maisons blanches irréelles, les maison de la paix; des oranges phosphorescentes dans les vergers noirs. Vergers de Shakespeare, cyprès italiens . . . ›C'est par une nuit pareille, Jessica . . .‹ Dans le monde, il y a aussi le bonheur (E 838).

Der Raub des Zitats erschien Guéhenno um so schmerzlicher, da dieses Kapitel unter dem Eindruck des Todes seiner ersten Frau entstanden war und zum Persönlichsten seines Schaffens gehörte. Als Malraux in »Saturne« 1950 das Zitat nochmals aufnahm, machte sich Guéhenno in einem erbitterten Brief an Malraux Luft.

[3] André Gide. In: Cahiers de la Quinzaine, 5. 4. 1930, S. 50

raschend heraus, daß die Zitate einer Äußerung Berls in »Mort de la morale bourgeoise« entstammen und nicht einmal mit Sicherheit von Nietzsche sind.[4] Da Malraux durchweg auswendig zitiert, sind die Zitate zumeist entstellt wiedergegeben und gar in ihrem Aussagecharakter verändert. Ein extremes Beispiel sind die Nietzsche-Zitate zu Beginn der Schrift »A une Jeunesse européenne«; sie sind so zurechtgeschnitten, daß sie sich als Nietzsche-Zitate nicht mehr nachweisen lassen, und die Vermutung liegt nahe, daß diese Verformung nicht ohne den Willen des Autors geschieht, der die Zitate im Hinblick auf den Kontext umformuliert. Einfache Verstöße sind unrichtige Zahlenangaben, so wenn Malraux die Zeit von Nietzsches Philosophieren auf dreißig statt auf zwanzig Jahre festlegt.[5] An anderen Stellen deutet Malraux Äußerungen Nietzsches als Argumente seines eigenen Gedankenganges um. So erwähnt er im Vorwort zu »Le Temps du Mépris«, Nietzsche habe Wagner vorgeworfen, daß sich dieser seinen dramatischen Figuren gänzlich unterordne und so der Gefahr der Schauspielerei erliege (»Nietzsche tenait Wagner pour histrion dans la mesure où celui-ci mettait son génie au service de ses personnages« [TM 12]). Dagegen habe Flaubert mit der gleichen Unzugänglichkeit und Kälte alle seine Figuren entworfen und sich nur der Kunst verschrieben. Mit der »Heraufkunft des Schauspielers in der Musik«[6] meinte Nietzsche indes nicht eine Kritik des psychologischen Individualismus, und die Versenkung des Dramatikers in seine Geschöpfe hält er als sein gutes Recht und sogar seine Pflicht. Außerdem liegt eine Konfrontierung von Wagner und Flaubert wohl kaum im Sinne Nietzsches, der gerade die Verwandtschaft Wagners zu den »Pariser décadents« erkannt zu haben glaubte. So lassen sich im Ganzen gesehen Malraux' Nietzsche-Zitate kaum als Zeichen einer vertieften Auseinandersetzung mit einzelnen Schriften oder Abschnitten von Nietzsches Werk betrachten. Auch zählt Malraux sicher nicht zu denjenigen Autoren, die in unablässigem Bemühen Nietzsches Texte wieder und wieder auf ihre Aussage hin befragen. Er erfaßt vielmehr intuitiv einzelne Aspekte seiner Philosophie und sucht sie aus der Gesamtheit der philosophischen Problematik heraus zu verstehen.

Eine gewisse Rolle spielt das Nietzsche-Zitat als funktionales Element im Roman, wo es einen wichtigen Fingerzeig zum Verständnis des Werks abgeben kann. In »La Lutte avec l'Ange« nimmt Nietzsche einen bedeutenden Platz im

[4] Emmanuel Berl, Mort de la morale bourgeoise, S. 81 (Das letztere der Zitate geht auf Berls Formulierung »Jadis, ils calomniaient leurs ennemis: maintenant, ils les annexent« zurück, die gar nicht auf Nietzsche Bezug nimmt, also wohl kein Nietzsche-Zitat ist, da es sich dort auch nicht nachweisen läßt).

[5] Laclos, S. 385

[6] Friedrich Nietzsche, W II, S. 925

Roman ein. Der Gesang »Venedig« (LA 71), den Nietzsche an der Schwelle zum Wahnsinn dichtet und über dessen Entstehung Walter Berger mit Bewunderung spricht, steht als Symbol für die schicksalsüberwindende Macht der Kunst. Es ist möglich, daß auch in den »Conquérants« ein Nietzsche-Zitat in verhüllter Form als Schlüssel zum Verständnis des Romans eingefügt ist. »Il ne faut jamais lâcher la terre« (C 139, 152) ist die Maxime, die Garine von seinem Vater mit auf den Weg bekommen hat. An zwei entscheidenden Stellen des Romans reflektiert Garine über dieses Wort und schließt daran eine Besinnung über die Sinnlosigkeit des Mitleidens und über die Notwendigkeit des Schöpfertums zur Überwindung einer absurden Welt an. Da Malraux dazuhin bemerkt, Garines Vater sei nicht umsonst protestantischer Herkunft gewesen, halten wir es für berechtigt, in dieser Maxime eine Umformung von Nietzsches »Bleibt der Erde treu«[7] zu erkennen. Die Entschlossenheit, mit der Malraux Nietzsches Imperativ angesichts der Feindlichkeit einer vermeintlich sinnlosen Welt aufwirft, gibt nicht nur einen Hinweis auf die Deutung der philosophischen Problematik des Romans aus dem Geist Nietzsches, sondern beweist auch, daß Malraux ein sicheres Gefühl für die metaphysischen Fragestellungen in Nietzsches Philosophie hatte. Andere Nietzsche-Zitate sind so stark umgewandelt und in den Text hineingearbeitet, daß ihre Herkunft von Nietzsche kaum mehr zu erkennen ist. So findet sich in »La Lutte avec l'Ange« die Sentenz: »Ceux qui parlent de suicide ne se tuent jamais« (LA 65); eine Beziehung zu Nietzsches Aphorismus »Der Gedanke an den Selbstmord ist ein starkes Trostmittel: mit ihm kommt man gut über manche böse Nacht hinweg«[8] läßt sich wohl nicht abstreiten. Doch die Grenze zwischen Nachahmung und schöpferischer Neubildung verschwimmt; es handelt sich letztlich nicht mehr um äußerlichen Einfluß, sondern um eine Seelenverwandtschaft zwischen dem Moralisten Nietzsche und dem Moralisten Malraux, der sich in dessen Tradition befindet.

b) Malraux' Verhältnis zu Nietzsches »Zarathustra«

An der Frage über Malraux' Verhältnis zu Nietzsches »Zarathustra« läßt sich der Unterschied zu anderen Formen der Nietzsche-Rezeption, aber auch zum konventionellen Nietzsche-Kult sichtbar machen, handelt es sich doch um die Stellung von Nietzsches Dichtung im Ganzen seines schriftstellerischen Werkes.

[7] Friedrich Nietzsche, W II, S. 280
[8] Friedrich Nietzsche, W II, S. 637

Von Gide wissen wir, daß er schon vor 1900 die »Geburt der Tragödie« dem »Zarathustra« durchaus gleichstellte.[9] 1946 gibt er in einem Brief an Renée Lang gar zu verstehen, Nietzsches »Zarathustra« sei ihm immer unerträglich gewesen (»Le Zarathoustra m'a toujours été insupportable«).[10] So zweifelhaft diese Äußerung auch sein mag, so ist nicht abzuleugnen, daß eine gewisse »Zarathustra«-Müdigkeit auch bei anderen Autoren das Kennzeichen einer Nietzsche-Rezeption ist, die sich bewußt von der ausgetretenen Bahn der konventionellen Nietzsche-Verehrung abzusetzen bemüht und weniger bekannte und persönlichere Zugänge zu Nietzsche sucht. Eine ähnliche Abneigung gegen das lärmende Pathos von Nietzsches Dichtung findet sich bei Thomas Mann, der Nietzsche als einen Artisten bezeichnet, der in »Jenseits von Gut und Böse« und der »Genealogie der Moral« seine höchste Meisterschaft erreiche;[11] oder bei Charles Du Bos, der zwar bei seiner ersten »Zarathustra«-Lektüre 1900 überwältigt war, sich in der Folgezeit aber mit Vorliebe Nietzsches zweiter, positivistischer Phase zuwandte.[12] Für diese Schriftsteller war die Abkehr vom »Zarathustra« leichter, weil für sie hauptsächlich der Moralist und Psychologe, bestenfalls der Artist Nietzsche im Vordergrund ihres Interesses stand. Für einen so stark von der metaphysischen Problemstellung Nietzsches eingenommenen Autoren wie Malraux war dagegen die Auseinandersetzung mit »Zarathustra« zu keiner Phase seines Schaffens zu umgehen, und so kommt er immer wieder auf dieses Werk zurück. Durch diese besondere Ausrichtung seines Interesses unterscheidet sich Malraux' Verhältnis zu Nietzsche von dem anderer Autoren; hier liegt aber auch der Berührpunkt zum vulgären Nietzsche-Kult, an den er mit einigen Äußerungen zum Willen zur Macht durchaus heranreicht. Gewiß hat Malraux außer dem »Zarathustra« auch andere Teile von Nietzsches Werk gewürdigt, so den Nachlaß, von dem er in »La Lutte avec l'Ange« mit der Aufmerksamkeit des geborenen Editors spricht (LA 71), so die »Geburt der Tragödie«, auf die der Kunstphilosoph Malraux verweist (MD 51), so den »Fall Wagner«, auf den Malraux nicht nur im Vorwort zu »Le Temps du Mépris« anspielt, sondern auf dessen Anregung wohl auch die Wagner-Zitate in den kunstphilosophischen Schriften zurückgehen. Bemerkenswert ist schließlich der feine Sinn, den Malraux für die Perlen von Nietzsches Lyrik aufbringt, besonders für den Gesang »Venedig«. Trotz allem jedoch hat Nietzsches »Zarathustra« Malraux' Aufmerksamkeit bei weitem am stärksten beansprucht, so

[9] André Gide, Prétextes, 9. Aufl., Paris 1947, S. 171
[10] Brief an Renée Lang vom 10. 6. 1946, abgedruckt in: Renée Lang, André Gide et la pensée allemande, Paris 1949
[11] Thomas Mann, GW Bd. IX, Frankfurt/M. 1960, S. 682f.
[12] Charles Du Bos, Journal 1924/25, Paris 1948, S. 29

daß sich diese Dichtung nicht umgehen läßt, will man sein Verhältnis zu Nietzsche richtig abschätzen.

An Malraux' Äußerungen zu Nietzsches »Zarathustra« überrascht, daß er bei allen Vorbehalten der Dichtung selbst nie den Rang eines bedeutenden Kunstwerks abspricht. In seiner Charakteristik von T. H. Lawrence bemerkt er, daß »Zarathustra« zwar als Ganzes Nietzsches größte Schwäche bedeute, daß aber die Dichtung als Kunstwerk von dieser Kritik auszunehmen sei.[13] Malraux betrachtet den »Zarathustra« vielmehr als ein Werk, das geradezu exemplarisch die Problematik aller modernen Kunstschöpfung verkörpert und das deshalb im Guten wie im Schlechten richtungsweisend ist. »Nietzsche ne peut écrire l'*Avesta*, aucun Picasso ne peut sculpter le tympan de Moissac«[14] stellt er fest und drückt damit aus, daß »Zarathustra« sich ebenso wenig wie alle anderen modernen Kunstschöpfungen an den großen Werken der Vergangenheit messen läßt, doch dadurch, daß sich an dieser Dichtung beispielhaft die Fragwürdigkeit aller modernen Kunst zeigt, tritt das Werk in eine Reihe mit den größten künstlerischen Leistungen der Moderne. An anderer Stelle spricht der Kunstmetaphysiker Malraux davon, daß wir den Schöpfungsprozeß aller Kunstwerke der Weltkunst so betrachten müssen wie Nietzsches Erschaffung des »Zarathustra«: »Les grandes œuvres nous atteignent du fond du passé *comme autant de Zarathoustras inventés par autant de Nietzsches*« (VS 617). Die Auseinandersetzung mit Nietzsches Dichtung hält Malraux für notwendig, weil hier ein Künstler den charakteristischen, wenn auch zum Scheitern verurteilten Versuch unternimmt, eine klassische Dichtung mit einer heroischen Zentralgestalt zu erschaffen. Die Beziehung zwischen Dichter und dichterischer Figur, zwischen Nietzsche und Zarathustra erhellt die Schwierigkeiten nicht nur dieser Schöpfung, sondern aller modernen Dichtung schlechthin.

Die bedeutenden dichterischen Schöpfungen des modernen »Individualismus«, so stellt Malraux fest, sind nicht denkbar als leibhaftige Inkarnationen; sie zeichnen sich vielmehr durch ihren Appellcharakter aus. Die Intention des Dichters erscheine nicht in der Konkretheit der dichterischen Gestalt voll verwirklicht, sondern sie realisiere sich erst auf einer das Dargestellte transzendierenden Ebene. Der Sinn der Aussage liege nicht in der Gestalt, er weise über sie hinaus. In der Erzähltechnik wird damit der Standort des Erzählers (»le lieu d'où il parle«)[15] bedeutsam; in der Erzählperspektive liegt die Größe des »Iwan Illitsch« oder der berühmten Szene in »Krieg und Frieden«, wo der

---

[13] N'était-ce donc que cela? In: Saisons n° 3, Paris 1946, S. 11–23, hier S. 22
[14] Préface à André Parrot, Sumer, Paris 1960, S. XLVII
[15] N'était-ce donc que cela? S. 23

verletzt auf dem Schlachtfeld zurückgebliebene Prinz André stumm fragend die am Abendhimmel vorüberziehenden Wolken betrachtet.[16] Selbst die dichterische Wirkung des Neuen Testaments beruhe auf der Tatsache, daß nicht Christus, sondern die demütigen Evangelisten die Verfasser seien.[17] Im »Zarathustra« dagegen begnüge sich Nietzsche nicht mit einem Appell, er wolle vielmehr die volle Inkarnation seines Ideals in der dichterischen Hauptgestalt erreichen. Aus dieser Absicht erkläre sich die große Schwäche des Werkes. Malraux bemängelt den monologischen Ton der unbedingten ethischen Affirmation, die sich nicht selbst in Frage stellt, indem sie etwa wie bei Gide bang auf die Stimme des »Anderen«, der Jünger, hinhört.[18] Dabei vereinfacht Malraux freilich sehr; er übersieht das verwirrende Spiel der Maskierungen Zarathustras, das einem seiner erstaunten Hörer die Frage entlockt: »Aber warum redet Zarathustra anders zu seinen Schülern – als zu sich selber?«[19] Fasziniert ist Malraux nicht von der seiner Auffassung nach recht wenig nuancierten Botschaft Zarathustras, sondern von der über den Rahmen des Werkes hinausgreifenden spannungsreichen Beziehung Nietzsche-Zarathustra, die sich im Drama von Nietzsches Philosophieren widerspiegelt. »Nietzsche devenu Zarathoustra«[20] als verwirklichte Identifikation von Dichter und Geschöpf wäre nur die äußerste und unfruchtbare Möglichkeit, die den Beziehungsreichtum zwischen Dichter und Dichtung aufhöbe und auf die starre Dogmatik einer linearen »prédication« hinausliefe.

Die Beziehung Nietzsche-Zarathustra schöpft ihre Kraft letztlich aus der Dialektik zwischen psychologischem und mythischem Ich des Dichters. Der Blick auf die tragische Lebensgeschichte Nietzsches läßt Malraux nie zu einer dogmatischen Einschätzung der Lehren Zarathustras gelangen; vielleicht zeichnet sich die französische Nietzsche-Betrachtung überhaupt dadurch aus, daß sie nicht das Wissen um Nietzsches Lebenswirklichkeit verliert und sich so selten in die Exzesse eines Übermenschen-Kultes versteigt. Die Dialektik zwischen mythologischem und psychologischem Ich gründet bei Nietzsche ähnlich wie

---

[16] Ebd., S. 22 (Die Szene in »Krieg und Frieden« ist eines der Paradebeispiele Malraux'; es erscheint wohl erstmals in der Moskauer Rede 1934, sodann in »Esquisse d'une psychologie du cinéma«, Paris 1946 [ohne Seitenzählung], in dem genannten Aufsatz »N'était-ce donc que cela?«, im Vorwort zu Manès Sperber, Qu'une larme dans l'océan, Paris 1952, S. XXI, im Interview »Recontre avec André Malraux« von G. d'Ambarède, in: Nouvelles littéraires, 3. 4. 1952)

[17] Ebd., S. 22

[18] Les Nouvelles Nourritures, par André Gide. In: NRF 45, 1935, S. 935–37, hier S. 935

[19] Friedrich Nietzsche, W II, S. 396

[20] N'était-ce donc que cela? S. 23

bei T. H. Lawrence, von dem hier Malraux ausgeht, in einer tiefen inneren »dislocation«,[21] einer nie zur Ruhe kommenden Spannungsquelle, die ständig die psychologische Realität ins Mythische transzendiert:

> Pour son imagination, Nietzsche n'était pas un professeur que sa mère appelait Fritz et qui, par ailleurs, écrivait de grands livres méconnus..., (il) était d'abord le personnage mythique né de tous les écrits qu'il avait signés, comme un personnage de roman de tous les propos que lui prête l'auteur.[22]

Malraux betont die Unmöglichkeit der Deckung zwischen psychologischer Realität und Mythos:

> ... la relation qui unit Nietzsche au Nietzsche exemplaire dessiné par la mort est toujours hypothétique, et une grande pensée n'apporte, au mieux, que la présomption d'une grande personnalité.[23]

Dadurch aber, daß Nietzsche nie völlig zur Größe Zarathustras aufschließen kann, ergibt sich eine nie endende Spannung, die das Drama von Nietzsches geistiger Existenz auslöst. Der Prüfstein für Nietzsches Größe ist demnach nicht die Gestalt Zarathustras als Nietzsches psychologisches Subjekt, sondern die Tiefe der Wahrheit, die im Kampf zwischen der psychologischen Realität und der mythischen Transposition offenbar wird: »Une grande personnalité, dans ce domaine un peu trouble où l'art et la pensée se confondent, c'est un homme par qui une vérité essentielle s'est exprimée.«[24]

Auf der anderen Seite sieht Malraux die mythische Gestalt Zarathustras jedoch auch positiv: in ihr rettet sich die den Bedrohungen des Lebens gefährlich ausgesetzte Existenz Nietzsches in die Ewigkeit des Kunstwerks. Die Dichtung ist ein Damm gegen die zerstörerisch in Nietzsches Dasein hereinbrechende Flut des Wahnsinns; sie gleicht einer zweiten, reinen und idealen Welt, welche die irdische in ihrer Bedingtheit erst rechtfertigt. Je stärker Nietzsche gefährdet ist, desto entschiedener zieht er sich auf Zarathustra zurück.

> Nietzsche exalte d'autant plus la grandeur que l'écroulement et la nuit le menacent davantage. ›Zarathoustra mourant tient la terre embrassée...‹ écrit-il, déjà fou; ce n'est pas sa folie que Van Gogh ressuscite dans Grünewald, c'est sa plénitude déchirée (V 576).

Der Wahnsinn ist die vollständige Negation des Werkes, die Stelle, da Nietzsches Schaffen für immer abbricht, die Zerstörung seines Schöpfertums, das er bis zum letzten Augenblick verteidigt. Der »Zarathustra« ist eine Rechtfertigung von Nietzsches Existenz, die im Dienste des Kunstwerks steht; diese Dich-

[21] Ebd., S. 22
[22] Ebd., S. 23

[23] Ebd., S. 22
[24] Ebd., S. 23

tung gibt seinem Dasein Dauer und hebt es aus den Zufälligkeiten des Alltags heraus. Nietzsches »Zarathustra« ist die nachträgliche Sinngebung seines irdischen Leidens, dessen Erfahrungsgehalt sich im Kunstwerk niederschlägt. Der Prozeß der künstlerischen Schöpfung als Gegenbewegung zur Sinnlosigkeit der irdischen Existenz erhellt beispielhaft am spannungsreichen Verhältnis Nietzsche-Zarathustra, in dem das Ringen um die gültige künstlerische Schöpfung enthalten ist. Diese Interpretation der Bedeutung des »Zarathustra« ist nur auf dem Hintergrund von Malraux' Kunstmetaphysik möglich, in der die Kunst als »surmonde« und »antidestin« dem Leben übergeordnet ist und ihm einen nachträglichen Sinn gibt.

Allerdings bleibt Malraux auch die Kehrseite im Verhältnis zwischen Schöpfer und Geschöpf nicht verborgen: die Schöpfung verselbständigt sich und zwingt dem schaffenden Künstler ihr Gesetz auf. Zarathustras Lehre wirkt auf Nietzsches lebendiges Philosophieren zurück und engt sein weiteres Schaffen im Sinne ihrer Dogmatik stark ein. Der »désaccord profond«,[25] der im Innern des Menschen eine Spannung schafft, die nur durch die den Menschen übersteigende künstlerische Schöpfung überwunden werden kann, besteht ebenso zwischen der in der Botschaft Zarathustras konkretisierten Denkergebnissen Nietzsches, die dogmatisch geworden sind, und der Eigengesetzlichkeit seines Genies, das sich durch kein Dogma einschränken läßt.

> Il est peu d'artistes qui n'essaient de mettre le domaine obscur et complexe de leur talent au service du système plus clair de leurs pensées; mais les plus grands y parviennent bien mal, les romanciers surtout...[26]

Diese Erkenntnis gilt grundsätzlich für jeden Künstler; Nietzsche ist ein besonders gutes Beispiel:

> L'exemple de Nietzsche moraliste est ici révélateur: trente ans de conflit entre une pensée impérieuse et résolue à ne voir que ce qu'elle a choisi, et une compréhension profonde comme une compréhension d'aveugle; avec, pour conséquence, la densité qu'apporte à une doctrine, alors même qu'elle lui est étrangère, et parfois ennemie, une mémoire du cœur royale entre celle des hommes.[27]

Malraux sieht also das Bewundernswerte an Nietzsches Werk nicht hauptsächlich in der doktrinären Verfestigung seiner Philosophie (etwa in der Botschaft Zarathustras); die eigentlichen Kräfte des Künstlers Nietzsche liegen jenseits der »prédication« in seiner tiefen Empfindens- und Erlebensfähigkeit, jener »compréhension d'aveugle« und jener »mémoire du cœur«, die Malraux zu prei-

---

[25] Laclos. In: Tableau de la littérature française, Bd. II, S. 386
[26] Ebd., S. 385f.
[27] Ebd., S. 386

sen nicht müde wird. Nachdem Malraux also in vielfältigen Überlegungen die künstlerische und philosophische Bedeutung des »Zarathustra« abgegrenzt hat, gelangt er mit dem Moralisten und Psychologen Nietzsche zu einer weiteren Schicht im Wesen des Philosophen und enthüllt mit dem Gegensatz zwischen Seelenkenntnis und »prédication« eine neue Spannungsquelle im Drama von Nietzsches Existenz.

c) Nietzsche als Moralist und als »prédicateur«

Dem Moralisten Nietzsche, nicht dem »prédicateur« des Übermenschen und des Willens zur Macht gilt Malraux' ganze Hochschätzung. Wenn Malraux die »prédication« ablehnt und die Leitbegriffe von Nietzsches »Lehre« ernstzunehmen sich weigert, so geschieht das deshalb, weil seiner Auffassung nach dadurch die eigentliche Problematik des Denkens mit Scheinlösungen zugedeckt und überdies Nietzsches wahres Künstlertum, seine Feinfühligkeit und Kenntnis des Herzens, durch den Anspruch des gedanklichen Systems in seiner Entfaltung gehemmt wird. Es kann als sicher gelten, daß Malraux mit dem Begriff der »prédication« dem russischen Schriftsteller Leo Schestov folgt, dessen Buch über das Verhältnis von Nietzsche und Tolstoi den Untertitel »Philosophie et prédication« trägt.[28] In diesem Werk hatte Schestov die Entstehung der »prédication« bei Tolstoi analysiert und erkannt, daß sich hinter Tolstoi die gleiche Verzweiflung verbirgt wie bei Nietzsche, nur daß sich dies Tolstoi nicht eingestehen will:

> Là où Nietzsche ne croit pas, Tolstoï ne croit pas non plus. Mais Nietzsche ne s'en cache nullement (il cache autre chose), tandis que Tolstoï estime qu'il est possible de ne pas parler devant ses disciples du vide, de ce vide du cœur au-dessus duquel il a élevé l'édifice si brillant de sa prédication.[29]

Nietzsche, der den Nihilismus offen auszusprechen wagt, verfällt der »prédication« jedoch ebenfalls, wenn er zu Übermensch und Wille zur Macht Zuflucht nimmt. Schestovs Kritik der »prédication« als notwendigem, aber unerheblichem Teil der philosophischen Systeme macht sich auch Malraux vornehmlich in seiner Beurteilung von Nietzsche zueigen. An Nietzsche rühmt Malraux

---

[28] Léon Chestov, L'idée de bien chez Tolstoi et Nietzsche, Philosophie et prédication, Übs. Boris de Schloezer, Paris 1925
Um Schestovs gesamten Einfluß auf Malraux zu ermessen, wäre eine vergleichende Interpretation von Schestovs Hauptwerk »La philosophie de la tragédie« (Paris 1926) notwendig.

[29] Léon Chestov, ebd., S. 165

nicht das philosophische System, das die Überwindung des europäischen Nihilismus gewährleisten soll, sondern die fast seismographische Feinfühligkeit des Kulturpsychologen und Moralisten, der die verborgenen Tiefen des Herzens auslotet, jene »compréhension d'aveugle«, die in der modernen Literatur kaum wieder erreicht wird. Nur Proust erhält bei Malraux diese »compréhension d'aveugle« ebenfalls zugesprochen für die traumhafte Sicherheit, mit der er einen Gesprächston, eine Stimme wiedergibt.[30] Aus dieser Haltung Malraux' ist das Urteil zu verstehen, das André Berger in »La Lutte avec l'Ange« über die Nietzsche-Begeisterung seines Vaters ausspricht: »Mon père aimait Nietzsche plus que tout autre écrivain. Non pour sa prédication, mais pour l'incomparable générosité de l'intelligence qu'il trouvait en lui« (LA 70).

Nietzsches Klugheit und Menschenkenntnis sind moralistisches Erbgut. »La saveur de l'intelligence«[31] nennt Malraux an anderer Stelle die vorzügliche Befähigung der französischen Moralisten von Montaigne bis Joubert.[32] Gide und Guéhenno stehen in der Tradition Nietzsches, wenn sie versuchen, die verborgenen Schächte des Innern zu durchforschen und die unverfälschte Stimme des eigenen Erlebens zu treffen. Die Bedeutung, die Malraux dem richtigen »ton« für die Dichtung zumißt, wächst seit den dreißiger Jahren ständig. Malraux spricht davon, daß ihn »le ton de la voix«[33] beim Lesen von Gides »Nouvelles Nourritures« immer aufs Neue ergreife. »Une telle littérature vaut donc d'abord par la justesse de son ton«[34] schreibt Malraux in der Rezension von Ehrenburgs »Sans reprendre haleine«. Auch in der Interpretation der »Liaisons dangereuses« heißt es: »Chaque personnage ne vit que par son ton, n'est que ton.«[35] Der »ton« als höchste Übereinstimmung von Dargestelltem und Darstellung läßt sich nur dann ungetrübt wiedergeben, wenn alle Schichten des Erlebens ungehindert zum Ausdruck gelangen können. Der Mut des Menschen zu

---

[30] »compréhension d'aveugle« für Nietzsche in »Laclos«, S. 386; für Proust in »Esquisse d'une psychologie du cinéma« (ohne Seitenzählung).

[31] Les Nouvelles Nourritures, par André Gide, NRF 44, 1935, S. 935–38, hier S. 935

[32] Malraux hat Joubert gut gekannt; er hat seine Bekanntschaft mit diesem Autor anläßlich der Herausgabe der »Carnets« 1938 durch A. Beaunier im Verlag Gallimard, wo Malraux Lektor war, vertieft. Frucht dieser Lektüre ist auch das Joubert-Zitat »Le soir de la vie apporte avec lui sa lampe« in »La Lutte avec l'Ange« (S. 34). Der genaue Wortlaut ist »Le soir de la vie apporte avec soi ses lumières et sa lampe pour ainsi dire« (Les Carnets de Joseph Joubert, textes recueillis sur les manuscrits autographes par André Beaunier, Paris 1938, Bd. II, S. 640).

[33] Les Nouvelles Nourritures, par André Gide, NRF 44, 1935, S. 935–38, hier S. 935

[34] Sans reprendre haleine, par Ilya Ehrenburg. In: NRF 44, 1935, S. 770–72, hier S. 770

[35] Laclos, S. 384

sich selbst, auch zu seinen dunklen und gefährlichen Seiten, ist eine wesentliche Voraussetzung dafür; Nietzsche hat durch seine unerschrockene moralistische Forschung dazu den Weg geebnet, indem er dem Menschen die Scham vor sich selbst genommen hat. Hierin liegt die Bedeutung des Nietzsche-Zitates aus der »Fröhlichen Wissenschaft«, das Malraux von Guéhenno übernommen hat. »Justifier beaucoup de ceux qui veulent penser intelligemment leur générosité«[36] ist die Aufgabe, die dem Moralisten mit seinem Werk gestellt ist. Nietzsche, der den Leser zum Zeugen seines inneren Dramas herbeiruft, gibt dem Menschen die moralische Kraft, zu sich selbst zu finden und seinen »ton« zu entdecken. Wie Emmanuel Berl berichtet, erwägt der junge Malraux den Plan zu einer »psychologie de la justification«,[37] in der gezeigt werden soll, wie sehr der Mensch das Gefühl der Rechtfertigung braucht, um über die Schranken der bestehenden Sittlichkeit hinweg zum Einklang mit den tiefen Bedürfnissen seines Ichs zu gelangen. Als Moralist ist Nietzsche besonders geeignet, eine solche befreiende Wirkung auszuüben.

Malraux ist der Überzeugung, daß sich durch die moralistische Verfeinerung der Psychologie, die nicht zuletzt Nietzsches Verdienst ist, eine weitreichende Veränderung der dichterischen Technik vollzogen hat. Sie erfolge in der Romankunst gegen Ende des neunzehnten Jahrhunderts und lasse sich in der Bewegung von Stendhal zu Dostojevskij erkennen. Während Stendhal nur die harte Psychologie der Tatsachen im Auge habe, arbeite Dostojevskij mit dem »ton«, mit halben Eingeständnissen, wie bei Smerdjakov und Stavroguin, mit Akten, die ein Geheimnis nur andeuten, und diese neue Technik sei ebenso wirkungsvoll wie die traditionelle psychologische Analyse im Roman. Die Entwicklung der Tagebuchliteratur von Renard bis Gide beruhe auf der immer größeren Echtheit des »ton«.[38] Der auf die Stimme seines Innern horchende moderne Schriftsteller verdankt dem Moralisten Nietzsche einen Teil seiner Hellhörigkeit und seines Empfindens für die verborgenen Regungen der Seele. In dieser Wandlung der europäischen Dichtung nimmt Nietzsche einen wichtigen Platz ein. Indem Malraux seine Erkenntnisse über den »ton« auch für sein eigenes Romanschaffen fruchtbar macht, wird Nietzsche auch für seine Romanästhetik bedeutsam. Da der moderne Romanschriftsteller mehr denn je ein Kenner der menschlichen Seele und damit Moralist sein muß, ist Malraux der Ge-

---

[36] Les Nouvelles Nourritures, par André Gide. In: NRF 44, 1935, S. 935
[37] Emmanuel Berl, Mort de la morale bourgeoise, S. 9
[38] Diese Gedanken Malraux' sind ausgeführt in »Esquisse d'une psychologie du cinéma« (Paris 1946) und in »Les Nouvelles Nourritures, par André Gide«, die Malraux in der NRF 1935 rezensiert hat.

danke natürlich, sich Nietzsche als Romancier vorzustellen: »Il y a *un* Nietzsche dont on voit bien comment, de nos jours, il serait romancier; il y a *un* Chestov dont on voit comment il serait personnage de roman«.[39]

Nietzsche ist für Malraux auch deshalb als Romanschriftsteller denkbar, weil er mit der Sensitivität seines Moralismus eine neue Art der Wirklichkeitserfahrung ermöglicht hat. Als Philosoph kehre er sich, freilich nur, soweit er nicht der »prédication« verfalle, von der Abstraktheit des Systemdenkens ab und suche seine Erkenntnisse aus der Praxis des Lebens durch Bewußtmachung und Verinnerlichung seiner Erlebnisse zu gewinnen. Der Reichtum der zur »conscience« verwandelten »expérience« eröffne dem Denker die Universalität der Bildung, in der er alle Ansätze seines Wesens entwickeln und ausreifen lassen könne, eine Fülle des Lebens »comme celle d'un Goethe, comme celle – à l'autre pôle – d'un Karmazoff puissant, riche, libre et assagi«.[40] Diese neue Art, der Wirklichkeit habhaft zu werden, bedinge eine Umwandlung der Philosophie, die sich in das Spannungsfeld des Lebens hineinwage und sich damit der Dichtung annähere, die auf der gleichen Wirklichkeitserfahrung durch »expérience« und »conscience« beruht. Dadurch sei seit Nietzsche in verstärktem Maße die Hinwendung des Romans zur Philosophie möglich.

Die Universalität, zu der sich Nietzsche durch den Reichtum seiner denkerisch bewältigten »expérience« erhebt, ist freilich nicht mit der Goethes verwandt. Dazu ist Nietzsche, wie Dostojevskij oder T. H. Lawrence, wie auch Malraux selbst, zu gespalten, zu uneins mit sich selbst. Die Bedeutung Goethes für Malraux ist äußerst gering: in Goethe sieht Malraux höchstens den Dichter des »Werther«, der eine neue Theorie des Erotischen entwirft, sodann den Verfasser der »Walpurgisnacht«, der wie Goya, Poe, Gogol, Hugo oder Michelet im Europa des neunzehnten Jahrhunderts die untergründige Macht der Dämonen beschwört.[41] Obwohl Malraux von einem Kreis von Schriftstellern umgeben ist, die voll Verehrung zu Goethe aufblicken und im Jahr 1932 ihr Vorbild begeistert feiern, steht er Goethes Streben nach Harmonie und innerer Vollendung fremd gegenüber.[42] Auch versucht er nie, Nietzsche in die Nähe Goethes zu rücken. Nietzsche bleibt der Denker aus tragischer Zerrissenheit, der sich

---

[39] G. d'Amarède, Rencontre avec André Malraux. In: Nouvelles littéraires, 3. 4. 1952, S. 1

[40] Journal de voyage d'un philosophe, par Hermann Keyserling. In: NRF 33, 1929, S. 885f.

[41] Äußerungen über Goethe siehe in »Le Temps du Mépris«, S. 29, 100; VS, S. 481, 496, 588

[42] Über Goethe in Frankreich siehe Kurt Wais, Goethe und Frankreich. In: An der Grenze der Nationalliteraturen, Vergleichende Aufsätze, Berlin 1958, S. 28–61

verzweifelt im »Zarathustra« überwinden will und in dessen Drama Malraux einen Teil seines Selbst wiedererkennt.

Der Zwiespalt von Nietzsches Moralistentum und seiner »prédication« ist einer der Konflikte von Malraux' dualistischem Nietzsche-Bild. In dieser dualistischen Auffassung, die sich in der Dialektik Nietzsche-Zarathustra ausdrückt, wird er auch durch die Nietzsche-Monographie von Lou Andreas-Salomé bestärkt, die Nietzsches Philosophie aus der Spannung zwischen seiner eigenen tragischen Existenz und der Übermenschlichkeit seines geistigen Anspruchs in ihrer biographischen Bedingtheit zu erklären versuchte und die in Frankreich schon längst vor ihrer Übersetzung 1932[43] wirksam war, so bei Charles Du Bos, der mit Nachdruck auf das Buch verweist.[44] Von Lou Andreas-Salomé übernimmt Malraux teilweise wörtlich auch ihre Charakteristik von Nietzsches Erscheinung. »Vous connaissez le visage de Nietzsche«, fragt Walter Berger seinen Bruder Vincent, »mais les photographies ne transmettent pas son regard: il était d'une douceur féminine, malgré ses moustaches de ... croquemitaine« (LA 69). Die »douceur féminine« von Nietzsches Gesicht, die sich auch von seinem groben Schnurrbart entschieden abhebt, hatte Lou Andreas-Salomé in ihrem Porträt als auffallend herausgestellt.[45] Malraux beschreibt die Spannung als extrem, unter der Nietzsches Denken steht: er beschwört den halbblind dahindämmernden Nietzsche, der trunken die Lichtfülle des Südens besingt,[46] er staunt über die Grausamkeit, mit der sich Nietzsche selbst martert.[47] Die maßlose Forderung des »Zarathustra« und andererseits Nietzsches fast weibliche Reizbarkeit und Empfänglichkeit für alle Eindrücke machen den schneidenden Gegensatz aus, aus dem Nietzsches so facettenreiches Werk erwächst. Der Akt der Schöpfung aber ist unlösbar verbunden mit Nietzsches eigener Tragödie.

d) Nietzsches Wahnsinn

Nietzsches Wahnsinn, letzter und höchster Ausdruck seines mitreißenden inneren Dramas, hat wesentlich zur Mythologisierung seiner Biographie beigetragen und macht einen Großteil des Interesses aus, das Nietzsche nicht nur in der

---

43 Lou Andreas-Salomé, Frédéric Nietzsche, Übs. J. Benoist-Méchin, Paris 1932 (deutsche Ausgabe 1894)

44 Charles Du Bos, Journal 1924/25, Paris 1948, S. 31f.

45 Der Ausdruck »douceur presque féminine« zur Charakterisierung von Nietzsches Gesicht findet sich bei Lou Andreas-Salomé S. 17 ihres Nietzsche-Porträts (S. 14–18); hier weist sie auch auf den Gegensatz zwischen der Sanftheit des Gesichts und dem groben Schnurrbart hin (S. 15).

46 Préface à William Faulkner, Sanctuaire, Paris 1934, S. IV

47 André Gide. In: Cahiers de la Quinzaine, 5. 4. 1930, S. 50

französischen Literatur hervorruft. Malraux hat der tragische Ausgang von Nietzsches Leben erschüttert; immer wieder wird der Wahnsinn Gegenstand seiner Reflexion. »Il importe peu, nous dit-on, que Nietzsche soit devenu fou. Il importe beaucoup, au contraire, et il faut prendre le tragique où il est.«[48] Gewiß ist der Wahnsinn die absolute Negation des Werks; durch den Wahnsinn erhält das Werk aber auch eine nachträgliche Umdeutung und Vertiefung seiner Dimension; es wird erst jetzt in der Unerbittlichkeit seiner letzten Konsequenz verständlich. Leben und Werk als Wagnis, als nihilistisches Spiel erhellen in ihrer Bedeutung erst angesichts des Wahnsinns, der den Preis für den Einsatz des Lebens darstellt. Der Wahnsinn ist im Wagnis des jungen Malraux miteingeschlossen und läßt erst den ganzen Umfang seines Unterfangens deutlich werden. Malraux' Deutung von Nietzsches Wahnsinn geht teilweise auf Gide zurück. Gide hatte in den »Prétextes«, einem der von Malraux bevorzugten Bücher Gides,[49] Nietzsches Wahnsinn nicht als eine physiologische Zufälligkeit erklärt, sondern ihn in seiner künstlerischen und metaphysischen Notwendigkeit begründet. Demnach hat Nietzsche nur durch die Ahnung des drohenden Wahnsinns den Mut, jene umstürzenden Aussagen zu machen, die niemand vor ihm auszusprechen wagte: »... peut-être une certaine folie est *nécessaire* pour faire dire une première fois certaines choses; – peut-être Nietzsche l'a senti«.[50] Indem Nietzsche seine Existenz für sein Denken aufs Spiel setzt, steuert er bewußt auf den Wahnsinn zu:

> Je préfère dire que Nietzsche s'est *fait* fou.[51]
> La raison de Nietzsche au début de la vie s'y propose une logique partie dont sa raison même est l'enjeu. Il joue contre lui-même, perd la raison, – mais gagne la partie; il a gagné, puisqu'il est fou.[52]
> De toute la force de sa raison il se poussait à la folie, comme vers un refuge.[53]

Diese Äußerungen stützt Gide durch seine Theorie des Genies. Im Anklang an zeitgenössische Anschauungen erklärt er die Genialität als eine leibliche oder seelische Störung des menschlichen Gesamthaushalts, die aber zu bejahen sei, weil nur so außergewöhnliche Leistungen entstünden. Nietzsche ist demnach ein

---

[48] Journal de voyage d'un philosophe, par Hermann Keyserling, S. 886
[49] Malraux nennt »Prétextes«, »Paludes« und den »Prométhée« als seine bevorzugten Gide-Bücher (siehe Roger Stéphane, Fin d'une jeunesse, Paris 1954, S. 63).
[50] André Gide, Lettre sur Nietzsche. In: Pétextes, 9. Aufl., Paris 1947, S. 139–52, hier S. 150
[51] André Gide, ebd., S. 151
[52] André Gide, ebd.
[53] André Gide, ebd.

»grand malade«,[54] der aus seiner eigenen Krankheitsgeschichte ungeahnte Erkenntnisse gewinnt. Erst die Krankheit gibt dem Genie seine eigentliche Größe, und so verwirft Gide die Ansicht von M. G. Deherme, der Nietzsche als physiologisch mißratenen Philosophen abtun will.[55] Mit Lombrosos oder Nordaus These »Le génie est une névrose«[56] sei noch nichts gegen das Genie bewiesen.

Gides Betonung der Notwendigkeit von Nietzsches Wahnsinn, seine Darstellung dieses Wahnsinns als Teil eines existentiellen Spiels, als Wagnis, als Denken »contre soi-même«, in dem sich der Philosoph selbst als Experiment betrachte – das alles sind Elemente einer Deutung, die bei Malraux in verwandelter Form wieder auftauchen. Es läßt sich sogar eine konkrete Beziehung zwischen Gides »Lettre sur Nietzsche« und Malraux' Beschreibung von Nietzsches Wahnsinnsausbruch in »La Lutte avec l'Ange« ausfindig machen. Am Ende seines Briefes erwähnt Gide eine Episode von Nietzsches Krankheit:

> L'an passé, j'ai lu, dans les *Débats* je crois, un court article où l'on parlait de Nietzsche. On le montrait près de sa sœur, distrait, inconscient, point triste. – ›Il cause avec moi, disait sa sœur, et s'intéresse à tout autour de lui, tout comme s'il n'était pas fou – seulement il ne sait plus qui'l est Nietzsche.‹[57]

Die Bemerkung, daß der Verfasser des »Zarathustra« im Wahnsinn selbst das Bewußtsein seiner Identität verloren habe, übt auch auf Malraux eine starke Wirkung aus; ein Satz von »La Lutte avec l'Ange« ist als Echo darauf zu verstehen. »Vous avez entendu parler de Friedrich Nietzsche?« (LA 70) ruft der bereits dem Wahnsinn verfallene Nietzsche dem zu seiner Rettung herbeigeeilten Overbeck zu, da er nicht mehr weiß, daß er selbst Nietzsche ist. Der große Einfluß von Gides »Lettre sur Nietzsche« beschränkt sich übrigens nicht auf Malraux; so bekennt etwa Charles Du Bos in einem umfangreichen Tagebucheintrag von 1933, daß ihn die Lektüre von Gides Text zu Tränen gerührt hätte.[58]

Malraux' ausführlichste Darstellung von Nietzsches Wahnsinnsausbruch findet sich im Roman »La Lutte avec l'Ange«. Den Bericht legt er in den Mund von Walter Berger, der im Roman als alter Freund und Korrespondent von Nietzsche auftritt. Die Beschreibung folgt, abgesehen von den Anregungen durch Gides »Lettre sur Nietzsche« und durch die Nietzsche-Charakteristik von Lou Andreas-Salomé, im Ganzen recht eng Overbecks Darstellung in seinem

---

[54] André Gide, Journal 1889–1939, Paris 1939, S. 98
[55] André Gide, ebd., S. 466
[56] André Gide, Dostoïevski, coll. Idées Bd. 48, Paris 1964, S. 217
[57] André Gide, Prétextes, S. 182
[58] Charles Du Bos, Journal IX, avril 1934–fév. 1939, Paris 1961, S. 270f. (Eintrag vom 1. Juni 1933)

Brief an Peter Gast vom 15. Januar 1889: Overbecks eilige Fahrt nach Turin mit einem psychiatrisch geschulten Reisebegleiter, die erschütternde Begegnung mit Nietzsche in dessen Turiner Wohnung, die umständliche Rückreise nach Basel durch den St. Gotthart-Tunnel, all diese Einzelheiten sind an den einzigen Augenzeugenbericht angelehnt, den wir von Nietzsches Zusammenbruch besitzen. Die Punkte, um die Malraux Overbecks karge Schilderung bereichert, sollen die Ereignisse stärker konturieren und den auf Nietzsches Vortrag des Gesanges »Venedig« zugeschnittenen Ablauf der Handlung dramatisieren. Besonders erweitert ist die Darstellung der Rückreise nach Basel mit dem kranken Nietzsche; während Overbeck ausdrücklich bemerkt, daß die Reise »allein« stattgefunden habe, verlegt sie Malraux in das überfüllte Abteil eines Wagens dritter Klasse mit der Begründung, der kopflose Overbeck habe in der Erregung vergessen, genügend Geld mitzunehmen. Nietzsche gegenüber sitzt eine alte Bäuerin mit einem Korb, in dem ein Huhn eingesperrt ist, das unablässig an seiner Gefängniswand pickt. Das mehrfach variierte, auf Pascal hinweisende Symbol des Gefängnisses (»la prison dont nous parle Pascal« [LA 71]) kennzeichnet die Situation Nietzsches und damit des Menschen schlechthin in der schicksalhaften Begrenzung der irdischen Welt, aus der ihn nur die Kunst befreien kann. Overbeck erwähnt den Gesang »Venedig« beiläufig, nicht ohne Zeichen des Erstaunens:

... sonst fuhren wir drei allein, N. durch Chloral schlafsüchtig gemacht, doch immer wieder erwachend, aber höchstens zu lauten Gesängen sich steigernd, darunter in der Nacht das wunderschöne Gondellied N. c. Wagner, S. 7, dessen Herkunft ich später entdeckte, während mir beim Hören völlig rätselhaft war, wie der Sänger einen *solchen* Text noch zustandebrachte bei übrigens völlig eigentümlicher Melodie.[59]

In Malraux' Schilderung macht dieser Gesang den Höhepunkt aus. Nietzsche stimmt ihn bei der Durchfahrt des St. Gotthart-Tunnels an, den Overbeck nicht namentlich erwähnt. Dem Tunnel ist wohl symbolische Bedeutung zuzumessen; auch das Leben ist ein solcher Durchgang durch die Tiefe der Nacht, ein Gefangensein, aus dem nur die Kunst herausführt.

– Et tout à coup – vous n'ignorez pas que nombre de textes de Friedrich étaient encore inédits – une voix commença de s'élever dans le noir, au-dessus du tintamarre des essieux. Friedrich chantait – avec une articulation parfaite, lui qui, dans la conversation, bredouillait – il chantait un poème inconnu de nous; et c'était son dernier poème, *Venise*.
Je n'aime guère la musique de Friedrich. Elle est médiocre. Mais ce chant était... eh bien, mon Dieu: sublime (LA 71).

[59] Friedrich Overbeck, Brief an Peter Gast vom 15. Januar 1889

68

Die Wirkung der Darstellung wird dadurch erhöht, daß sich der Erzähler und Augenzeuge Walter Berger selbst nicht der vollen Tragik des Geschehens bewußt wird. Walter Berger, der Nietzsche mit dem Vornamen nennt und Overbeck mit einer alten Bäuerin vergleicht, erzählt nicht ohne Herablassung und respektlose Neugier. Wie sich herausstellt, ist auch seine Korrespondenz mit Nietzsche gänzlich unbedeutend, da er im Kreis um Nietzsche nur die Rolle des Geldgebers und Stellenvermittlers spielte. Der Neffe Vincent Berger, der Nietzsche wirklich liebt, ist von der eitlen Geschwätzigkeit unangenehm berührt: »Il écoutait, mal à l'aise, fasciné« (LA 70). Diese Perspektive des Erzählers ist von Malraux hauptsächlich als Mittel der Verfremdung gedacht, als Kunstmittel zur Darstellung des im Grunde undarstellbar Erhabenen. Im Zusammenhang mit dem Kolloquium von Altenburg – mit Altenburg hat Malraux ohne Zweifel Pontigny im Auge[60] – soll die Darstellung indes auch den inneren Gegensatz zum Ausdruck bringen, der Vincent Berger von den in Altenburg versammelten Gelehrten trennt. Während Vincent Berger Nietzsche aufrichtig verehrt, vermögen die meisten der übrigen Teilnehmer das existentielle Wagnis nicht wirklich zu ermessen, das zu Nietzsches Wahnsinn geführt hat. Denn Nietzsches Wahnsinn läßt sich nur dann richtig einschätzen, wenn man seine künstlerische Leistung als Preis seines Lebens versteht. Da von den Gesprächsteilnehmern in Altenburg nur Vincent Berger in Asien sein Leben aufs Spiel gesetzt hat, ist er der einzige, der die existentielle Dimension von Nietzsches Wagnis erfaßt.

In Malraux' Darstellung von Nietzsches Wahnsinnsausbruch lassen sich die beiden Seiten seiner Konzeption des Wahnsinns erkennen, die in seinem gesamten schriftstellerischen Werk von Anfang an angelegt sind. Die eine Seite ist die Transzendenz des Wahnsinns durch das Kunstwerk: Nietzsches Gesang »Venedig« übersteigt die Hinfälligkeit des irdischen Lebens und gibt ihm Ewigkeit. Diese Seite wird in Malraux' Darstellung besonders deutlich und verweist auf die Nähe von »La Lutte avec l'Ange« zu den kunstphilosophischen Schriften. Der andere Aspekt, nämlich die Bedeutung des Wahnsinns als eigenschöpferisches Element, das dem Kunstwerk erst seine letzte Tiefe und Kraft verleiht, ist in diesem Roman weniger ausgeprägt; er beherrscht viel eher Malraux' frühere Schriften. Wenn der junge Malraux von Nietzsche spricht, so drängt

---

[60] Lucien Goldmann (Pour une sociologie du roman, 2. Aufl., coll. Idées Bd. 93, Paris 1965, S. 257) rät zwar bei dieser Gleichsetzung neuerdings zur Vorsicht, doch scheint uns diese Skepsis nicht gerechtfertigt. Die Ähnlichkeit zwischen Pontigny und Altenburg ist unverkennbar; die Übereinstimmungen gehen bis in Details (Teetrinken, Essen etc.); es genügt, zum Vergleich die Pontigny-Dokumentation von Anne Heurgon-Desjardins (Paul Desjardins et les Décades de Pontigny, Paris 1964) heranzuziehen.

sich ihm zumeist sogleich der Gedanke an den Wahnsinn auf, so daß die Formel »la folie de Nietzsche« geradezu stereotyp wird.[61]

Das Interesse des frühen Malraux an Nietzsches Wahnsinn entspricht dem
breiten Raum, den der Wahnsinn in den kulturphilosophischen und künstlerischen Anschauungen jener Jahre einnimmt. Er erscheint dem Autor der »Tentation de l'Occident« als der Endpunkt der gesamten abendländischen Kultur,
ist aber schon seit Anfang in deren Schicksal eingezeichnet. In den griechischen
Plastiken will der Chinese Ling jenen »regard de démence« (TO 49) vorgeprägt
finden, der die Spätzeit des Abendlandes charakterisiert. Nicht nur der Kultur,
auch dem individuellen Bewußtsein gehört der Wahnsinn als fester Bestandteil
an: der Verfasser von »A une Jeunesse européenne« beschreibt das Bewußtsein
als Wechsel der Zustände der »lucidité« und der »démence« und stellt damit
die Realität der Ich-Vorstellung in Frage (JE 143f.). Dem Weltbild des klinisch
Wahnsinnigen widmet der frühe Malraux einige erkenntnistheoretische Überlegungen (JE 144f.). In der Aufmerksamkeit, die er dem Wahnsinn entgegenbringt, trifft sich Malraux nicht nur mit Gide, sondern vor allem auch der surrealistischen Bewegung, hatte doch Breton im »Manifeste du surréalisme« von
1924 dem Wahnsinn große Beachtung geschenkt und im zweiten Surrealismus-
Manifest 1929 gar »les problèmes de l'amour, du rêve, de la folie, de l'art et de
la religion«[62] als die Angelpunkte der surrealistischen Theorie im Hinblick auf
die Kultur bezeichnet. So zeigt sich auch hier wiederum Malraux' Beziehung zu
den Surrealisten, die für seine Nietzsche-Rezeption durchaus bedeutsam ist.

Im Roman »La Voie Royale« erscheint der Wahnsinn als immer gegenwärtige Gefahr, als Zustand äußerster Einsamkeit, aus der es keine Rückkehr mehr
in die Welt des Menschen gibt, als Negierung aller Humanität, als grauenerre-
gende Zerstörung der Grundfesten der menschlichen Würde. Perken empfindet
das Grauen des drohenden Wahnsinns besonders deutlich, als er vor dem ent-
setzlich verstümmelten Grabot steht:

> Donc, il y avait sans doute un monde d'atrocités au-delà de ces yeux arrachés, de
> cette castration qu'il venait de découvrir … Et la démence, comme la forêt à l'infini
> derrière cette orée … Mais il n'était pas encore fou: une exaltation tragique le boule-
> versait, une allégresse farouche (VR 129).

Der Wahnsinn liegt, wie Malraux rückblickend feststellt, im Wesen des Aben-
teurertums selbst begründet: »L'aventure commence par le dépaysement, au
travers duquel l'aventurier finira fou, roi ou solitaire.«[63] Wie die Krankheit

---

[61] Beispiele JE, S. 139 und Keyserling-Rezension, S. 886
[62] André Breton, Manifestes du surréalisme, Paris 1962, S. 17 bzw. S. 174
[63] Randbemerkungen zu Gaëtan Picon, Malraux par lui-même, Paris 1954, S. 80

überhaupt, so reißt der drohende Wahnsinn den Menschen aus der Gesichertheit seiner alltäglichen Existenz und läßt ihn die Gefährdung seines Daseins unmittelbar empfinden. Obwohl der Abenteurer um sein mögliches Ende im Wahnsinn weiß, bejaht er die Gefahr und setzt sein Leben rückhaltlos aufs Spiel. Im Anklang an Nietzsches Kategorien des Herren- und Sklavenmenschen unterscheidet Malraux in »La Voie Royale« die Gattungen der »insoumis« und der »soumis« und charakterisiert den unterwürfigen Menschen damit, daß dieser sein Dasein nicht als Wagnis erleben kann. Perken erkennt die Krankheit als Möglichkeit, den Sklaven aus seiner Sicherheit aufzuschrecken: »On ne les atteint jamais qu'à travers leur plaisir; il faudrait inventer quelque chose comme la *syphilis* (VR 94f.).« Perkens früherer Gefährtin Sarah wird die Begrenztheit ihres Lebens als »destin limité« in seiner Unausweichlichkeit erstmals durch das Gefühl des Alterns bewußt: »Toutes ses anciennes espérances de femme jeune se sont mises à miner sa vie comme une syphilis attrapée dans l'adolescence« (VR 59).« Wahnsinn und Syphilis setzen dem Leben eine Grenze und lassen es als verfügbares Objekt erscheinen, dem der Mensch im Spiel gegen die Absurdität der Welt einen bestimmten Wert geben muß. Nietzsche, der sein Dasein durch den Wahnsinn begrenzt weiß, aber den Wahnsinn um der Erkenntnis willen dennoch bejaht, setzt sein Leben als Preis für sein Werk; er ist das Beispiel schlechthin für den nihilistischen Spieler.

Gide hatte in seiner »Lettre sur Nietzsche« auf den Spielcharakter von Nietzsches geistiger Existenz hingewiesen. Charles Du Bos hatte diesen Aspekt im Hinblick auf die Differenz zwischen Nietzsche und Pascal noch stärker hervorgehoben:

> Je disais qu'il n'y a peut-être pas de cas où la *notion de pari* joue un rôle plus captial que chez Nietzsche. Cette position de la vérité individuelle, c'est pour ainsi dire par une série de coups de paris que sans cesse il éprouve le besoin de la dépasser... Pascal prie pour gagner – pour gagner quelque chose d'un prix éternel, vis-à-vis de quoi il ne se perd jamais de vue en tant que simple poussière, mais cependant pour gagner. Nietzsche, lui – et il est peut-être le seul – ne parie que pour parier, type absolu du joueur en soi.[64]

Malraux gibt in »Les Conquérants« und »La Voie Royale« die überzeugendste dichterische Darstellung des von Gide und Du Bos im Blick auf Nietzsche entwickelten Begriffs des Spielertums. Der Spieler, der seine Existenz, um deren Begrenztheit er weiß, im Spiel wagt, ist die zentrale Gestalt dieser Romane. Garine vergreift sich nicht in seiner Selbstcharakteristik:

[64] Ch. Du Bos, Journal 1924/25, S. 25

Au fond, je suis un joueur. Comme tous le joueurs, je ne pense qu'à mon jeu, avec entêtement et avec force. Je joue aujourd'hui une partie plus grande qu'autrefois, et j'ai appris à jouer: mais c'est toujours le même jeu. Et je le connais bien; il y a dans ma vie un certain rythme, une fatalité personnelle, si tu veux, à quoi je n'échappe pas (C 143).

Garine kann sein Spiel nicht zuletzt deshalb mit solcher Leidenschaft spielen, weil er weiß, daß sein Leben durch seine Krankheit begrenzt ist und er seine Zeit nützen muß.

Wie stark die Verwandlung des Menschen durch die Krankheit das künstlerische Schaffen verändert, beschreibt Malraux eindringlich in seinen kunstphilosophischen Schriften. Krankheit und Wahnsinn trennen den Künstler für immer von der Welt der Alltäglichkeit und erschließen ihm die Schicksalshaftigkeit des Daseins, aus der es kein Entrinnen mehr gibt. Nietzsche ist für Malraux nicht mehr das einzige und vorrangige Beispiel für das Verhältnis von Künstler und Krankheit; bei Goya, Van Gogh oder Dostojevskij läßt sich dieses Drama ebenfalls nachweisen. Am Beispiel Goyas zeigt Malraux in »Saturne« (1950) den Einbruch der Krankheit in das Dasein des Künstlers und die Dimension des Schicksalhaften, in die sein Werk dadurch gehoben wird:

> 1792. La maladie va balayer toutes ses réserves, comme la Révolution, un peu plus loin, leurs modèles. Goya se relève infirme. Il croit, au dire de ses amis, l'être par sa faute. Sourd maintenant, il craint de devenir aveugle. Il est entré dans l'irrémédiable.[65]

Die Krankheit gewährt Goya tiefe Einblicke in das Reich des Dämonischen, das der gesamten Epoche der Aufklärung verborgen geblieben ist:

> Comme d'autres reviennent médiums d'atroces maladies, il revient de la sienne en traînant un brouillard d'arrière-monde qui le trouble ou l'intrigue plus qu'il ne le terrifie, mais qui met en question le monde dont il s'est éloigné. Ses démons lui sont familiers, comme les monstres apprivoisés le sont aux baladins qui leur font exécuter des tours; mais il sait qu'ils ne le sont qu'à lui, et qu'ils peuvent cependant fasciner chacun. Son art consiste à doser leur apparition, à apprivoiser sa folie pour en faire un langage. Langage sur la valeur duquel il ne se méprend pas: bien qu'il ignore d'où il vient, il y reconnaît l'accent de l'éternel.[66]

Nach fast einem halben Jahrtausend italienischer Schönheitsanbetung beschwört Goya die Welt der Gespenster, die Macht der Dämonen. Der heraufdämmernde Wahnsinn öffnet den Blick auf eine neue, elementare Kunst, in welcher sich der Zusammenbruch der überlieferten europäischen Wertvorstellungen ankündigt. So bestimmt die Krankheit nicht nur die individuelle Entwicklung des Künstlers

---

[65] Saturne, S. 28
[66] Ebd., S. 49

Goya, sondern auch den Geist der Epoche, in welcher die selbstbewußte Verstandesklarheit der Renaissance in einem erst langsam erkennbaren Prozeß von einem aufs Ewige ausgerichteten »sakralen« Geist abgelöst wird. Krankheit und Wahnsinn sind Zugänge zur Zeichensprache des Ewigen. Daß sie für Nietzsche wie Dostojevskij, Nerval, Van Gogh, Gauguin gleichermaßen bedeutsam werden, kennzeichnet die tiefe Verwandlung der Kunst im ausgehenden neunzehnten Jahrhundert. So sieht Malraux das Problem der Beziehung zwischen Künstler und Krankheit in den umfassenden, den individuellen Fall übersteigenden Perspektiven seiner Kulturpsychologie als Symptom eines folgenreichen Bruchs der künstlerischen Tradition auf dem Weg zur Moderne. Nietzsche, der durch seine Philosophie wie durch seine mythische Gestalt Malraux wohl die erste Anregung zu diesen Überlegungen gegeben hat, wird schließlich Teil eines größeren geistesgeschichtlichen Zusammenhangs und erhält in Malraux' Schau der Kultur einen wenn auch unbedeutenden Platz zugeordnet.

VI

Zusammenfassung

Die Einheit von Philosophie und Dichtung im philosophischen Roman

Was in Malraux' Äußerungen zu Nietzsche durchweg auffällt, ist seine Gegenstellung zu dessen philosophischer »Lehre«, die von Nietzsche selbst als der wichtigste Teil seines Philosophierens aufgefaßt wird. Malraux verzichtet darauf, Begriffe wie den Übermenschen oder den Willen zur Macht auf ihren philosophischen Bedeutungsgehalt zu untersuchen und auf ihren Stellenwert innerhalb von Nietzsches Denken zu befragen. Den Übermenschen betrachtet Malraux als die aus der Problematik der Neuzeit heraus zu verstehende Vergötterung des Menschen, der nach dem Tode Gottes dessen Position einnehmen soll, doch hält er diese Auffassung durch die Erfahrungen des beginnenden zwanzigsten Jahrhunderts für widerlegt. Ebenso wenig nimmt Malraux Nietzsches Lehre vom Willen zur Macht in ihrer vollen metaphysischen Bedeutung ernst; er wertet sie als Versuch, den Reichtum der lebendigen Erscheinungen auf ein starres philosophisches System zurückzuführen und so verständlich zu machen. Demgegenüber vertritt Malraux die Anschauung, daß bei einer solchen begrifflichen Reduktion das Wesentliche ungesagt bleibt.

Malraux' ablehnende Urteile über den Übermenschen und den Willen zur Macht sind nicht nur aus der spezifischen Problemtaik der beiden Begriffe her-

aus zu verstehen, sondern sie entspringen seiner Abneigung gegen die philosophische Begrifflichkeit überhaupt. Der philosophischen Rede, die auf dem Vertrauen auf die Welthaltigkeit der spekulativen Begriffe beruht, mißtraut Malraux zutiefst. Für ihn, den Schriftsteller und Dichter, hat der spekulative Begriff keine Wahrheit für sich. Er ist überzeugt, daß die Begriffe, aus denen die
philosophischen Gesetzmäßigkeiten und schließlich »Lehre« und »System« des
Denkers hervorgehen, zum Glauben verleiten, alle Fragen seien im Raum der
bloßen Spekulation zu beantworten; sie böten Scheinlösungen, die für die
menschliche Existenz keine Gültigkeit haben. Malraux schreckt nicht davor zurück, die philosophische Rede mit dem Ausdruck der »prédication« zu belegen,
weil sie sich in ihrer Begrifflichkeit selbst genügt und zu den Problemen der
Existenz keine Verbindung mehr hat. Ein begriffliches Herausdestillieren einzelner Wahrheiten kann es nicht geben, da sich der Denker ständig in Frage
stellen und damit die begrifflich fixierte Wahrheit immer wieder entgrenzen
und aufheben muß. Aus Malraux' Abneigung gegen die philosophische Begrifflichkeit läßt sich erklären, wie wenig ihn der spekulative Gehalt von Nietzsches
Philosophie fesselt. So ist es vergebliche Mühe, bei ihm nach philosophischen
Deutungen von Nietzsches Leitbegriffen zu suchen.

Philosophie hat für Malraux nur dann eine existentielle Wahrheit, wenn
sich der Philosoph selbst in die Mitte des Philosophierens stellt und sich in seinem Denken aufs Spiel setzt. Eine solche Philosophie, in welcher der Philosoph
seine eigene Existenz wagt, ist eine Philosophie des Dramas, wenn nicht der Tragödie. Sie stellt ein Experiment dar, in dem der Philosoph als dramatischer Held
am eigenen Leib seine Wahrheiten erfährt und damit einen Preis für seine Erkenntnisse bezahlt. In einer solchen Philosophie des Wagnisses gibt der Denker
den Glauben an die bisher gültigen Werte auf und kennt nur seinen Ausgangspunkt, nicht das Ziel, dem er zusteuert. Die hauptsächliche Voraussetzung eines
solchen Denkens ist der unbedingte Wille zur Wahrheit um ihrer selbst willen,
eine äußerste geistige Redlichkeit, die vor nichts zurückschreckt und bereit ist,
auch die teuersten Werte der Überlieferung in Frage zu stellen. Erst auf diese
Weise wird das Wagnis absolut. In dieser strengsten gedanklichen Selbstdiszi-
plin ist Nietzsche für Malraux das verehrte Vorbild: er schätzt nicht den »prédicateur«, sondern den unerbittlichen Diagnostiker des europäischen Wertezer-
falls, den Verkünder des heraufkommenden Nihilismus. Auf Nietzsches bestes
Erbe besinnt sich der Europäer A. D. in »La Tentation de l'Occident«, wenn er
in einem Augenblick, da alle seine bisherigen Überzeugungen zusammengebrochen sind, seinen verzweifelten Willen zur »lucidité« bekräftigt (TO 125).

Eine so verstandene Philosophie übersteigt notwendig den Bereich des spekulativen Begriffs, weil sie sich in die Praxis des Lebens stellt und aus dem Er-

leben ihre Erkenntnisse ableitet. Als Philosophie des Dramas macht sie die Spannungen sichtbar, unter denen der moderne Mensch leidet, und leistet mit ihrer Diagnose einen Beitrag zur Lösung. Nietzsche ist für Malraux der dramatische Philosoph schlechthin, und Malraux' Bemühen um ein Verständnis Nietzsches besteht hauptsächlich darin, immer neue Dramen in Nietzsches Philosophieren aufzudecken und auf diese Weise die inneren Spannungen seines Denkens schrittweise bloßzulegen. Nicht in der Theorie des Willens zur Macht und des Übermenschen liege Nietzsches vornehmliche Bedeutung, sondern darin, daß er die Tragödie, die dem Begriff des Übermenschen zugrundeliegt, leibhaft durchlebt und dadurch die Lehre selbst in ihrer Fragwürdigkeit erkenntlich gemacht hat. Nietzsches Denken bewege sich im Drama zwischen dem herrischen Anspruch seines begrifflichen Philosophierens, seiner »prédication«, und der Sensitivität seines Moralistentums, die sich jeder begrifflichen Fixierung entschlägt. Anlaß zu einem anderen Drama sei die Spannung zwischen mythischem und psychologischem Ich, zwischen Zarathustra und Nietzsche, zwischen der ins Übermenschliche erhobenen Idealgestalt und der eigenen leidenden und gemarterten Persönlichkeit. Für Nietzsche wie für Baudelaire oder Gide sei die unmenschliche Härte charakteristisch, mit welcher der Moralist dem eigenen Ich das Werk abringt, jene Spannung, die dem unbedingten Willen zur Erkenntnis auch seiner selbst zugrundeliegt. Das höchste Symbol für Nietzsches tragische Philosophie schließlich sei sein Wahnsinn, in dem sich alle übrigen Spannungen kreuzten. Nietzsches Wahnsinn ist der Preis, den der Philosoph für das Wagnis der eigenen Existenz bezahlt; in ihm sieht Malraux den Schlüssel zum Verständnis von Nietzsches Werk und Gestalt.

Die Frage, die sich angesichts einer Philosophie erhebt, die sich als »dramatisch« versteht und die keinen Glauben an die Gültigkeit der spekulativen Begriffe hat, ist die nach dem Kriterium ihrer Objektivität. Der Wahrheitsgehalt, der sich aus dem Drama ergibt, das der Philosoph durchlebt, ist diesem selbst nicht voll zugänglich, da er an seine philosophische Begrifflichkeit gebunden und im Netz seiner »prédication« gefangen ist. Die übergeordnete Einheit, in der dieses Drama dargestellt und damit objektiviert wird, kann nach Malraux' Auffassung nur das Kunstwerk sein. Erst das Kunstwerk bietet eine angemessene Möglichkeit, das Drama von Nietzsches Philosophieren als Ganzes sichtbar zu machen und es voll glaubwürdig erscheinen zu lassen. Malraux tritt mehrfach[1]

---

[1] Gedanken über die Annäherung von Philosophie und Dichtung sowie über Nietzsche als möglichen Romanschriftsteller finden sich in der Keyserling-Rezension (NRF 33, 1929, hier S. 886), in der Guéhenno-Rezension (NRF 41, 1934, hier S. 149/50) und im Interview mit G. d'Ambarède (Rencontre avec André Malraux. In: Nouvelles littéraires, 3. 4. 1952).

mit dem Gedanken auf, den Philosophen als Gestalt in den Roman zu integrieren; dadurch würde seiner Philosophie der Charakter der »prédication linéaire« genommen und seine Aussage erhielte jene »troisième dimension«,[2] die ihr erst die volle Überzeugungskraft sichert. Nicht die einsinnige Lehre des Dostojevskij-Exegeten Schestov, sondern die im Kunstwerk relativierten Anschauungen einer Gestalt wie Ivan Karamasov hätten den stärksten Wahrheitsgehalt. So ist Malraux' Äußerung zu verstehen, er könne sich heutzutage Nietzsche sehr gut als Romanschriftsteller vorstellen.

Die Entstehung einer dramatisch aufgefaßten Philosophie macht nach Malraux' Glauben eine entscheidende Annäherung von Philosophie und Dichtung möglich: »La conception dramatique de la philosophie, plus puissante d'année en année dans tout l'Occident, et qui aboutira peut-être à une transformation profonde de la fiction, se défend beaucoup mieux lorsqu'elle *pose* le philosophe.«[3] Die Einbeziehung des Philosophen als Figur in den Roman ergibt nicht nur ein wirksames Mittel der Spiegelung des Romangeschehens im Bewußtsein einer handelnden Gestalt, sondern sie öffnet die Aussicht auf einen philosophischen Roman, in dem die Philosophie nicht mehr wie in der Tradition des Bildungsromans als lehrhaftes Element durch den Dichter oder eines seiner Geschöpfe dem Roman zugesetzt wird. Thomas Manns »Zauberberg« möchten wir als solches Gegenbeispiel auffassen. Der Begriff der dramatischen Philosophie erlaubt Malraux vielmehr, den Philosophen aus der existentiellen Spannung seiner Probleme darzustellen und die Bewußtwerdung seines Dramas aus dem lebendigen Handeln nachzuzeichnen. Der Philosoph erlebt handelnd die »expérience« des Lebens und versucht in einem Akt der Reflexion, diese Erfahrung ins Bewußtsein zu heben und der »conscience« einzuverleiben. Indem er aber nur Romangestalt ist, ermöglicht das Kunstwerk in seiner Gesamtheit, den Akt der Bewußtwerdung einer Erfahrung in seiner personalen Bedingtheit aufzuzeigen. Beispiele aus Malraux' Romanen für derartige Philosophengestalten sind wohl hauptsächlich Gisors in »La Condition Humaine« und Garcia in »L'Espoir«, in denen das Romangeschehen am eindringlichsten gespiegelt ist. Aber auch die Gesamtbewegung dieser Romane, die auf der Wechselbeziehung zwischen »expérience« und »conscience« gründet, kann als Versuch der Verinnerlichung eines bestimmten Erlebnisbereichs aufgefaßt werden. In dieser Verbindung des philosophischen Romans sind Philosophie und Kunst miteinander versöhnt, und es darf wohl als bedeutendste Wirkung von Nietzsches Einfluß auf Mal-

[2] Journal d'un homme de quarante ans, par Jean Guéhenno. In: NRF 41, 1934, S. 150
[3] Journal de voyage d'un philosophe, par Hermann Keyserling. In: NRF 33, 1929 S. 886

raux' Romanästhetik angesehen werden, daß Malraux, ausgehend von der Vorstellung einer dramatischen Philosophie, einer Annäherung von Philosophie und Roman zuarbeitet.

Das Gleichgewicht, das in dieser Lösung zwischen Philosophie und Dichtung hergestellt ist, hat Malraux allerdings nur in einem Teilabschnitt seines Schaffens aufrechterhalten, und zwar im Zeitraum zwischen 1928 und 1937, zwischen der Veröffentlichung der »Conquérants« und »L'Espoir«. Während noch der Briefroman »La Tentation de l'Occident« nur der äußeren Form nach als Roman anzusprechen ist, versucht Malraux in der Folge, mit der Verbindung von Philosophie und Kunst ernst zu machen. In den dreißiger Jahren findet diese Bemühung ihren sichtbarsten Ausdruck. Malraux vermeidet es offenkundig, rein weltanschauliche Probleme zu erörtern; er verzichtet darauf, seine politischen Reden als literarische Dokumente zu veröffentlichen (selbst das Vorwort zu »Le Temps du Mépris« behandelt nur romanästhetische, keine politischen Fragen); er schränkt seine theoretischen Schriften auf wenige Rezensionen ein. Gegenüber Trotzkijs Kritik der »Conquérants« beruft er sich darauf, das Werk sei in erster Linie als Roman, nicht als politisches Zeugnis anzusprechen;[4] Jean Guéhenno gibt er den Rat, er solle es einmal wagen, vom Essay zum Roman überzugehen; Schestovs »prédication« möchte er aus dem Mund einer Romanfigur vernehmen. Das Werk, in dem das Gleichgewicht von Darstellung und Reflexion erstmals merklich gestört ist, ist der nicht vollendete Roman »La Lutte avec l'Ange« (1943). In der Abkehr Malraux' vom Roman als Kunstform nimmt dieses Werk eine Schlüsselstellung ein; eine genaue Interpretation von »La Lutte avec l'Ange« müßte zeigen, warum es Malraux nicht mehr gelingt, die frühere Form des philosophischen Romans beizubehalten. Nach diesem Roman ist die Hinwendung zum Essay unaufhaltsam; das Jahrzehnt zwischen 1947 und 1957 bringt die imposante Reihe der kunstphilosophischen Schriften. Auffallend ist außerdem, daß Malraux nun auch einen Teil seiner politischen Reden veröffentlicht, so die Ansprache in der Salle Pleyel vom 5. März 1948 als Nachwort zu einer Neuausgabe des Romans »Les Conquérants«. Ist diese Entwicklung so auszulegen, daß Malraux nun ebenfalls zur »prédication« Zuflucht nimmt?

Die Frage läßt sich damit beantworten, daß man die Gattung des philosophischen Romans nur als eine der möglichen Auflösungen des Gegensatzes zwischen Philosophie und Kunstwerk ansieht und neben dem Roman auch den Essay als gleichwertige Möglichkeit zuläßt. Dennoch ist es vom künstlerischen

---

[4] Réponse à Léon Trotsky. In: NRF 36, 1931, S. 501–07, hier S. 501

Standpunkt her bedauerlich, daß Malraux' Romanschaffen nach 1943 abbricht. Der Einfluß Nietzsches freilich ist nicht an die Form des philosophischen Romans gebunden; er kommt in den folgenden essayistischen Schriften
gleicherweise zum Ausdruck. Will man jedoch über Nietzsches Einfluß auf Malraux ein Werturteil fällen, so wird man wohl Malraux' Begriff des philosophischen Romans als dessen tiefste und ursprünglichste Wirkung bezeichnen müssen.

B

MALRAUX UND MARX

I

Die Anfänge von Marx' Einfluß auf Malraux

Marx' Einfluß auf Malraux setzt sehr viel später ein als der Nietzsches. Auch wird Malraux mit Marx nie annähernd so vertraut wie mit diesem, und er läßt sich nur zögernd mit Marx' Problemstellungen ein. Die Hinwendung zu Marx erfolgt in entfernter Ähnlichkeit zu Gide unter dem Eindruck des europäischen Kolonialismus. Die Erfahrung der französischen Kolonialherrschaft in Indochina öffnet Malraux den Blick für die Zusammenhänge zwischen gesellschaftlichen, politischen und ökonomischen Fragen und macht ihn für Marx' Lehre empfänglich, die kulturelle Erscheinungen nur in Verbindung mit den politisch-ökonomischen »Infrastrukturen« zu sehen gewillt ist. Die Bedeutung Marx' für Malraux ist eine doppelte: sie erlaubt ihm einerseits, alle menschlichen Phänomene auf ihre gesellschaftliche Totalität hin auszulegen, und sie gibt ihm andererseits die Möglichkeit zu einer radikalen Kritik der bestehenden Gesellschaft, deren extremer Ausdruck die Revolution ist. Der Aspekt der revolutionären Gesellschaftskritik ist besonders für den jungen Malraux weit wichtiger als die Marx'sche Theorie der Kultur, mit der er erst später vertraut wird und der er sich nie ganz anschließt.

Die Entdeckung des revolutionären Charakters von Marx' Gesellschaftskritik ist wohl nur im Zusammenhang mit Malraux' innerer Biographie voll verständlich. Malraux' Revoltehaltung beruht nicht zuletzt auf jenem unüberwindlichen Gefühl der Demütigung, das ihn zeit seines Lebens kaum je verließ und dessen Ursprung in seinen Kindheitserlebnissen zu suchen ist.[1] Dieses Gefühl brachte ihn naturgemäß in Gegensatz zur Gesellschaft. Verstärkt wurde es noch durch den Prozeß, in den er bei seinem ersten Indochina-Aufenthalt verwickelt wurde. Der Prozeß brachte ihm seinerseits die Ächtung der bürgerlichen Pariser Gesellschaft ein, so daß er sich nun vollends als Außenseiter

---

[1] Siehe vor allem Clara Malraux, Nos vingt ans, Paris 1966

betrachten mußte. Dieser Zustand hat im Grunde bis zu seinem gaullistischen Engagement angedauert, das demnach als eine Art Rehabilitierung zu verstehen wäre.[2] Malraux' beginnendes Interesse für Marx fällt zeitlich mit dem Einsetzen seines Romanschaffens zusammen. An einen Roman hatte Malraux vor 1925 noch nicht gedacht. Er hatte sich zwar editorisch vielseitig betätigt, hatte sich neben der Literatur vor allem für die Kunst interessiert und Pläne zu einer Kunstgeschichte geschmiedet, die in der Rezension von Max Jacobs »Art poétique« kurz angedeutet sind;[3] doch seine Wendung zum Roman kommt völlig überraschend, wie uns Marcel Arland und Clara Malraux, die Malraux' Entwicklung von Anfang an verfolgten, übereinstimmend bestätigen. Der Roman ist Ausdruck der Empörung eines Dichters, der im Kampf gegen die Gesellschaft auf der Seite der Ausgestoßenen und von ihr Erniedrigten steht und dessen Romangestalten mit Vorzug »a-sozial« und »atheistisch« sind.[4] Malraux' beginnende Hinneigung zu Marx und der Anfang seines Romanschaffens gehen also auf die gleiche Quelle zurück. Der Marxismus gibt Malraux' Helden die innere Berechtigung, Gewalt gegen die Gesellschaft anzuwenden und mit der Revolution den Umsturz der bestehenden Wertordnung herbeizuführen. Er bestärkt ihn in seiner Gegnerschaft zur Bourgeoisie und führt ihm die Notwendigkeit seines Kampfes vor Augen. Der Roman ist die literarische Form, in der die Kritik der Gesellschaft zu einem objektiven Bewußtsein gebracht wird.

Daß Malraux' konkrete Kenntnis der Schriften von Marx der Bedeutung des »marxisme« in seinem Werk nicht entspricht, ist zum Teil aus dem geringen Einfluß zu erklären, den Marx bis 1935 in Frankreich ausübt. Bezeichnend für die Situation der französischen Marx-Rezeption gegen 1930 ist das Beispiel Gides, der vergebens versuchte, die drei Bände des »Kapitals« als Pflichtübung durchzuarbeiten. Gide gestand denn auch freimütig, nicht Marx habe ihn zum Kommunismus geführt: »Ce n'est point du tout la lecture de Marx qui m'a amené au communisme. J'ai fait d'énormes efforts pour le lire. Je continue; mais ce qui m'a rallié, ce n'est certainement pas la théorie du marxisme.«[5] Gides wenig aussichtsreichen Versuch hat Malraux gar nicht unternommen; er dürfte Marx kaum im Original gelesen haben. Seine Kenntnisse über Marx bezog er

---

[2] Auf die psychologischen Folgen des Prozesses hat die Forschung oft verwiesen, besonders eindringlich André Vandegans und Charles Blend.

[3] Art poétique, par Max Jacob. In: NRF 18, 1922, S. 327f.

[4] Garine: »Je suis a-social comme je suis athée« (C 46).

[5] Äußerung Gides bei der öffentlichen Diskussion der »Union pour la Vérité« vom 26. 1. 1935 (André Gide, Littérature engagée, Paris 1950, S. 73). Über Gides Marx-Lektüre siehe auch Roger Martin du Gard, Notes sur André Gide. (In: Oeuvres II, Bibl. Pléiade, Bd. 114, Paris 1959, S. 1406).

vor allem aus seinen Gesprächen mit ausgewählten Spezialisten aus seinem Be-
kanntenkreis, so Raymond Aron und Léo Lagrange; sodann aus der damals in
Frankreich allerdings nicht sehr häufigen wissenschaftlichen Literatur über
Marx; nicht zuletzt jedoch auch von ihm wesensmäßig näherstehenden politischen Theoretikern wie Sorel, Pareto, Plechanov und Lenin. Gegen 1926 hat
Malraux erst ein einziges Buch über den Marxismus stellenweise durchgearbeitet:
die Analyse »Anarchisme et socialisme« von Georg Plechanov, die 1924 in der
»Librairie populaire« übersetzt erschienen war und von der sich das Handexem-
plar Malraux' in der Bibliothek von Clara Malraux befindet. Einige Anklänge
an dieses Werk lassen sich in den »Conquérants« erkennen. So stößt sich Malraux an Plechanovs Begriff des »socialisme scientifique« (C 148)[6] und betont,
daß Marx' Lehre nicht als Wissenschaft aufgefaßt werden solle. Von Plechanov
weiß Malraux um den Kampf der Bolschewiken nach 1900 mit der anarchistischen Bewegung, aus dem die Bolschewiken gestärkt und mit verschärfter Disziplin hervorgehen (C 17). Malraux weiß, daß nur durch die Rückkehr zu den
Schriften von Marx die Rechtfertigung und Begründung des bolschewistischen
Standpunktes möglich ist; so beschreibt er denn, wie Borodine in einer lettischen
Provinzstadt in der zaristischen Epoche Marx liest (C 17). Plechanov hatte im
Anhang die wichtigsten anarchistischen Denker dargestellt, Bakunin, Kropot-
kin, Proudhon, und er hatte sich abfällig über Jean Grave geäußert.[7] Zu
Jean Grave nimmt Malraux in den »Conquérants« einige Male ironisch
Stellung (C 24f.); anarchistische Gedankengänge sind in seinem ersten Roman
recht häufig. Bedeutsamer noch als Plechanov ist Malraux' Beschäftigung mit
Georges Sorel, ohne den sich viele Züge in seinem Marx-Bild nicht richtig verstehen lassen. Clara Malraux bezeugt Malraux' Sorel-Lektüre schon 1924 in Indochina;[8] es ist unbestreitbar, daß dieser Sorels von Daniel Halévy mit einem
Vorwort versehene Hauptwerk »Réflexions sur la violence« recht eingehend
studiert hat.[9] Schließlich ist Malraux' Marx-Bild von Lenin selbst nachhaltig
geprägt worden; durch sein politisches Wirken im Grunde noch mehr als durch
seine theoretischen Schriften, von denen die 1924 ins Französische übersetzte
Abhandlung »Der ›linke Radikalismus‹, die Kinderkrankheit im Kommunismus«, Malraux merkwürdig beeindruckte. Sorels und Lenins Bedeutung für
Malraux' Marx-Bild sind deshalb so groß, weil sie dessen eigenen politischen

---

[6] Siehe dazu Georges Plékhanoff, Anarchisme et socialisme, Force et violence, Paris
1924, S. 10–16
[7] G. Plékhanoff, ebd., S. 78/79
[8] Clara Malraux, Nos vingt ans, S. 186
[9] Dem Verfasser bestätigt von Raymond Aron und Clara Malraux.

Auffassungen näher kommen als Marx und überdies Marx' Lehre im Sinne eines politischen Aktivismus korrigieren.

Nicht zu unterschätzen für die Entwicklung von Malraux' politischen Überzeugungen sind einige persönliche Begegnungen, die ihn stark beeinflußt haben. Die Bekanntschaft mit dem späteren Sportminister der Volksfront, Léo Lagrange, geht bis 1922 zurück.[10] Die Freundschaft, die sich zwischen André und Clara Malraux sowie Léo und Madeleine Lagrange entspann, wurde zu einer wahrhaft schöpferischen Begegnung für Malraux, und zwar nicht nur für seine Kenntnis der politischen Lehren, sondern ebenso für seine praktische politische Erfahrung. Neben Léo Lagrange ist wohl nur eine Begegnung für Malraux' politisches Denken von ähnlicher Bedeutung: die mit Raymond Aron, dem wahrscheinlich besten französischen Marx-Kenner zwischen den beiden Weltkriegen, die 1932 in Pontigny ihren Anfang nahm.[11] Aron, der sich lange in Deutschland aufgehalten hatte, kannte die neuere deutsche Soziologie und Geschichtsphilosophie wie kein anderer Franzose; er machte Malraux auch mit Max Weber bekannt, für den sich dieser sehr interessierte. Trotz ihrer abweichenden politischen Haltung blieben beide Männer einander freundschaftlich verbunden; Zeugnis dafür ist die Widmung von Arons Habilitationsschrift »Introduction à la philosophie de l'histoire. Essai sur les limites de l'objectivité historique« (1938) an Malraux.

Das Forum, auf dem Malraux immer wieder in der Auseinandersetzung mit den verschiedenen Richtungen der Linken seine politischen Überzeugungen klären und vertiefen konnte, war die von Paul Desjardins veranstaltete »Union pour la Vérité«, die Parallelveranstaltung zu Pontigny, deren Sitzungen regelmäßig samstagnachmittags in der rue Visconti stattfanden und an denen Malraux seit 1928 häufig teilnahm. Unter seinen hauptsächlichen Diskussionspartnern befanden sich Drieu, Nizan, Guéhenno, Chamson, Halévy, Schestov und

---

[10] Nach den Auskünften, die uns Madeleine Lagrange gab, wurde die Freundschaft zwischen André Malraux und Léo Lagrange durch Clara Malraux vermittelt, die Madeleine Lagrange schon länger kannte. Bei der ersten Begegnung 1922 fragte Malraux in seiner spontanen Art Lagrange sogleich nach der marxistischen Kunsttheorie, doch konnte dieser damals noch keine Auskunft geben. In den dreißiger Jahren sahen sich Lagrange und Malraux mehrfach wöchentlich. – Jean Pierre Chabrol beschreibt in seinem Roman »La Gueuse« (Paris 1966, S. 381–85) anschaulich ein Abendessen bei den Lagranges, an dem auch André Malraux teilnimmt, doch sind die Fakten in dichterischer Freiheit abgewandelt. – Malraux' Dokument der Freundschaft ist seine Gedenkrede auf den 1940 gefallenen Lagrange vom 9.6.1945 (abgedruckt in Eugène Raude, G. Prouteau, Le message de Léo Lagrange, Paris 1950, S. 179–83).

[11] Dem Verfasser mitgeteilt von Raymond Aron.

Berl, doch traf hier Malraux auch die älteren Sozialisten Lucien Herr und Charles Andler, der neben seiner sechsbändigen Nietzsche-Monographie auch einen selbst von Lenin[12] gelobten Kommentar zu Marx' »Kommunistischem Manifest« verfaßt hatte. Seit 1933, dem Beginn von Malraux' politischer Tätigkeit im Zeichen des »Antifaschismus«, kam er immer mehr auch mit führenden Persönlichkeiten der Sozialisten und Kommunisten zusammen; so soll er in seiner Wohnung auch Begegnungen mit dem Generalsekretär der französischen KP, Maurice Thorez, gehabt haben, der bei Malraux mit anderen Politikern Unterhaltungen führte.[13]

Zur Datierung von Malraux' beginnender Beschäftigung mit Marx ist die Feststellung wichtig, daß sich Malraux vor 1925 im Grunde nicht für Politik interessiert hat. Noch die »Tentation de l'Occident«, die im Jahre 1925 abgefaßt worden ist,[14] enthält nicht nur keinen einzigen Hinweis auf Marx, sondern überhaupt keine Überlegung politischer Art. Vergleicht man dazu die viel stärker politisch orientierte Kritik der chinesischen Situation in »Les Conquérants« (1928) oder im Aufsatz »Jeune Chine« (1932), so ergibt sich, daß im Zeitraum zwischen 1925 und 1928 der Anfang für Malraux' Interesse für Politik und damit auch seine erste Beschäftigung mit Marx anzusetzen ist. Malraux' journalistische Tätigkeit in Indochina 1923/25 kann »prokommunistisch« nur in dem Maße genannt werden, da sie »antikolonialistisch« war. In Indochina hat Malraux auch keinen Kommunisten angetroffen, mit Ausnahme vielleicht von André Viollis, über die er im Vorwort zu deren Reportage »Indochine S.O.S.« berichtet.[15] Nach dem Zeugnis von Clara Malraux findet Malraux' erstes wirk-

[12] W. I. Lenin, Ausgewählte Werke, Bd. I, 4. Aufl., Berlin 1965, S. 63
[13] Dem Verfasser mitgeteilt von Madeleine Lagrange.
Was die Teilnahme an den Sitzungen der »Union pour la Vérité« betrifft, so bezeugen die (unveröffentl.) »Carnets« von Paul Desjardins Malraux' besonders lebhafte Beteiligung an den Sitzungen vom 15. 12. 1928 (»Les non-civilisés et nous«) und vom 19. 1. 1929 (»Hommage à Buschor«), sowie an der stürmischen Sitzung vom 12. 1. 1935 über den Faschismus.
[14] Die »La Tentation de l'Occident« wurde, mit Ausnahme des der »Farfelue«-Prosa entstammenden, gegen 1921 entstandenen ersten Briefes, erst im Jahr 1925 abgefaßt; Malraux' eigene Zeitangabe 1921–25 ist Werkmythologie. Ein (unveröffentl.) Brief Malraux' an Marcel Arland von der Fahrt nach Indochina 1925 berichtet erstmals von seinen Plänen zu diesem Buch. Nach dem Zeugnis von Clara Malraux fällt der Entschluß zu diesem Buch mit Malraux' Lebensentscheidung zusammen, sich nun als Schriftsteller zu versuchen. Äußerer Anlaß war die prekäre finanzielle Situation, die ihn dazu zwang, seine bisherige Lebensführung aufzugeben und einen bestimmten Beruf zu ergreifen.
[15] Préface à Andrée Viollis, Indochine S.O.S., Paris 1935. Andrée Viollis hatte sich an der von Malraux herausgegebenen Zeitschrift »L'Indochine« beteiligt.

lich tiefschürfendes Gespräch über politische Theorie bei seiner Rückkehr aus Indochina 1925 noch auf dem Schiff mit Léo und Madeleine Lagrange statt. So dürfte das Jahr 1926 als der Zeitpunkt von Malraux' beginnendem Interesse für Marx zu betrachten sein.

II

Der Umkreis der marxistischen Themen im Roman »Les Conquérants«

Ein Blick auf den Roman »Les Conquérants« läßt erkennen, in welcher Weise sich Malraux zu Marx und der von dessen Werk abgeleiteten Lehre des Marxismus verhält. Freilich dürfen wir Malraux nicht als politischen Schriftsteller betrachten, sondern vor allem als Erzähler; es ist also kaum möglich, genau begrifflich festzulegen, was er im einzelnen unter Marx und Marxismus versteht, und wir müssen uns darauf beschränken, den Umkreis der marxistischen Themen abzustecken, die er in seinem Roman anklingen läßt. Das vielfältige System der Brechungen, das gerade Malraux' ersten Roman auszeichnet, läßt Marx' Lehre von den verschiedensten Blickpunkten her aufscheinen und in mannigfaltigen Spiegelungen erkennen. Im Reichtum der entwickelten Auffassungen von Marx und nicht in der Präzision des Marxismus-Begriffs ist die Fruchtbarkeit von Marx' Lehre für die »Conquérants« zu sehen.

Die innere Spannung des Romans entsteht aus dem Gegensatz der führenden Revolutionäre Garine und Borodine, die zwar mit der Aufhebung der englischen Kolonialherrschaft für das gleiche praktische Ziel kämpfen, deren verschiedene Haltung zum Marxismus indessen im Fortschreiten des Werks offen zutage tritt. Borodine ist der anfangs fraglos anerkannte Bezugspunkt, der für das Verhältnis der anderen Gestalten zum Marxismus den Maßstab abgibt; erst gegen Ende des Romans wird Borodines Marxismus-Verständnis selbst fragwürdig. Um ein möglichst vielfältiges Reflektieren der dargestellten Wirklichkeit zu erreichen, führt der Autor neben Garine und Borodine eine Reihe weiterer Gestalten ein, die nicht leitend am Revolutionsgeschehen beteiligt sind, die aber von ihren unterschiedlichen Standpunkten aus eine zusätzliche Deutung der in der Revolution wirksamen Mächte und der revolutionären Helden selbst geben können. Der Erzähler selbst tritt im Roman als überall anwesender Zeuge und Freund Garines auf; er ist das umfassende Bewußtsein, in dem alle Linien des Romans zusammentreffen. Die Gespräche des Erzählers mit den Romangestalten, mit Garine selbst, mit dessen Freunden Gérard und Rebecci, doch auch mit dem Vertreter der Gegenpartei, dem jungen Russen Nicolaieff, führen zur Aufhellung des Problemzusammenhangs. Das Spiegelungsverhältnis ist so weit getrieben, daß selbst das Portrait Garines in doppelter Brechung erscheint; wir erfahren über Garines Werdegang aus dem Steckbrief eines gegnerischen Flugblattes und hören gleichzeitig den Kommentar des Erzählers, ohne daß es möglich wäre, eine der beiden Fassungen als die Wahrheit zu verifizieren. Keine Gestalt, keine Meinung erfährt die einseitige Billigung des Autors, der sich auch im Erzähler weitgehend der Stellungnahme enthält. So gibt es im Hinblick auf den Marxismus nicht nur die verschiedenen Positionen von Garine und Borodine, sondern noch eine ganze Reihe von Abstufungen und Wertungen.

Garine lernt den Marxismus in der Ausdeutung kennen, die ihm die russischen Bolschewisten gegeben haben. In Zürich verkehrt er vor 1917 in bolschewistischen Revolutionskadern; er bewundert ihre Entschlossenheit und ihren Sinn für die praktischen Erfordernisse der Revolution; er erkennt sogleich, daß sie im Gegensatz zu den Anarchisten keine »prédicateurs« sind, sondern die »techniciens« des Umsturzes, obwohl sie sich in einer Sprache ausdrücken, deren unerbittlicher Dogmatismus Garine abstößt (C 48). Der Aufbruch der bolschewistischen Revolutionäre im plombierten Zug nach Rußland hinterläßt bei Garine einen tiefen Eindruck, obwohl er enttäuscht feststellen muß, daß ihn keiner seiner bolschewistischen Bekannten nach Rußland nachholt. Von einer Gesellschaft abgestoßen, die ihm wegen Beihilfe zur Abtreibung einen Prozeß verursacht hat, begibt sich Garine schließlich nach China, wo ihm die Möglichkeit zu revolutionärer Tätigkeit gegeben ist. Er wird rasch Propagandachef Sun-Yat-sens und tritt mit dem sowjetischen Kommissar Borodine in Beziehung, der im Kampf gegen die englische Kolonialherrschaft in Hongkong sein natürlicher Bundesgenosse ist. Als der Kampf gegen die Engländer nach Sun-Yat-sens Tod endlich ausbricht, nehmen Garine und Borodine als Revolutionsführer in Kanton eine beherrschende Stellung im »Siebenerrat« ein; damit erreicht Garines revolutionäre Aktion auf der Seite Borodines in den Reihen der Marxisten ihren problematischen Höhepunkt. Die Darstellung und Deutung dieser Aktion ist das hauptsächliche Thema des Romans.

Borodines Verhältnis zum Marxismus läßt sich als orthodox bezeichnen. Er verkörpert die Disziplin der russischen KP, die Garine davon abgehalten hat, sich in Zürich dieser Partei anzuschließen; er besitzt die Erfahrungen der bolschewistischen Revolution von 1917; er hat, vergißt der Erzähler nicht zu erwähnen, als einziger Marx im Original gelesen (C 151). Borodine wird als großer Geschäftsmann geschildert, ungemein arbeitsam, zuverlässig; mutig, wenn es erforderlich ist; im Grunde von einfacher Natur, ein Mensch, der ganz in seinen Handlungen aufgeht (C 17). Demgegenüber ist die Zwiespältigkeit, die Garines Beziehung zum Marxismus hat, schon in seinem Charakter angelegt. Garine ist nicht wie Borodine der »homme d'action«, sondern der »homme capable d'action« (C 16), der kühne Spieler, der nach dem Sinn seiner Existenz sucht und der die Aktion als eine Möglichkeit seiner Verwirklichung auffaßt. Von den verschiedenen Deutungen, die Garines Stellung zum Marxismus im Verlauf des Romans erfährt, ist die des Erzählers besonders aufschlußreich: »Il n'est pas antimarxiste«, charakterisiert er Garine, »mais le marxisme n'est nullement pour lui un socialisme scientifique, c'est une méthode d'organisation des passions ouvrières, un moyen de recruter chez les ouvriers des troupes de choc« (C 148). Während die russischen Bolschewisten Marx' Lehre als »wissenschaftlichen Sozialismus« zurechtlegen, betrachtet sie Garine vornehmlich als Willensinhalt. Er betont die Bedeutung der organisatorischen Arbeit, der Herausbildung der Stoßtrupps, der Organisation der Arbeitermassen. Nicht die deterministische Ideologie, die das menschliche Einwirken fast überflüssig macht, entscheidet über den erfolgreichen Ausgang der Revolution, sondern die aktive revolutionäre Praxis, die von den Gegebenheiten der Situation ausgeht. Nicolaïeff, der Parteigänger Borodines, weiß wohl, was Garine mit den Bolschewisten verbindet: »En somme, ici, c'est un spécialiste« (C 151). Garine ist der Techniker der Revolution, auf dessen energische und erfolgreiche Tätigkeit der Kommunismus auf jeden Fall zählen kann. Das Geheimnis seines Erfolgs ist seine ungebrochene, beharrlich angewandte Energie, die einzige Macht, auf die er vertraut. »Garine ne croit qu'à l'énergie« (C 148), versichert der Erzähler. Energie ist jene konstante, unersetzbare Kraft, die zum siegreichen Abschluß der revolutionären Aktion unumgänglich ist, soweit ihr Glaube nicht auf dem fatalistischen Eintritt der Revolution gründet.

Indem Garine Marx' Lehre als Willensinhalt auslegt und die Bedeutung der Energie hervorhebt, bejaht er vor allem auch die Gewalt als politisches Mittel. In der Beurteilung der Gewalt geht Garine weit über Borodine hinaus: während dieser Gewalt als politisches Mittel aus dem ethischen marxistischen Endzweck heraus legitimiert, betont Garine die Unvereinbarkeit von Gewalt und Gerechtigkeit, von Gerechtigkeit und Revolution, und rechtfertigt die Gewalt aus sich selbst. Gewalt darf auf Gerechtigkeit keine Rücksicht nehmen, wenn die Aktion erfolgreich sein soll. In Garines Auseinandersetzung mit Tcheng-Dai, einem chinesischen Politiker, der Gandhi nachstrebt, ohne jedoch dessen moralische Größe zu haben, wird das Problem der Gewalt deutlich. Tcheng-Dai pocht auf das »sentiment de la justice« (C 68), das er in der chinesischen Tradition verankert sieht; er beschwört »la Chine de la Justice« (C 80) und wendet sich mit Entschiedenheit gegen Garines Gewaltanwendung, die nur den Erfolg der Aktion im Auge behält. Das China der Gewaltlosigkeit ist seiner Meinung nach der Gegenpol zur Sowjetunion. Als ihm Garine vorhält »Mais la IIIe Internationale, elle, a *fait* la Révolution« (C 67), macht Tcheng-Dai nur eine hilflose Geste; dem Immoralismus der Aktion kann er niemals seine Zustimmung geben. »Vaincre par la justice« (C 66) ist indes nach Garines Auffassung ein Widerspruch in sich; die russische Revolution hat ihm gezeigt, daß nur mit Gewalt und unter Vernachlässigung der Gerechtigkeit die Revolution verwirklicht werden kann. Doch befindet sich Garine mit dieser Anschauung trotz seiner Berufung auf die russische Revolution nicht in Übereinstimmung mit Marx. In Marx' Schriften ist von der Gewalt kein einziges Mal die Rede, weil er die gesellschaftliche Entwicklung als mit Notwendigkeit verlaufenden historischen Prozeß betrachtet, der gewaltsames Eingreifen erübrigt. Nur Engels behandelt das Phänomen der Gewalt im Anhang seiner Abhandlung »Herrn Eugen Dührings Umwälzung der Wissenschaft« (1878), doch billigt er der Gewalt bezeichnenderweise nur im Rahmen des »Organischen« eine den natürlichen Wachstumsvorgang hemmende oder fördernde Funktion zu.

Den Unterschied zwischen Garine und Borodine, um den viele der Gespräche kreisen, faßt der Erzähler gegen Ende des Romans in die Formeln des »communiste romain« und des »communiste conquérant« (C 150). Gegenüber dem »communiste romain«, der sich in blindem Vertrauen auf das vermeintlich wissenschaftlich abgesicherte kommunistische Konzept bedingungslos der von der Partei vorgeschriebenen Taktik unterordnet, verkörpert der »communiste conquérant« den Typus des herrscherlichen, energiegeladenen Marxisten, der unbekümmert um Ideologie und Parteidisziplin als Techniker des Revolutionsgeschäfts die Welt dem Kommunismus erobert und so den Anforderungen der »Dritten Internationale« genau so genügt wie der »römische« Typus. Doch wendet Nicolaïeff mit Recht ein, in welcher Weise ein solcher Gegensatz innerhalb von Marx' Lehre überhaupt zu verantworten ist. Die Frage rührt an die Grundlagen von Garines Tätigkeit in den Reihen der Marxisten. Wie weit stimmt dieser mit den vom Marxismus vorgegebenen Zielen überein?

Garines Begründung seiner revolutionären Tätigkeit geht offenkundig nicht in Marx' Lehre als Weltanschauung auf. Wohl entwickelt Garine gegenüber den orthodoxen Bolschewisten eine dynamische Deutung des Marxismus als Organisation und nicht als Ideologie, als politische Praxis und nicht als wissenschaftliche Theorie, doch geschieht das nicht hauptsächlich aus dem Willen zur Erneuerung und Verjüngung der nicht in ihrem Kern angefochtenen marxistischen Lehre. Nicht die Herstellung der kommunistischen Gesellschaftsordnung ist das herrschende Motiv von Garines Tun, so leidenschaftlich er auch gegen die Kolonialherrschaft kämpft. Die Revolution wird für ihn zum Selbstzweck; nur in ihr findet er Befriedigung für die tiefen Bedürfnisse seiner Natur. »La Révolution, on ne peut pas l'envoyer dans le feu; tout ce qui n'est pas elle est pire qu'elle, il faut bien le dire, même quand on en est dégoûté« (C 115). Die Revolution wird für Garine zur metaphysischen Rechtfertigung seines Daseins. Garine weiß selbst nur zu genau (C 151), daß er sich vorwiegend deshalb der Revolution angeschlossen hat, weil ihre Ziele in unerreichbarer Ferne liegen: »Si je me suis lié si facilement à la Révolution, c'est que ses résultats sont lointains et toujours en changement« (C 143). So ist Garine in Camus' Unterscheidung viel eher ein Mann der »Revolte« als der Revolution; seine ganze verzweifelte Anstrengung besteht darin, sich von der Ideologie der Revolution fernzuhalten.

Freilich hat Garines Revolte-Haltung eine ganz bestimmte Stoßrichtung: sie bedeutet eine Auflehnung gegen die Gesellschaft, die er als »absurd« erfahren hat und die ihn durch seinen Prozeß unendlich demütigte. Der Erzähler stellt fest, daß dieses negative Moment von Garines Bindung an die Revolution das zuverlässigste ist: »Sa haine de la bourgeoisie et de tout ce qu'elle représente est solide« (C 151). Die Abneigung gegen die bourgeoise Ordnung beruht auf der tiefen inneren Verwundung durch seine frühere Demütigung und nimmt zuweilen ressentimenthafte Züge an; noch in Kanton drängen sich ihm in seiner Erinnerung Szenen der Erniedrigung gleich einem Alpdruck auf (C 142). Da Marx' Lehre auf die Zerstörung der Bourgeoisie abzielt, gibt sie Garine die Möglichkeit, sich ihr gegenüber im revolutionären Kampf zu behaupten und damit in einem Akt der Affirmation sich selbst in seiner Aktion zu bejahen. In einer Welt, in der es keine dauerhaften Werte gibt, setzt Garine an ihre Stelle zwar nicht wie die Helden der »Condition Humaine« die menschliche Würde, jedoch das Recht des Individuums, sich in der Revolution selbst als Wille zu setzen. Wenn Garine daher auch nur das destruktive Moment der marxistischen Revolution anerkennt, läßt sich seine Tätigkeit doch nicht allein auf einen methodischen Aktivismus festlegen; sein Bündnis mit der Revolution ist unzertrennbar, sei es auch nur zur Beseitigung der alten Herrschaftsgebilde. So stellt denn selbst Trotzkij in seiner Kritik des Romans heraus, daß nicht Borodine, sondern Garine der Revolutionär aus Berufung sei.[1] Wenn er Garine allerdings seinen »Dilettantismus« vorwirft, beweist er geringeres Verständnis als Malraux für das Übergewicht der revolutionären Organisation über das kommunistische Allheilmittel der Ideologie, die bei der Technisierung der revolutionären Strategie nur noch begrenzte Anwendung finden kann.

Nachdem der Roman also die humane Berechtigung von Garines Bündnis mit dem Marxismus in der Revolte aufgezeigt hat, wendet er sich mit verstärkter Kritik gegen den Marxismus in der Totalität seines den Menschen erdrük-

---

[1] Léon Trotzky, La Révolution étranglée. In: NFR 36, 1931, S. 492f.

kenden ideologischen Anspruchs. Genau wie Malraux bei Nietzsche die »prédication« der ewigen Wiederkehr und des Übermenschen von der wahrhaft tragischen Aussage seines Werks trennt, wehrt er sich auch ständig gegen den »dogmatisme« von Marx' Lehre, die der menschlichen Freiheit keinen Spielraum
läßt (C 48). Die Feindlichkeit gegen eine allwissende Ideologie, die den Menschen nur als Glied eines sich fatalistisch-deterministisch vollziehenden revolutionären Prozesses anzusehen geneigt ist, ist für alle Werke Malraux' charakteristisch. In der »Condition Humaine« äußert sich Kyo dahingehend: »... il y
a dans le marxisme le sens d'une fatalité, et l'exaltation d'une volonté. Chaque
fois que la fatalité passe avant la volonté, je me méfie« (CH 281). Die Kritik
an der »dogmatischen« Tendenz des Marxismus läßt den Erzähler der »Conquérants« schließlich auch zu einer zurückhaltenderen Beurteilung des Marxisten Borodine gelangen. In der am Ende des Romans offen ausbrechenden Gegnerschaft zwischen Garine und Borodine enthüllt sich nicht nur die Fragwürdigkeit von Garines marxistischer Parteinahme, sondern auch die Unzulänglichkeit von Borodines Marxismus-Verständnis. »Borodine, patiemment, con-
struit le rez-de-chaussée d'un édifice communiste. Il reproche à Garine de
n'avoir pas de perspective, d'ignorer où il va, de ne remporter que des vic-
toires de hasard – quelque brillantes, quelque indispensables qu'elles soient
Même aujourd'hui, à ses yeux, Garine est du passé« (C 148). Garine wendet indes ein, daß die Anpassung der revolutionären Tätigkeit an einen starren Dogmatismus der Ausbreitung des Marxismus schadet, weil sie nicht mehr einer
vielfältigen Wirklichkeit gerecht wird. Er bringt dafür konkrete Beweise her-
bei: durch seine ideologische Unbeweglichkeit bewirkt Borodine unwillkürlich
die Vereinigung aller seiner Gegner in einem Block der Rechten, der unendlich
stärker als alle bisherigen Feinde des Kommunismus in China ist (C 148). Garine sieht voraus, daß Borodines Unfähigkeit zu revolutionärem Taktieren den
Marxismus in Kanton in große Schwierigkeiten bringen wird.

Die entscheidende Schwäche von Borodines Auffassung von Marx' Lehre
liegt in deren historischer Verwirklichung als Bolschewismus. Garine entdeckt,
daß der bolschewistische Kommunismus nur eine neue Form der »Freimaurerei«
(C 148) darstelle, die auf die menschliche Persönlichkeit keinerlei Rücksicht
nimmt und jeden vermeintlichen Gegner unbedenklich beseitigt. »Ce qui manque
le plus, ici, c'est une vraie Tchéka ...« (C 151) bemerkt Nicolaïeff zugespitzt
zum Erzähler und bedauert, daß die chinesische KP der Entfaltung der Führer-
persönlichkeiten zu viel Raum läßt. Die revolutionären Führer bedeuten eine
Gefahr für die Einheit und Geschlossenheit der Partei, und das gilt für Borodine im Grunde ebenso wie für Garine (»Borodine, Garine, tout ça ...« [C 151]).
Nicolaïeff, der die radikalsten Folgerungen zieht, gibt zu verstehen, daß nicht

der Bruch zwischen Garine und Borodine der wahre Grund der Krise ist, sondern die Spannung zwischen der Disziplin der Partei und der Forderung der Parteiführer nach Entfaltung ihrer Individualität. Immerhin hat Borodine mit seiner bolschewistischen Ordnung wesentlich zur Unmenschlichkeit der Parteiapparatur beigetragen: für ihn ist die Unterordnung des einzelnen unter die Parteilinie erste Pflicht; er fordert eiserne Disziplin und absoluten Gehorsam. Nach seinem Bruch mit Borodine lehnt sich Garine offen gegen diese Disziplin auf und wirft seinem Rivalen vor: »Il est dominé de nouveau par l'insupportable mentalité bolchevique, par une exaltation stupide de la discipline« (C 147). Der Bolschewismus sei ein Erbe Asiens; er selbst, Garine, sei außerstande, seine europäische Herkunft zu verleugnen: »Mais je n'ai pas laissé l'Europe dans un coin comme un sac de chiffons ... pour venir enseigner ici le mot obéissance, ni pour l'apprendre« (C 147). Borodine erstrebe den unpersönlichen, im Gehorsam aufgehenden kommunistischen Militanten, nicht den selbständigen Mann der Tat: »Il veut fabriquer des révolutionnaires comme Ford fabrique des autos! Ça finira mal, et avant longtemps!« (C 147) Zwei Komponenten des Marxismus lägen bei Borodine miteinander im Kampf: das jüdische Element eines wissenschaftlich überzüchteten Sozialismus und das asiatische Element des individualitätsfeindlichen Bolschewismus. »Dans sa tête de Mongol chevelu, le bolchevik lutte contre le Juif: si le bolchevik l'emporte, tant pis pour l'Internationale ...« (C 147). Diese Äußerung spielt auf ein in der französischen Literatur – etwa in Barrès' »L'ennemi des lois«[2] – verbreitetes Marx-Klischee an: Marx wird als jüdischer Intellektueller aufgefaßt, der mit talmudistischer Intelligenz eine kühl berechnete wissenschaftliche Gesellschaftslehre entwirft und der revolutionären Leidenschaft keine Freiheit läßt. Borodines Bolschewismus ist allerdings in Garines Augen noch unmenschlicher, weil er selbst den denkenden Verstand unterdrückt. Garines Hinweis auf das Schicksal der Internationale deutet den Problemkreis der »Condition Humaine« an, wo das Verhältnis der marxistischen Führungsmacht Rußland zu den Staaten der Komintern eines der Hauptthemen wird. In »Les Conquérants« scheinen solche umfassenden politischen Perspektiven nur am Rande auf; die marxistischen Fragestellungen beschränken sich auf den persönlichen Gegensatz Borodine-Garine.

Der Schluß des Romans läßt Garines politische Einstellung nochmals von einer anderen Seite her sehen. Nachdem er sich von dem im Bolschewismus ungenügend institutionalisierten Marxismus enttäuscht und verlassen sieht, denkt er daran, nicht in Rußland, dem Ursprungsland der Revolution, sondern im

---

[2] Siehe auch Ernst Robert Curtius, Maurice Barrès und die Grundlagen des französischen Nationalismus, Bonn 1921, S. 54

englischen Empire seine Tätigkeit fortzusetzen. Auf die Frage des Erzählers »Où voudrais-tu donc aller?« antwortet Garine unumwunden: »En Angleterre. Maintenant je sais ce qu'est l'Empire. Une tenace, une constante violence. Diriger. Déterminer. Contraindre. La vie est là ...« (C 161). Wenn auch der vom Tode gezeichnete Garine selbst nicht mehr an den Sinn seiner Worte glaubt, zeigt sich doch in dieser Agonie des Endes, daß nun die ideologische Indifferenz des Machtwillens den Inhalt der Machtäußerung gegenüber der formalen Größe der Macht als unerheblich erscheinen läßt. Macht wird zu einem moralisch unbestimmten, ja bewußt immoralistischen Selbstzweck. In dieser Sicht ist es schließlich von untergeordneter Bedeutung, ob Garines Tätigkeit marxistischen oder »imperialistischen« Zielsetzungen dient. Nicolaïeff hat das durchschaut, wenn er Garine einen verkappten »Mussolinisten« nennt. Er verweist auf Pareto[3] und legt dar, daß die nicht mehr im Glauben an die marxistische Ethik betriebene Revolution ein bloßer »coup d'Etat« sei, ein »pronunciamiento«.[4] Der Staatsstreich erscheint als die auf den alleinigen Wechsel der Herrschaftsgebilde ausgehende Revolution, in welcher der immoralistische Machtwille Befriedigung findet; die Macht etabliert sich als neue, selbstgesetzte Ordnung. Garines Aktion ist zwar nicht von Anfang an auf den bloßen Machtwillen angelegt, doch beweist Garines Hinwendung zum englischen Empire noch einmal, wie unsicher seine Bindung an den Marxismus ist.

Die Durchsicht von Malraux' erstem Roman auf den Begriff des Marxismus hin ergibt also vor allem den Reichtum der Deutungsmöglichkeiten und die Vielfältigkeit der Gesichtspunkte. Vom Lexikalischen her ist bemerkenswert, daß Malraux hauptsächlich vom »Marxismus« spricht, in geringerem Maße auch vom »Bolschewismus« und schließlich von Marx' Lehre selbst. Als »Marxismus« läßt sich in diesem Werk wohl die Gesamtheit der von Marx entwickelten und

---

[3] Pareto versuchte mit seiner Theorie der »Zirkulation der Eliten« eine »wertfreie« Theorie des Klassenkampfes zu geben, der nur noch als ideologisch unabhängiger Wechsel der Herrschaftsverhältnisse verstanden wird, deren eine Ursache das Machtstreben ist. Dadurch wird die proletarische Revolution letztlich auf eine bloße Veränderung der Führungsspitze reduziert (siehe Guy Perrin, Sociologie de Pareto, Paris 1966, S. 182–89).

[4] »Pronunciamiento« bezeichnet nach dem ersten Beleg im »Diccionario Académico de 1884« eine »rebelión militar«; in Frankreich hat Victor Hugo als einer der ersten diesen Ausdruck gebraucht (siehe Paul Robert, Dictionnaire alphabétique et analogique de la langue française, Bd. 5, Paris 1962, S. 642). Von hier aus mag er zu dem leidenschaftlichen Hugo-Leser Malraux gelangt sein. Nach 1930 kommt der Ausdruck indessen im politischen Schrifttum Frankreichs häufig vor, etwa in Zusammenhang mit dem Spanienkrieg 1936–39.

vor allem von Lenin erweiterten Lehren verstehen. Der »Bolschewismus« erscheint als die historische Verwirklichung des Marxismus in der Sowjetunion mit Hilfe der zu einer lückenlosen Ideologie ausgebauten Lehre von Marx, die durch einen Parteiapparat gestützt wird, welcher von seinen Mitgliedern unbedingte Unterordnung erfordert. Auf mögliche Unterschiede zwischen Marx' Lehre und den Ideologien des Marxismus und Bolschewismus geht Malraux an keiner Stelle ein. Eine eingehende Kenntnis von Marx' Schriften läßt sich aus dem Roman nicht ableiten, doch darf das angesichts der Tatsache nicht verwundern, daß Marx vor 1935 in Frankreich kaum gelesen wurde.[5] Die den Marxismus betreffenden großen Themen des Romans, nämlich das Problem des »wissenschaftlichen« Sozialismus, die Frage der Gewalt als politischem Mittel, die Spannung zwischen dem Einzelmenschen und dem kommunistischen Kollek-

[5] Vor 1935 lassen sich in Frankreich kaum Zeichen einer vertieften philosophischen Beschäftigung mit Marx feststellen. Wohl das erste Zeugnis einer beginnenden Beschäftigung mit Marx ist der 1926 erschienene Sammelband »L'Esprit« (premier cahier), der Beiträge von Henri Lefèbvre, Georges Politzer, Georges Friedmann, Pierre Mohrange und Jean Wahl enthält. Der Band bringt außerdem eine von Jean Wahl in Zusammenarbeit mit dem Germanisten Maurice Boucher angefertigte Übersetzung des Abschnittes über das »unglückliche Bewußtsein« aus Hegels »Phänomenologie des Geistes«, die erst 1939 vollständig übersetzt wurde. Der Abschnitt bietet eine wesentliche Voraussetzung zum Verständnis der philosophischen Problematik von Marx' Philosophie. Die Aufsätze des Bandes zeigen eine allerdings noch ungeordnete Mischung von »antibürgerlichen« und »antikapitalistischen« Anschauungen. Wesentlichen Anteil an der Verbreitung von Marx hat Norbert Guterman, der 1934 in Zusammenarbeit mit Henri Lefèbvre eine Marx-Auswahl herausgab (Morceaus choisis, Paris 1934), zu der Paul Nizan den Aufsatz »Marx philosophe« und Jean Duret die Arbeit »Marx économiste« beisteuerten. Ein Markstein auf dem Weg zur wissenschaftlichen Erforschung Hegels und damit auch Marx' ist die Untersuchung von Jean Wahl, »La conscience malheureuse dans la philosophie de Hegel« (Paris 1930). Das Gleiche gilt für Jean Wahls 1932 erschienenes Buch »Vers le concret«, an das sich auch Sartre dankbar erinnert (siehe J.-P. Sartre, Critique de la raison dialectique, Paris 1960, S. 23). Ein breiterer Strom von Veröffentlichungen über Marx läßt sich erst nach 1935 feststellen. 1935/36 hielt Georges Politzer die erste Vortragsreihe über Marx an der Arbeiteruniversität; den zweiten Marx-Zyklus übernahm 1936/37 Georges Friedmann (G. Politzer, Cours de marxisme, première année, Paris 1936; G. Friedmann, Cours de marxisme, deuxième année, Paris 1937). Henri Lefèbvre brachte 1936 zusammen mit Norbert Guterman das Werk »La conscience mystifiée« heraus; seine erste umfassende Darstellung von Marx' Lehre ist das Buch »Le matérialisme dialectique« (Paris 1939). Raymond Aron nimmt vor 1945 zum Marxismus nicht öffentlich Stellung. Sartres Beschäftigung mit Marx beginnt erst nach 1940. Da Malraux' Auseinandersetzung mit dem Marxismus in die Jahre zwischen 1926 und 1939 fällt, wird er von dieser neuen Marx-Welle kaum erreicht.

tiv, die Bedeutung der Revolution, verweisen auf den umfassenderen Komplex des »Marxismus-Leninismus« und lassen nur vereinzelte Durchblicke auf Marx selbst zu. Malraux' Marx-Bild ist in seinen wesentlichen Aspekten durch die in Frankreich in den zwanziger Jahren herrschende Ismus-Vorstellung geprägt und läßt sich von hier aus historisch in seinen Fragestellungen verstehen.

Das von Malraux aufgeworfene Problem der »Wissenschaftlichkeit« des Sozialismus geht auf die Diskussionen innerhalb der französischen Sozialisten nach dem ersten Weltkrieg zurück. Schon der späte Engels hatte den Wissenschaftscharakter des Sozialismus hervorgehoben, etwa in der Schrift »Die Entwicklung des Sozialismus von der Utopie zur Wissenschaft« von 1880; Kautsky hatte ihn dann systematisiert, und selbst Lenin hatte ihn auf seine Weise weitergeführt. In den Auseinandersetzungen zwischen Bernstein und Kautsky und später zwischen Kautsky und Lenin erhielt diese Frage zentrale Bedeutung, ging es doch darum, ob sich der Sozialismus mit wissenschaftlicher Notwendigkeit letztlich fatalistisch verwirkliche, oder ob er nur im Kampf gegen die bestehende »bürgerliche« Ordnung durch die revolutionäre Aktion zum Siege geführt werden könne. Die Streitfrage war eine der Ursachen bei der Spaltung der französischen Sozialisten auf dem Kongreß von Tours 1920, die, wie auch Clara Malraux in ihren Erinnerungen erzählt,[6] unter den französischen Schriftstellern großes Aufsehen erregte. Die Abneigung gegen den »wissenschaftlichen« Sozialismus war in Frankreich besonders heftig, da der bodenständige anarchistische Sozialismus vor allem die irrationalistische Willenskomponente betonte.[7] Mit seiner Gegnerschaft zum »wissenschaftlichen« Sozialismus steht Malraux also deutlich innerhalb der französischen sozialistischen Tradition und nicht im unmittelbaren Einflußfeld von Marx und Engels.

Malraux' Stellung zu den von Marx behandelten Fragen läßt sich am ehesten aus seiner Beziehung zu Sorel erklären, der das Erbe des anarchistischen französischen Sozialismus nach 1900 am entschiedensten fortführte. Sorel versuchte im Gegensatz zu Bernstein und Kautsky[8] eine Neudeutung von Marx, die besonders den revolutionären Aspekt von dessen Lehre herausstellte und die deshalb Malraux nachhaltig beeinflußt hat. Sorel betrachtet den Marxismus vornehmlich als eine »philosophie des bras« und nicht eine »philosophie des têtes«.[9] Die wissenschaftliche und die revolutionäre Seite innerhalb von Marx' Lehre sind für ihn keine Widersprüche; nur dort, wo das Wissen um den Cha-

---

[6] Clara Malraux, Nos vingt ans, S. 90
[7] Siehe dazu Adolf Hemberger, Das historisch-soziologische Verhältnis des westeuropäischen Anarcho-Sozialismus zum Marxismus, Diss. Heidelberg 1963
[8] Siehe die Einleitung zu Georges Sorel, La décomposition du marxisme, Paris 1908
[9] Georges Sorel, La décomposition du marxisme, S. 56

rakter der Wissenschaft verloren gegangen ist, geraten Wissenschaft und Handlung miteinander in Konflikt. »Faire de la science, c'est d'abord savoir quelles sont les forces qui existent dans le monde, et c'est se mettre en état de les utiliser en raisonnant d'après l'expérience«.[10] Der Marxismus ist nicht Fatalität, sondern Willensakt; er zielt darauf ab, planend die Kräfte einzusetzen und den Gang der Revolution zu bestimmen. Da der Erfolg der Revolution wesentlich vom menschlichen Willen abhängt, weist Sorel immer wieder auf die Bedeutung der Energie hin; er fordert eine »énergie indomptable«,[11] eine »énergie révolutionnaire« zur gewaltsamen Verwirklichung der marxistischen Revolution. Hier liegt ohne Zweifel die historische Quelle von Garines Kult der Energie und ebenso von seinem Verständnis des Marxismus als Organisation und Aktion, als wissenschaftlich-empirische Planung zur Vorbereitung der erfolgreichen Revolution.

Selbst der innerste Grund von Garines Bündnis mit den Marxisten findet sich schon bei Sorel vorgegeben: der zuweilen ans Ressentimenthafte grenzende abgründige Haß gegen die herrschende Gesellschaft. In seiner Lobrede »Pour Lénine« schmäht Sorel »les orgueilleuses démocraties bourgeoises, aujourd'hui cyniquement triomphantes«[12] und fügt den Fluch hinzu »Maudites soient les démocraties ploutocratiques qui affament la Russie ...«.[13] Sorel wendet sich wie der frühe Malraux in seiner Revolte gegen die »plutokratische« bourgeoise Gesellschaft Lenin zu, von dem er die Zerstörung der herrschenden Gesellschaft erhofft. In seiner Überbewertung der kämpferischen Komponente im Marxismus geht Sorel allerdings soweit, daß er die wissenschaftliche Aussage von Marx' Lehre unterschätzt, die sich nicht auf einen politischen Mythus zurückführen läßt. Auch Lenins bolschewistische Revolution wird dadurch in ihrem Charakter mißdeutet, da sie sich nicht als ideologisch unbekümmerte Aktion zurechtlegen läßt.

Wie sehr sich Malraux gerade durch seine Nähe zu Sorel von Marx selbst entfernt, läßt sich beispielhaft an der Rolle des Generalstreiks in Malraux' Romanen aufzeigen. Der von Bakunin entwickelte Gedanke des Generalstreiks, in dem Sorels Theorie der Revolution gipfelt, erfuhr schon 1873 die entschiedene Kritik von Engels, der darin eine wirklichkeitsfremde Utopie sah, zumal da seiner Meinung nach die Arbeiterschaft nie die finanziellen Mittel hätte, einen solchen Streik längere Zeit durchzustehen. Engels fügte bezeichnenderweise hinzu, die Befreiung der Arbeiterklasse ergebe sich aus den »politischen Ereignis-

---

[10] Georges Sorel, Réflexions sur la violence, 8. Auflg., Paris 1936, S. 220
[11] Georges Sorel, ebd., S. 111
[12] Georges Sorel, ebd., S. 454
[13] Georges Sorel, ebd., S. 454

sen« von selbst, längst bevor es möglich sei, einen solchen »kolossalen Reserve-
fonds«[14] als finanziellen Rückhalt anzuschaffen. Aus einer Äußerung im Roman
»L'Espoir« ist zu schließen, daß sich Malraux der Abneigung des Marxismus
gegen den Generalstreik bewußt ist. Eine der Romangestalten, der Anarchist
Mercery, wirft den Marxisten offen vor, daß sie den Gedanken des Generalstreiks jahrelang bekämpft hätten: »La grève générale, ça existe, oui ou non?
Vous l'avez attaquée des années. Relisez Engels, ça vous instruira« (E 605).
Dennoch beruht im Roman »Les Conquérants« die Faszination der marxistischen Revolution in Kanton vorwiegend auf der Wirkung des Generalstreiks,
dem Malraux' Darstellung ihre magische dichterische Kraft verdankt. Unaufhörlich erinnert der Erzähler an die überdimensionalen Ausmaße des Streiks,
der Hunderttausende von Arbeitern erfaßt und nahezu den gesamten ostasiati-
schen Handel stillegen soll. »L'ordre de grève générale« (C 37) ist das Zauber-
wort, das Tausende von Händen ruhen läßt. »Cette grève colossale« (C 37) –
so kennzeichnet der Erzähler jene Arbeitsniederlegung, welche die Welt auf-
horchen läßt. Freilich darf nicht verschwiegen werden, daß Malraux' Einstellung zum Generalstreik insgesamt kritischer ist als die Sorels. Malraux vertraut
nicht wie Sorel der »Spontaneität« des Generalstreiks, sondern betont in stärkerem Maße die Notwendigkeit der politischen Führung der Streikbewegung.
Charakteristisch ist Garines Bemerkung: »La grève, c'est très joli, mais ça ne
suffit pas. Maintenant, il faut autre chose. Il faut *une* autre chose: l'application
du décret qui interdit aux bateaux chinois de toucher Hongkong ...« (C 62).
Erst die Verabschiedung dieser politischen Maßnahme kann dem Streik zu einer
Wirkung verhelfen, die er ohne das Einschreiten der Regierung nie erlangen
würde. Indem Malraux die politische Verflechtung von Streik und Revolution
betont, neigt er zwar der marxistischen Sicht zu, doch die Bedeutung, die er
dem Generalstreik im Ganzen des Romans zuspricht, läßt sich nicht aus Marx,
sondern nur aus dem Geist Sorels verstehen, der den Marxismus hauptsächlich
als Willensinhalt auffaßt und das Schicksal der Revolution nicht allein von hi-
storisch-ökonomischen Determinanten abhängig machen will.

Das von Marx her nicht zu begreifende Zentrum von Sorels Lehre ist seine
Apologie der Gewalt, in der ihm Malraux bewußt nachfolgt. Sorel weist die
moralische Berechtigung des Proletariats zur Gewalt als gesellschaftspolitische
Notwendigkeit nach. Malraux geht in der Einschätzung der Gewalt jedoch
noch über Sorel hinaus. Während Sorel die Gewalt als Mittel zu einem ethisch
legitimierten Endzweck rechtfertigt, bejaht Malraux die Gewalt als Selbst-

---

[14] Friedrich Engels, Die Bakunisten an der Arbeit. In: Karl Marx – Friedrich Engels,
Werke, Bd. 18, Berlin 1962, S. 476–493, hier S. 480f.

zweck. Mit dieser Auffassung nähert sich Malraux Pareto, der im Machtwillen den hauptsächlichen Grund aller gesellschaftlichen Umwandlungen sieht, doch mehr noch Nietzsche, der den Begriff der »Gerechtigkeit« aus dem Willen zur Macht heraus deutet. »Gerechtigkeit« bestimmt Nietzsche als »Funktion einer weitumherschauenden Macht, welche über die kleinen Perspektiven von Gut und Böse hinaussieht«.[15] Wenn Nietzsche die Gerechtigkeit im Hinblick auf den höchsten Wert des »Lebens« neuformuliert, so stimmt Malraux zwar nicht mit ihm überein; er teilt jedoch seine Auffassung, daß die Gerechtigkeit nicht von moralischen Werten abhängig gemacht werden darf und daß die Gewalt von Natur aus immoralistisch ist. Auf diesem metaphysischen Hintergrund erkennt der frühe Malraux im Marxismus eine politische Lehre, welche die Gewalt legitimiert und daher den Rahmen zur Verwirklichung des großen Individuums abgeben kann; er ist jedoch nicht bereit, die moralische Zielsetzung des Marxismus als für ihn verpflichtend anzuerkennen, und er wendet sich deshalb letztlich von ihm enttäuscht ab. Wenn diese Betrachtungsweise eine historische Berechtigung hat, so erhält sie diese von Lenins »Bolschewismus«, den Malraux in der Vermittlung von Sorel als eine Lehre der Gewalt und der erfolgreichen, immoralistischen Aktion betrachtet. Damit bietet Lenin den entscheidenden Schlüssel zum Marxismus-Verständnis des frühen Malraux, und erst eine Untersuchung der Position Lenins innerhalb von Malraux' Schriften läßt den eigentlichen Charakter seines Marxismus-Begriffs erkennen.

III

Lenins immoralistische Aktion und das Problem der Revolution

Lenin ist diejenige Gestalt der politischen Szenerie der zwanziger Jahre, die Malraux' Interesse für Macht und Aktion am ehesten befriedigt. Mit großer Wachheit hat Malraux die politischen Ereignisse im Gefolge der russischen Revolution verfolgt und die Prinzipien von Lenins Handeln mehrfach durchdacht. Von Lenins Schriften und Reden besitzt er nur oberflächliche Kenntnis, mit Ausnahme der Abhandlung »Der ›linke Radikalismus‹, die Kinderkrankheit im Kommunismus«, die Lenin 1920 vor dem Parteikongreß hastig niederschrieb

---

[15] Friedrich Nietzsche, Großoktavausgabe Bd. XIV, S. 80
Zur Frage der Interpretation von Nietzsches Gerechtigkeitsbegriff siehe Martin Heidegger, Nietzsche I, Pfullingen 1961, S. 632–48.

und die als Anleitung zur Frage der revolutionären »Taktik« in Frankreich diskutiert wurde. Aus dieser Schrift stammt das Lenin-Zitat in »Le Temps du Mépris« (»›On ne peut vaincre avec la seule avant-garde‹, disait un texte obsédant de Lénine« [TM 23]).[1] Für den frühen Malraux war Rußland noch keine Folterkammer, in der die kommunistische Ideologie unbarmherzig alle abweichenden Auffassungen unterdrückte; er sah es nach der Revolution viel eher als ein Reich individueller Freiheit an, in dem sich der Mensch seinen Anlagen entsprechend grenzenlos verwirklichen konnte. Noch 1948, nach seiner Abkehr vom Marxismus, erinnert Malraux an die erste Zeit der revolutionären Hoffnungen und hält ihr die stalinistische Gewaltherrschaft entgegen: »Le marxisme recomposait d'abord le monde selon la liberté. La liberté sentimentale de l'individu a joué un rôle immense dans la Russie de Lénine. Celui-ci avait fait peindre par Chagall les fresques du théâtre juif de Moscou. Aujourd'hui, le stalinisme honnit Chagall; qui a changé?«[2] Obwohl der Roman »Les Conquérants« auch die dunklen Seiten des Bolschewismus aufzeigt, scheint dadurch Malraux' Haltung gegenüber Lenin nicht entscheidend beeinträchtigt worden zu sein, zumal er der Auffassung war, daß eine Revolution nur mit den härtesten Opfern zum erfolgreichen Ende gebracht werden könne. An Lenins Beispiel entwickelt Malraux die Problematik einer jeden Revolution. Leitmotivartig taucht sein Profil am Zeithorizont von Malraux' politischen Romanen auf, in den »Conquérants« ebenso wie in der »Condition Humaine« oder in »L'Espoir«. Aus diesen Mosaiksteinen läßt sich nachträglich sein Lenin-Bild rekonstruieren.

An der bolschewistischen Gruppe, die Garine in Zürich kennenlernt, fällt ihm der unbeugsame Wille auf, mit dem sie ihre revolutionären Pläne vorbereitet. Lenin ist geradezu das Modell einer energetischen Weltanschauung: er, der wilde Energie von seinen Anhängern fordert, ist von seinem Glauben an seine revolutionäre Aufgabe wie besessen. Diese Besessenheit nennt Malraux »fanatisme« (C 145). Der Ausdruck »fanatisme« erscheint bei Malraux auch nach 1945 in positiver Bedeutung, so im Hinblick auf Saint-Just, dessen von den Zeitgenossen festgestellter »fanatisme« er mit »exaltation et implacabilité« umschreibt und im Grunde aus der Stärke seines Glaubens an die Revolution erklärt.[3] Als Vertreter des Energieglaubens und fanatisch von seinen Plänen beherrschter Kämpfer wird Lenin, der in Wirklichkeit der Ideologie des

---

[1] Das Zitat findet sich bei W. I. Lenin, Der ›linke Radikalismus‹, die Kinderkrankheit im Kommunismus. In: Werke, Bd. 31, Berlin 1959, Dietz-Verlag, S. 80.
Renate Leuschner vom Ostberliner »Institut für Marxismus-Leninismus« hat uns das Zitat ermittelt.
[2] Postface auf S. 174
[3] Préface à Albert Ollivier, Saint-Just et la force des choses, Paris 1954, S. 17

radikal individualismusfeindlichen Bolschewismus war, bei Malraux zum Übermenschen der Revolution. Der Fanatismus als herrschender Zug Lenins gibt allen seinen Gefühlsäußerungen, ob Liebe oder Haß, eine unmenschliche Färbung. Lenin ist der Dämon, der wie das russische Volk durch unendliche Leiden hindurchgegangen ist und so die Revolution mit letzter persönlicher Entschlossenheit herbeiführen will. Garine stellt über dieses Motiv zur Revolution im Zusammenhang mit Hong Überlegungen an:

> Tu me fais penser à une phrase attribuée à Lénine que Hong s'est fait tatouer, en anglais, exprès, sur le bras: ›Saisirons-nous un monde qui n'aura pas saigné jusqu'au bout?‹ D'abord il l'admirait fanatiquement; ces derniers temps, il la haïssait, avec le même fanatisme (C 145).[4]

Hongs Haß ist so groß, daß er die Inschrift bewußt stehen läßt; sonst hätte er sie unweigerlich ausgebrannt. Garine fragt sich, ob Lenins Empfindungen nicht von der gleichen Unbedingtheit seien: »Est-ce vrai que, pour Lénine, l'espoir même avait cette couleur-là?« (C 145) Wie Hong führt auch Lenin die Revolution aus dem Bewußtsein der Erniedrigung, des Elends und des daraus abgeleiteten Hasses; seine Bindung an die Revolution ist unbedingt.

Lenins »Fanatismus« ist auf die Verwirklichung seiner revolutionären Pläne in der Aktion gerichtet. Die Aktion ist eine schöpferische Tat, in der sich der Mensch als Individualität aufhebt und gleichzeitig verewigt. Ob diese Aktion bei Lenin nur exemplarischen Charakter tragen und für die Nachfolgenden ein weithin sichtbares Beispiel abgeben soll oder ob sie einen Sieg darstellt, der von Dauer ist, darüber wechseln Malraux' Meinungen. Der Anarchist Puig im Roman »L'Espoir« erinnert sich beim Angriff auf die faschistischen Stellungen in Barcelona an Lenin, glaubt aber, daß er ihn übertreffen muß:

> Il se souvint de Lénine dansant sur la neige le jour où la durée des Soviets dépassa de vingt-quatre heures celle de la Commune de Paris. Aujourd'hui il ne s'agissait plus de donner des exemples, mais d'être vainqueur; et si ses hommes partaient comme les autres, ils tomberaient comme eux, et ne prendraient pas l'hôtel (E 455).

Hier verwirklicht Lenin ähnlich wie Saint-Just nur die ruhmreiche exemplarische, nicht die siegreiche und dauerhafte Aktion. Freilich scheint es, als könnten beide Arten der Aktion nur mit dem Mittel der Gewalt, welche Gerechtigkeit und Großmut rücksichtslos außer acht läßt, realisiert werden. Zur Erläuterung werden wiederum Episoden aus Lenins Revolutionstätigkeit angeführt. In »L'Espoir« berichtet Pradas vom Antrag des revolutionären Sozia-

---

[4] C, S. 145. Wie uns das Ostberliner »Institut für Marxismus-Leninismus« mitteilt, läßt sich dieses Zitat bei Lenin nicht ausfindig machen. Malraux räumt selbst diese Möglichkeit ein, wenn er davon spricht, das Zitat würde Lenin nur zugeschrieben.

listen Steinberg, das in der Peter- und Pauls-Festung untergebrachte zaristische Gefängnis zu schließen; worauf Lenin die Forderung vorbringt, die Festung in ein Gefängnis für seine eigenen politischen Feinde von der Partei der Weißgardisten zu verwandeln, denn »en dernière analyse, la noblesse est un luxe qu'une société ne peur se payer que tard« (E 604). Im Roman »La Condition Humaine« zeigt sich Katow von Lenins Vorgehen in der Ukraine recht überrascht. Lenins aller Gerechtigkeit spottende Verhaftung der Grubenbesitzer und deren Verurteilung zur Zwangsarbeit ohne gerichtliches Urteil hat Katow zu jener Zeit heftig mißbilligt:

> C'étaient de vrais exploiteurs, les prop'taires t'sais, et plusieurs d'entre nous étaient allés dans les mines, comme condamnés; c'est pourquoi nous pensions qu'il fallait être part'culièrement juste avec eux, par exemple. Pourtant, si nous les avions remis en liberté, le prol'tariat n'aurait rien compris. Lénine avait raison. La justice était de notre côté, mais Lénine avait raison (CH 272).

Steinberg wie Katow gehörten den revolutionären Sozialisten an, denen Lenin in seiner Schrift über den »linken Radikalismus« vorwirft, sie würden durch ihre Voreiligkeit die Ergebnisse der kommunistischen Revolution gefährden. Natürlich hütet sich Malraux, Katows Folgerungen beizupflichten; allein Katows holpriges Französisch bezeugt den Versuch einer Distanzierung seiner Aussagen. Das wird offenkundig, als Katow schließlich auch die Tscheka, Lenins gefürchtete Geheimpolizei, aus der Notwendigkeit rechtfertigt, der Revolution selbst unter Bruch des Rechts mit allen Mitteln zum Sieg zu verhelfen. Doch haben Pradas' und Katows Äußerungen ihre relative Berechtigung: sie zeigen die Grausamkeit, unter der eine Revolution allein Erfolg haben kann. Weil Malraux um diese Grausamkeit weiß, verurteilt er sie nicht offen. Das Kunstwerk übt jedoch eine distanzierende und damit relativierende Wirkung aus, indem es diese Anschauungen in Frage stellt, ohne sie sogleich zu verwerfen.

Lenins Verstöße gegen das Prinzip der Gerechtigkeit und damit letzten Endes gegen die marxistische Ethik selbst erklären sich aus dem Grundsatz der revolutionären »Taktik«, dessen Formulierung Lenins wichtigster und gleichzeitig fragwürdigster Beitrag zur Theorie des Marxismus ist. »Taktik« bedeutet ein Zugeständnis der marxistischen Theorie an die Praxis, der Ideologie an die ihrer Verwirklichung feindlich gegenüberstehende Realität. Sie ist im Vorrang der machtpolitischen Interessen der marxistischen Bewegung vor den ideologischen Ansprüchen ihrer eigenen Theorie begründet. Der in eine unbestimmte Zukunft verschobene Gesamtsieg des Kommunismus wird höher bewertet als die im Augenblick zwar ideologisch getreuere, auf die Dauer aber möglicherweise erfolglose marxistische Praxis. Je stärker die Bedeutung der revolutionären »Taktik« in den Vordergrund gerückt wird, desto mehr offenbart sich die Ent-

wertung des Totalitätsanspruchs der Ideologie zugunsten der bloß machiavellistischen Machtstellung eines kommunistischen Systems oder eines kommunistischen Machthabers. Indem Malraux Lenin zum Vorbild schlechthin für
»taktisches« Vorgehen erhebt, bezeugt er erneut, wie wenig er Lenin als bloßen
Ideologen der marxistischen Revolution zu sehen geneigt ist. Lenin ist für Malraux der Politiker der Gewalt gegen die Gerechtigkeit; auf ihn als strategischen
Lehrmeister beruft sich selbst Kyo in seiner Auseinandersetzung mit den Delegierten der Internationale. Kyo weist darauf hin, daß Lenin nach der russischen
Revolution nicht sofort die Kollektivierung des Grundbesitzes vornimmt und
Sowchosen einführt, wie es die auf genaue Erfüllung der marxistischen Theorie pochenden revolutionären Sozialisten verlangen, sondern das Land unter
die Bauern verteilt und so ein neues Kleinbürgertum schafft. »Comme il a réussi,
vous savez voir que c'était de la tactique. Pour nous aussi il ne s'agit que de
tactique!« (CH 286) So sehr Malraux indes Lenins realistischen Tatsachenblick
zu schätzen weiß, so betrachtet er doch die historischen Folgen der Lehre von der
»Taktik« mit Skepsis. Der Begriff der »Taktik« ist ohne Zweifel ambivalent:
einmal, weil er, wie auch das Beispiel Kyos zeigt, zur Rechtfertigung einer
jeden Handlung zurechtgebogen werden kann, und zum andern, weil er zu
weit von den im Marxismus enthaltenen moralischen Grundsätzen wegführt
und selbst die Unmenschlichkeit legitimiert. Diesen Aspekt beleuchtet mit besonderer Deutlichkeit der Roman »La Condition Humaine«: er zeigt, wie die
russischen Delegierten in Schanghai das Prinzip der »Taktik« zu einem sinnlosen Mechanismus ausgebildet haben, der auf die wahren Lebensbedürfnisse
des Proletariats keinerlei Rücksicht mehr nimmt und so die Entfremdung der
Revolutionsleitung von der Arbeiterschaft besiegelt. Das Prinzip der »Taktik«
erspart den russischen Delegierten die Frage nach der Rechtmäßigkeit ihres
Tuns und läßt sie in unverhüllter Korruption enden, wie eine einprägsame Szene
der »Condition Humaine« vor Augen führt (CH 278–96).
Stärker als in »La Condition Humaine« betont Malraux' erster Roman »Les
Conquérants« indessen das Problem der Macht, die jenseits von Gut und Böse
steht und sich dem moralischen Anspruch entzieht. Der Machtwille erscheint als
der unsichtbare Mittelpunkt, auf den Lenins Aktion bezogen ist. Macht ist
schöpferisch, weil sie die Möglichkeit für die Verherrlichung des Menschen in der
Aktion schafft; Schöpfung ist nur als Bejahung der Macht denkbar. In glei-
cher Weise wie Garine oder Perken bestätigt sich Lenin in der Ausübung der
Macht in seiner Größe und Notwendigkeit; umgekehrt führt der Verlust der
Macht zur Zerstörung seines Selbstbewußtseins und zum Rückfall in die Un-
fruchtbarkeit des Unschöpferischen. Die Tragödie des vom Tode bedrohten, zur
Tat als rettendem Akt der Selbstsetzung unfähig gewordenen Perken erneuert

sich bei Lenin, der gedemütigt und entmachtet seiner Vernichtung im Tode entgegenblickt. Fasziniert erzählt Garine den Zusammenbruch von Lenins Machtbewußtsein:

> Klein était à Moscou, n'est-ce pas, lorsque Lénine est mort. Tu sais que pour défendre Trotsky, Lénine avait écrit un article qui devait paraître dans ... la *Pravda*, je crois. Sa femme l'avait remis elle-même. Le matin, elle lui a apporté les journaux: il ne pouvait presque plus bouger. »Ouvre!« Il a vu que son article n'était pas publié. Sa voix était si rauque que personne n'a compris ses paroles. Son regard est devenu d'une telle intensité que tous ont suivi sa direction: il regardait sa main gauche. Il l'avait posée à plat sur les draps, la paume en l'air, comme ça. On voyait qu'il voulait prendre le journal, mais qu'il ne pouvait pas ...
>
> Violemment, il a ouvert sa main droite, les doigts tendus, et, pendant qu'il continue à parler il en recourbe les doigts à l'intérieur, lentement, et les regarde.
>
> Tandis que la main droite restait immobile, la gauche a commencé de renfermer ses doigts, comme une araignée repliant ses pattes ...
>
> Il est mort peu de temps après ...
>
> Oui, Klein disait: comme une araignée ... Depuis qu'il m'a raconté cela, je n'ai jamais pu oublier cette main-là, ni ces articles ... refusés ... (C 138f.).

Vom Historischen her betrachtet ist festzustellen, daß der gegen Stalin gerichtete Artikel Lenins tatsächlich in der »Prawda« erschien: nämlich in der Nummer vom 4. März 1923.[5] Richtig ist jedoch, daß der Veröffentlichung ein heftiger Kampf im Politbüro zwischen Stalin und seinen Gegnern vorausging. Nach der Darstellung des Lenin-Forschers Robert Payne soll Stalin die Unterdrückung des Artikels vorgeschlagen haben. Dagegen riet Kuibyschew zu einer List: der Artikel solle in einer nur in einem Exemplar erscheinenden Sondernummer der »Prawda« gedruckt werden, das Lenin übersandt würde. Jedoch wehrte sich Trotzkij hartnäckig gegen ein solches Ansinnen, so daß der Artikel schließlich wie vorgesehen publiziert wurde.[6] Von diesen Vorkommnissen hielt sich jedoch in Frankreich das Gerücht, ein Artikel Lenins sei von der »Prawda« auf Geheiß Stalins zurückgewiesen worden. Unabhängig von Malraux äußerte sich darüber 1925 Romain Rolland zur Maurice Martin du Gard: »On lui avait refusé un article à la *Pravda*, croyez-vous? Son journal! Quelle mort!«[7]

Ansonsten hat Malraux den sterbenden Lenin mit großer Einfühlungsgabe gezeichnet. Seine Darstellung stimmt mit dem Bild überein, das gelehrte Einzel-

---

[5] Nach Robert Payne, Lenin, Sein Leben und sein Tod, München 1965 (dt. Übs. von R. P., The Life and Death of Lenin, New York 1964), S. 426

[6] Ebd.

[7] Maurice Martin du Gard, Romain Rolland au bord du Lac. In: Les Mémorables II, 1924–30, Paris 1960, S. 121–34, hier S. 125

forschung über Lenin ermittelt hat: »Das schmerzliche Bewußtsein seiner Machtlosigkeit offenbart sich in allem, was er während der letzten Monate geschrieben hat. Unwille, Entsetzen und Zorn waren seine Gefährten am Krankenbett; zuweilen wichen sie einer vorübergehenden Beruhigung; dann aber loderte der Zorn wieder auf. Immerhin war er sehr lange Zeit hindurch Diktator gewesen.«[8] Malraux entwirft das Drama von Lenins Entmachtung: mit seiner letzten ungeheuren Intensität bäumt sich Lenin gegen die Erniedrigung auf; seine Finger verkrampfen sich gleich einer Spinne in einer erschütternden Gebärde der Ohnmacht. Das Bewußtsein dieser Ohnmacht ist Lenins wahrer Tod; es überrascht nicht mehr, daß er bald darauf wirklich stirbt.

Während so Lenin den Vorrang der immoralistischen Macht vor der marxistischen Ethik verkörpert, ist sein idealler Gegenspieler in Malraux' Werk merkwürdigerweise ein anderer führender Kommunist, der aus verlorener Position für die Reinheit von Marx' Lehre gegen die machtpolitische Entartung des Marxismus unter Stalin kämpft: Trotzkij. Der Begriff »Trotzkismus« bedeutet für Malraux nicht wie in der amtlichen sowjetischen Parteisprache eine von der offiziellen Linie abweichende marxistische Lehrmeinung, sondern im Gegenteil den Kampf für die moralischen Ziele des Marxismus gegenüber dem von der Sowjetunion vertretenen egoistischen Machtanspruch. Der außerhalb Rußlands Grenzen gegen Stalin ankämpfende Trotzkij ist für Malraux das Beispiel eines solchen aussichtslosen Bemühens. Aus Malraux' Überzeugung, daß der bloß moralische Anspruch nicht hinreicht und daß die Revolution immer die abstrakte Gerechtigkeit verletzt, ist es zu erklären, daß er den »Trotzkismus« eher ablehnend betrachtet, wenn er dessen Zielsetzung auch recht gut versteht. So hat Malraux in seinen Romanen nur ehemalige »Trotzkisten« dargestellt, die – Klein (C 139) in »Les Conquérants«, Enrique (E 564) in »L'Espoir« – inzwischen eingesehen haben, daß die nur moralische Empörung der Revolution nicht förderlich ist, und die deshalb mit Übereifer auf die Linie Lenins und Stalins eingeschwenkt sind. Besonders deutlich wird das bei Enrique in »L'Espoir«: er erklärt unumwunden, daß es nicht einmal nötig sei, immer die Interessen des Proletariats im Auge zu behalten, wenn nur die Machtstellung der Sowjetunion gefestigt bleibe, da es zur Zeit des spanischen Bürgerkrieges nur noch sich bekämpfende Machtblöcke, kaum mehr alleinige Ideologien gäbe (E 564f.). Trotzkijs Protest gegen Stalin läßt sich als Parallele zur Auflehnung der revolutionären Sozialisten gegen die Gewaltpolitik der Bolschewisten erkennen. Auch Katow in »La Condition Humaine« hatte zunächst als revolutionärer Sozialist Marx' Lehre unmittelbar verwirklichen wollen, bevor

---

[8] Robert Payne, S. 414

er zu Lenins immoralistischem Prinzip der revolutionären Strategie bekehrt wurde.[9]

Die Episoden von Lenins politischer Tätigkeit, die sich durch Malraux' Romane ziehen, lassen erkennen, wie sehr Malraux' Vorstellung vom Marxismus von Lenin und nicht nur von Marx bestimmt ist. Lenin rechtfertigt Malraux' Auffassung, daß Marx' Lehre nicht nur als wissenschaftliche Theorie der Gesellschaft, sondern ebenso als Praxis der gesellschaftlichen Aktion zu betrachten ist. Hat doch Lenin Marx' Theorie des gesellschaftlichen Wandels in eine Lehre der Gewalt umgedeutet, die durch die Betonung der revolutionären »Taktik« gegenüber der marxistischen Ideologie, durch die Entwicklung des revolutionären Spezialistentums und durch die pragmatische Einstellung zur Wirklichkeit gekennzeichnet ist. Aus der metaphysischen Stellung der Revolution im Ganzen von Malraux' Werk ist zu einem Teil das Interesse herzuleiten, das Malraux der von Lenin geprägten Form des Marxismus entgegenbringt. Gewiß will es uns als Mißdeutung der geschichtlichen Realität erscheinen, Lenin als revolutionären Empiriker und als Vertreter des Energiekults aufzufassen, doch die mythische Größe, die Lenin im dichterischen Werk Malraux' erhält, läßt sich nicht mehr mit rein biographisch-historischen Maßstäben

---

[9] Malraux' großes Interesse für den »Trotzkismus« erklärt sich nicht zuletzt daraus, daß sich das damit gemeinte politische Problem für Malraux selbst mit Nachdruck stellte. Malraux hatte es nämlich abgelehnt, auf Trotzkijs Aufforderung hin beim zweiten Moskauer Prozeß im Februar 1937 gegen Stalin auszusagen, um im Spanienkrieg die sowjetische Hilfe für die antifaschistische Front nicht zu gefährden. Trotzkijs Forderung schien ihm zwar moralisch gerechtfertigt, aber machtpolitisch unheilvoll und widersinnig. Als ihn Trotzkij darauf in einer Depesche der »Universal Press of Mexico« vom 8. März 1937 als »Stalinisten« bezeichnete und ihm vorwarf, er habe als »Konterrevolutionär« 1925 die Revolution in Kanton behindert, antwortete Malraux in einem in der »New York Times« vom 17. März 1937 abgedruckten Brief, es sei bei dieser Auseinandersetzung weit mehr als nur das persönliche Interesse der beteiligten Persönlichkeiten mit auf dem Spiel. Das Problem, auf das Malraux hier anspielte, war eben das des »Trotzkismus«. Nach 1945 gab Malraux indessen zu verstehen, er sei innerlich immer auf der Seite Trotzkijs gestanden und hätte im Falle von Trotzkijs Sieg über Stalin dessen Partei ergriffen (Äußerung an Sulzberger in der »New York Times« vom 14. Februar 1948). Da er mit diesem späten Bekenntnis zum »Trotzkismus« einen Teil der französischen Linken für den Gaullismus gewinnen wollte, erregte er die Empörung von Maurice Merleau-Ponty, der in dem Artikel »Communisme-anticommunisme« in den »Temps Modernes« (August 1948) dagegen entschieden Stellung nahm und damit wiederum den heftigen Zorn von Malraux hervorrief, der daraufhin Gaston Gallimard beredete, die »Temps Modernes« nicht weiter zu verlegen. Sartres Zeitschrift erscheint seither bei Julliard.
(Die Daten sind dem Artikel von Maurice Merleau-Ponty entnommen).

messen. Nur mit dieser Unterscheidung läßt sich der Lenin von Malraux' Romanen richtig einschätzen.

IV

Marx und die Vertiefung des sozialen Bewußtseins

Neben der Problematik der Revolution beschäftigt Malraux vor allem die Frage der Abhängigkeit der Menschen vom sozialen Bereich, die Marx in den Mittelpunkt seiner Untersuchungen stellt und die Malraux im Hinblick auf Marx neu zu durchdenken gezwungen ist. Das Bewußtsein der sozialen Wirklichkeit ist, unabhängig von seiner Einstellung zum Marxismus als politischer Bewegung, zeitlich gesehen wohl längst vor seinem kommunistischen Engagement, die entscheidende Bereicherung, die Malraux durch Marx erfährt. »Le marxisme, c'est la conscience du social«,[1] so bestimmt Malraux auf dem Moskauer Kongreß 1934 Marx' Beitrag zur Geschichte der europäischen Kultur. Nach Malraux fordert Marx zu einer Vertiefung des Wissens vom Menschen schlechthin auf:

> Et le mot d'ordre culturel que le communisme opposera à ceux des plus grandes époques individualistes, le mot d'ordre qui, chez Marx, relie les premières pages de l'*Idéologie allemande* aux derniers brouillons du *Capital*, c'est: plus de conscience.[2]

Malraux erwähnt in dieser Rede zum einzigen Male Einzelwerke von Marx, doch ist die Nennung der beiden Schriften eher eine rhetorische Figur: die »Deutsche Ideologie« von 1845 als eine der zu Lebzeiten des Autors unveröffentlichten Frühschriften und das »Kapital«, dessen erster Band 1867 erschien, als das legendäre Schlußwerk sind die beiden Marksteine, die Marx' philosophische Entwicklung eingrenzen. Die Erwähnung der »Deutschen Ideologie« spielt überdies auf die 1927 erfolgte[3] Veröffentlichung von Marx' bisher unbekannten Frühschriften an, die damals in Europa großes Aufsehen erregte. »Plus de conscience« bedeutet in Malraux' Augen vor allem eine Aufforderung an die Romandichtung, die durch Marx' Werk die Möglichkeit erhält, die soziale

---

[1] Moskauer Rede 1934 (Die Äußerung ist zitiert bei André Breton, Position politique du surréalisme, Paris 1935, S. 52)

[2] Ebd.

[3] Erste Veröffentlichung in der Moskauer Marx-Engels-Ausgabe, 1927; erste unvollständige französische Veröffentlichung in: Revue Marxiste, Paris, Februar und Juni 1929.

Verwurzelung des Menschen genauer zu erfassen und damit den Menschen in seiner Vielfalt der Beziehungen, in der Ganzheit seines Wesens besser darzustellen. Während die Schriftsteller des »Individualismus« nur die »différence« des Menschen herausgearbeitet haben, sein Sosein, durch das er sich vom Mitmenschen unterscheidet, eröffnet Marx über das einzelne Individuum hinaus den Blick auf den Menschen in seiner Totalität.

Malraux' frühes Selbstbewußtsein als Romancier gründet nicht zuletzt auf dieser ihm von Marx vermittelten Kenntnis des sozialen Bereichs. Seine zuweilen abschätzige Beurteilung der älteren Generation der Schriftsteller rührt mit daher, daß diese von der Vergesellschaftung des Menschen und von der Bedeutung des Sozialen seiner Auffassung nach keine ausreichende Kenntnis hatten und die politischen Ereignisse nicht richtig abschätzen konnten. In einem Gespräch mit Julien Green vom 1. Mai 1931 spricht Malraux etwas herablassend vom »Onkel« Gide und bekundet seine Verwunderung darüber, daß Gide in Pontigny Dekaden leite, die der Wirklichkeit von 1931 mit Begriffen von 1895 gerecht werden wollten.[4] An Pontigny mißfällt Malraux das übersteigerte Traditionsbewußtsein: der Humanismus in der Art von Charles Du Bos, der in seinen Tagebüchern aus jenen Jahren den Namen Marx' kein einziges Mal erwähnt; der abgeschwächte Sozialismus von Henri de Man, der mit seiner Marx-Deutung in Pontigny lebhaften Beifall erhielt;[5] sodann zuweilen auch das »thomistische« Denken, gegen das sich Malraux in seiner Massis-Kritik gewandt hatte. Wohl mit Recht bemerkt Clara Malraux, daß es neben Groethuysen vornehmlich Malraux war, der Pontigny auf die sozialen Fragen hinlenkte und auf eine neue Einstellung zur politischen Wirklichkeit hinarbeitete: »Le passage d'un intérêt axé, dans le premier Pontigny, surtout sur la littérature, à un intérêt surtout social s'est fait, à mes yeux, autour de deux personnalités: André Malraux et Groethuysen«.[6]

Die Erfahrung des sozialen Bereichs bedeutet für Malraux zunächst eine Höherbewertung der menschlichen Arbeit und führt von hier aus zur Konzeption eines »sozialen« Humanismus. Für diese veränderte Haltung sind vor allem die Frühschriften von Marx und Engels richtungsweisend. In bewußtem Gegensatz zu Hegel hatten Marx und Engels in der »Deutschen Ideologie« versucht, das »lebendige menschliche Individuum« aus dem »gesellschaftlichen Zustand« und der »Produktionskraft« in seiner Totalität zu erfassen. Die »Mysti-

---

[4] Julien Green, Journal 1928–1958, Paris 1966, S. 38
[5] Siehe Anne Heurgon-Desjardins, Paul Desjardins et les Décades de Pontigny, Paris 1964, S. 215–22
[6] Anne Heurgon-Desjardins, ebd., S. 211 (»Fragments d'un dialogue autour de Paul Desjardins«)

fikation« des reinen Geistes sei nur eine Art der Entfremdung, denn »das Bewußtsein kann nie etwas Anderes sein als das bewußte Sein, und das Sein des Menschen ist ihr wirklicher Lebensprozeß«.[7] Nur innerhalb der Gesellschaft könne der Mensch zur wahren Erfüllung seiner selbst gelangen: »Also die Gesellschaft ist die vollendete Wesenheit des Menschen mit der Natur, die wahre Resurrektion der Natur, der durchgeführte Naturalismus des Menschen und der durchgeführte Humanismus der Natur«.[8] Der Wille, den Menschen aus dem »wirklichen Leben« und aus »bestimmten gesellschaftlichen Verhältnissen« zu sehen, hat den Versuch der Aufhebung der menschlichen Selbstentfremdung durch eine Veränderung der wirtschaftlichen und gesellschaftlichen Situation des Arbeiters zur natürlichen Folge. Die Notwendigkeit dieses Versuchs kommt in Malraux' Werk mehrfach zum Ausdruck. So bekennt sich in »L'Espoir« Magnin zum Sozialismus, weil er den Menschen nicht als Sklaven seiner Arbeit sehen möchte: »Je veux que les hommes sachent pourquoi ils travaillent« (E 500). Nach seiner Beteiligung am kommunistischen Aufstand in Schanghai erkennt Hemmelrich erstmals den Sinn seiner Arbeit: »C'est la première fois de ma vie que je travaille en sachant pourquoi, et non en attendant patiemment de crever« (CH 426). Marx hat die Bedeutung der Arbeit als Selbstverwirklichung des Menschen gedeutet und daher die Aufhebung der Selbstentfremdung des Arbeiters gefordert. Malraux stimmt mit Marx darin überein, daß der Humanismus nur durch die Befreiung des Menschen aus seiner gesellschaftlichen Abhängigkeit und durch die Begründung der menschlichen Würde in der Arbeit verwirklicht werden kann. Der Roman ist die vorzügliche Kunstgattung, in der die soziale Gebundenheit des Menschen aufgewiesen werden kann.

Die konkrete Frage, in welcher Weise Marx dem Romancier Malraux zu einer vertieften Einsicht in das gesellschaftliche Gefüge verholfen hat, läßt sich freilich nicht eindeutig beantworten. Jedenfalls besitzt der Erzähler des Romans »Les Conquérants« Kenntnisse der sozialen Vorgänge, die in der französischen Literatur jener Epoche ungewöhnlich sind. Ein ohne Marx nicht denkbares Beispiel einer sozialen Analyse ist etwa die gesellschaftspolitische Interpretation der Rolle des Tcheng-Dai, die selbst einem so kritischen Leser wie Trotzkij Bewunderung abnötigt.[9] Tcheng-Dai, der den Unterdrückten aus ihrer Erniedrigung zu innerer Freiheit verhelfen will, weigert sich hartnäckig, den Gewaltmaßnahmen zuzustimmen, mit denen Garine und Borodine sich

[7] Karl Marx, Friedrich Engels, Deutsche Ideologie. In: Werke, Bd. III, Berlin 1962, S. 24
[8] Karl Marx, Philosophisch-ökonomische Manuskripte, Marx-Engels-Gesamtausgabe I 3, Berlin 1932, S. 116
[9] Léon Trotzky, La Révolution étranglée. In: NRF 36, 1931, S. 494

der englischen Herrschaft entledigen wollen. Er begründet seine ablehnende Haltung gegen die Revolution unter Hinweis auf die einfachen moralischen Werte des Rechts und der Wahrheit: »Mais nous n'avons pas le *droit* d'attaquer l'Angleterre d'une façon effective...« (C 79);[10] »C'est sur la *vérité* seule que l'on fonde...« (C 79).[11] Gandhis Beispiel ist für Tcheng-Dai verpflichtend: »Si Gandhi n'était pas intervenu..., l'Inde, qui donne au monde la plus haute leçon que nous puissions entendre aujourd' hui, ne serait qu'une contrée d'Asie en révolte« (C 79). Malraux zeigt jedoch, wie die formalen Werte von Wahrheit und Gerechtigkeit durch ihre Verflechtung mit den realen gesellschafts-politischen Zuständen in ihr Gegenteil umschlagen und zu einer Waffe der Bourgeoisie werden, die das Proletariat unter Betonung dieser moralischen Werte von Gewaltsamkeiten abbringen und weiterhin in Knechtschaft halten will. So sieht sich denn Tcheng-Dai plötzlich halb wider Willen als Haupt der »Reaktion«:

> Le monde de vieux mandarins, contrebandiers d'opium ou photographes, de lettrés devenus marchands de vélos, d'avocats de la Faculté de Paris, d'intellectuels de toutes sortes affamés de considération qui gravite autour de Tcheng-Dai sait que la Délégation de l'Internationale et la Propagande (...) s'opposent seules avec force au retour de l'état de choses qu'ils n'ont pas su maintenir, de cette république de fonctionnaires dont les deux piliers étaient l'ancien mandarin et le nouveau: médecin, avocat, ingénieur (C 68).

Marx' Kritik der »formalistischen« Moral vom Standpunkt ihrer gesellschaft-lichen Abhängigkeit ist hier unübertrefflich demonstriert.

Diese durch das Eindringen von Marx in Malraux' Denken charakterisierte Wandlung läßt sich augenfällig an der unterschiedlichen Betrachtung der chine-sischen Situation in »La Tentation de l'Occident« (1926) sowie in »Les Con-quérants« (1928) und im Aufsatz »Jeune Chine« (1932) ermessen. Die Schrift »La Tentation de l'Occident« interpretiert die chinesische Situation im An-klang an die nichtmarxistische deutsche Kulturpsychologie mit Kategorien wie abendländischer und asiatischer Kultur, Dekadenz, Moderne, Nihilismus; der Aufbruch zur Moderne bedeutet hier das Ende der altchinesischen Kultur; der politische Zusammenbruch Chinas wird einzig damit begründet, daß eine Philosophie der Aktion fehle und daß den Chinesen »le goût de l'énergie« (TO 117) abgehe. Der Verfasser von »Jeune Chine« macht demgegenüber be-zeichnende Einschränkungen, besonders indem er zur Klärung der Fragen soziologische Perspektiven einführt. Für ihn ist der chinesische Aufbruch nicht

---

[10] Von uns kursiv hervorgehoben.
[11] Ebenfalls von uns hervorgehoben; der Satz ist von Tcheng-Dai nicht zuende geführt.

mehr notwendig das Ende der alten Kultur, weil gerade das Beste dieser Kultur keinerlei gesellschaftliche Breitenwirkung besaß und allein in der Einsamkeit der Klöster von einer geistigen Aristokratie gepflegt wurde. Zwischen gesellschaftspolitischen und kulturellen Phänomenen soll peinlich getrennt werden: »Il est partout deux cultures, celle qui cherche à se justifier par la pensée et celle qui n'y songe pas; il est dangereux d'essayer de comprendre l'une par l'autre, et d'expliquer par le thomisme la propriété qu'a Saint Antoine de Padoue de retrouver les parapluies«.[12] Im Gegensatz zu »La Tentation de l'Occident« verzichtet Malraux nun darauf, auch die gesellschaftlichen Aspekte unter den Begriff der »Kultur« zu subsumieren, und deshalb kommt er bei seiner neuen Analyse zu anderen Ergebnissen. Die chinesische Krise sieht Malraux jetzt nicht mehr im Niedergang seiner alten Kultur, sondern in der Auflösung der gesellschaftlichen Ordnung begründet. Er erkennt das Prinzip der überkommenen Ordnung in der Ahnenverehrung, die er aus dem Bedürfnis des Chinesen nach gesellschaftlichem Ansehen (»considération publique«[13]) erklärt. Das Streben nach politischer Macht gebe dem Chinesen jedoch eine neue Möglichkeit, auch ohne Ahnenverehrung zu diesem Ansehen zu gelangen. Die »Apokalypse« Chinas beruhe im Widerstreit alter und neuer gesellschaftlicher Anschauungen, nicht in der Abwendung von der ererbten Kultur. Von der Sammlung gesellschaftskritischer chinesischer Zeitschriftenartikel, die Malraux mit dem Aufsatz »Jeune Chine« einleitet, sagt er, sie ließen den Eindruck entstehen, als bestünde eine chinesische Kultur überhaupt nicht, eben weil diese ohne Beziehung zur Gesellschaft gewachsen ist. Daß der chinesische Zusammenbruch vorwiegend ein gesellschaftliches und nicht ein kulturelles Problem ist, hatte der Autor von »La Tentation de l'Occident« gänzlich unberücksichtigt gelassen.

So sehr Malraux von den neuen und überraschenden Einsichten beeindruckt war, die ihm durch die Berührung mit dem Werk von Marx vermittelt wurden, so sehr hat er sich gehütet, Marx' Lehre als Ganzes kritiklos zu übernehmen. Die Betrachtung von Marx' Einfluß auf Malraux wäre unvollständig, wollten wir Malraux' kritisches Bestreben übergehen, zu Marx Abstand zu gewinnen und dessen Anschauungen zu modifizieren. Schon seine Abneigung gegen die ausgetretenen Schablonen der Ismen bewahrt ihn davor, die gesellschaftliche Welt auf Begriffe wie Kapitalismus, Proletariat, Klassenkampf, Selbstentfremdung zu reduzieren. Schon der Roman »Les Conquérants« zeigt unübersehbar das Bemühen, Marx' Kategorien in ihrer Begrenztheit aufzuweisen und demgegenüber eine eigene Deutung der gesellschaftlichen Erscheinungen zu versuchen. So

[12] Jeune Chine. In: NRF 38, 1932, S. 5–7, hier S. 6
[13] Ebd., S. 6

weigert sich Malraux beispielsweise, die chinesische Revolution aus der Theorie des »Klassenkampfes« zu verstehen. Der Roman legt dar, daß Borodines Propaganda des »Klassenkampfes«, mit der dieser die chinesischen Massen wecken will, bei den »Arbeitern« und »Bauern« keinen Erfolg hat. Nicht Borodine, sondern Garine verschafft sich deren Gehör, indem er an ihre Individualität appelliert (C 15). Garine spricht die Arbeiter in den Fabriken nicht an, um ihre Stärke als Klasse zu betonen, sondern um ihnen ihr Recht auf ein individuelles Leben nahezulegen. Malraux legt Wert auf die Feststellung, daß die chinesische Revolution anderer und grundsätzlicherer Natur sei als die französische oder die russische: »La révolution française, la révolution russe ont été fortes parce qu'elles ont donné à chacun sa terre; cette révolution-ci est en train de donner à chacun sa vie« (C 16). Man könnte sie als eine metaphysische Revolution bezeichnen: hatte das Christentum durch den Hinweis auf die elementare Beziehung der Einzelseele zu Gott das Heidentum überwunden, so siegt in China die Revolution durch die Betonung des Lebensrechts des einzelnen Menschen (C 15f.). Malraux zeigt, daß die Affirmation des Individuums Reaktionen von unvorstellbarer Gewalt hervorruft. Die auf die sozialen Unterschiede aufmerksam gewordenen verarmten Chinesen werden zu Terroristen, welche aus bloßem Haß gegen die Herrenkaste zum politischen Mord übergehen: »Tout homme détaché de la vie chinoise, de ses rites et ses vagues croyances, et rebelle au christianisme, est un bon révolutionnaire« (C 81). Als »Apokalypse« sieht der Visionär Malraux die chinesische Revolution in den Dimensionen der christlichen Weltuntergangsschau; er erkennt im Prozeß der Zerstörung und Umwandlung einer jahrtausendealten Tradition ein Drama von gigantischen Ausmaßen: »L'écrasement du plus grand des systèmes humains, d'un système qui parvint à vivre sans s'appuyer sur les dieux ni sur les hommes« (TO 122). Aus dieser Betrachtungsweise wird deutlich, daß Malraux als Künstler die gesellschaftskritischen Elemente als Vehikel seiner poetischen Darstellung gebraucht: wohl geht er von der Beschreibung sozialer Phänomene aus, er gibt ihnen aber eschatologische Ausmaße und verdichtet sie zu einer berauschenden dichterischen Schau. Diese Neigung zum Visionären hat zwar im eschatologischen Kern von Marx' Lehre[14] ihre Entsprechung, doch entspringt diese Verwandtschaft nicht einem Einflußverhältnis.

Bezeichnend für den Abstand zu Marx ist auch Malraux' Deutung der Möglichkeiten der chinesischen Wandlung. Malraux sieht Chinas Zukunft nicht primär im Wechsel der ökonomischen Bedingungen, sondern er hofft auf die Tat-

---

[14] Herausgearbeitet in: Karl Löwith, Marx. In: Weltgeschichte und Heilsgeschehen, 4. Aufl., Stuttgart 1953, S. 38–54.

kraft einzelner Individuen. Vor allem eines tut China not: »une pensée qui permet d'agir«.[15] In einem von Malraux in der NRF herausgegebenen Artikel des Chinesen Tch'enn Tou-siou heißt es: »Nous avons besoin d'hommes d'action, d'hommes entreprenants, d'hommes énergiques«.[16] Malraux' Vertrauen in die Macht des willensstarken Individuums entstammt weniger dem Studium von Marx und dem »wissenschaftlichen« Sozialismus als vielmehr dem Erlebnis der politischen Bedeutung von Lenins Wirksamkeit für die russische Revolution. Freilich gibt es verschiedenartige aktivistische Philosophien, die dazu beitragen können, China aus seiner Jahrtausende währenden Passivität herauszureißen. Auch Nietzsches auf den vulgär verstandenen Willen zur Macht reduzierte Philosophie zählt hier mit. Malraux erinnert an den umstürzenden Eindruck von Nietzsches Lehre auf die jungen Japaner: »Au Japon, quand les conférenciers allemands ont commencé la prédication de Nietzsche, les étudiants fanatisés se sont jetés du haut des rochers« (C 15). Das von Marx vermittelte Wissen um die soziale Wirklichkeit wird also bei Malraux durch andere Einflüsse modifiziert und erhält erst in diesen Verbindungen seine eigentümliche Prägung.

V

Die Voraussetzung zu Marx: Hegel.
Malraux als Dialektiker in der Zerrissenheit

Da Hegel erst nach 1954 in Frankreich vollständig übersetzt vorliegt, ist für Malraux, dessen Denken in der geistigen Situation der zwanziger Jahre verwurzelt ist, Hegels Philosophie höchstens als Ismus präsent, an den er zwar recht bestimmte, auf Hegel selbst jedoch nicht immer zutreffende Vorstellungen knüpft. Daraus erhellt, daß Hegel und Marx bei Malraux nur wenig zur gegenseitigen Klärung beitragen und daß wesentliche denkerische Aspekte bei Marx deshalb im Dunkeln bleiben.[1]

---

[15] Jeune Chine, S. 5
[16] Ebd., S. 8 (Tch'enn Tou-siou, Esprit nouveau)
[1] Hegel wurde gewiß schon zwischen 1840 und 1880 auszugsweise übertragen, doch zu einer vollständigen Übersetzung kam es erst zwischen 1937 und 1954. So hat es mehr als hundert Jahre gedauert, bis Hegels Hauptwerk, die »Phänomenologie des Geistes«, französisch erscheinen konnte.
Die wichtigsten Veröffentlichungen von 1840 bis 1880:
Cours esthétique, Übs. Ch. Bénard, 1840–51
La poétique, Übs. Ch. Bénard, 1855

Obwohl Malraux schon früh in den Bann geschichtsphilosophischer Entwürfe gerät, empfindet er nicht das Bedürfnis, zu Hegel als einer der wichtigsten Quellen aller historischer Reflexion vorzustoßen. Seine Auffassung der
Geschichtlichkeit entwickelt Malraux in der Auseinandersetzung mit Kulturpsychologen wie Spengler und Lévy-Bruhl. Daneben darf der Einfluß Keyserlings nicht unterschätzt werden, den Malraux persönlich gekannt hat.[2] Was
Malraux an Keyserlings Werk und mehr noch an seiner Gestalt fesselte, war
die kosmische Ausrichtung dieses Geistes, sodann sein neuer, »dramatischer«
Begriff der Philosophie, die sich mit den großen Weltkulturen schöpferisch ein-
läßt.[3] Was Hegel jedoch selbst anlangt, so wird sein Name in keiner von Malraux' Schriften vor 1940 genannt. Das bedeutet freilich nicht, daß er vor dieser
Zeit keine entschiedene Meinung von Hegel gehabt hätte. Was Malraux an

Logique, Übs. A. Véra, 1859

Système des Beaux-Arts, Übs. Ch. Bénard, 1860

Philosophie de la nature, Übs. A. Véra, 1863–66

Die hauptsächlichen Übersetzungen 1937–1954:

Leçons sur la philosophie de l'histoire, Übs. Jean Gibelin, 2 Bd., 1937/38

Leçons sur l'histoire de la philosophie, Übs. Jean Gibelin, 2 Bd., 1937, 1954

La phénoménologie de l'esprit, Übs. Jean Hyppolite, 2 Bd., 1939, 1941

Esthétique, Übs. Jean Gibelin, Serge Jankélévitch, 1944

Les preuves de l'existence de Dieu, Übs. Jean Hyppolite, 1944

L'esprit du christianisme et son destin, Übs. Jean Hyppolite, 1948

Les Méditations bibliques, Übs. Jean Klossowski, 1948

Science de la Logique, Übs. Serge Jankélévitch, 1949

Différence des systèmes philosophiques de Fichte et de Schelling, Foi et Savoir,
    Übs. Marcel Méry, 1952

Leçons sur la philosophie de la religion, Übs. Jean Gibelin, 1954

Eine Hegel-Auswahl »Morceaux choisis« als Gegenstück zum Marx-Brevier der
gleichen Herausgeber war 1939 von Henri Lefèbvre und Norbert Guterman be-
sorgt worden.

[2] Den Verfasser des »Reisetagebuchs eines Philosophen« lernte Malraux im Verlag
Stock, der Keyserling in Frankreich bekannt machte, gegen 1926 zusammen mit
Marcel Arland kennen, wie uns dieser mitgeteilt hat.

[3] Akademisches Zentrum des französischen Keyserling-Kultes vor 1930 war Maurice
Boucher, der 1926 die Habilitationsschrift »La philosophie de Hermann Keyserling« veröffentlichte. Im Mai 1926 hielt Keyserling eine vielbeachtete Vortragsreihe im Palais Chaillot. Keyserlings Bücher wurden in Frankreich von den bedeutendsten Kritikern besprochen, so in der NRF von Albert Thibaudet (Keyserling
et la France. In: NRF 33, 1930, S. 86–94). Groethuysen widmete ihm in seinem Buch
»Introduction à la pensée allemande depuis Nietzsche« große Aufmerksamkeit. Malraux selbst beeilte sich, das »Reisetagebuch eines Philosophen« in der NRF 1929 zu
rezensieren.

Hegel zutiefst mißfiel, war nicht nur dessen Geschichtsphilosophie, die den Menschen in die Geschichte integriert, sondern wohl in noch stärkerem Maße der versöhnende Charakter seines Denkens, der alle Widersprüche des Lebens in Synthesen aufhebt. Malraux dagegen war fest davon überzeugt, daß die tiefe Widersprüchlichkeit des Daseins, die sich im Tod, im Scheitern, im Schmerz, im Schicksal offenbart, nicht einfach negiert und dadurch versöhnt werden kann. Außerdem ist unverkennbar, daß sich bei Malraux das Bild Hegels mit dem Spenglers vermischt, so daß diese negativen Züge noch deutlicher hervortreten. Bei aller Bewunderung für den »Untergang des Abendlands« ist Malraux' Haltung gegenüber Spengler seit Anfang zwiespältig, besonders unter dem Einfluß von Groethuysen, der 1921 eine erbarmungslose Kritik von »Preußentum und Sozialismus« verfaßte und gegenüber dem »Goethe'schen« Spengler des »Untergangs des Abendlands« den Nationalisten hart angriff.[4] Malraux macht sich diese Auffassung besonders nach 1940 zu eigen, so in seiner Unesco-Rede »L'homme et la culture artistique«, wo er sogar Spenglers Kulturkreislehre aus dem Unterlegenheitsgefühl Deutschlands nach dem Weltkrieg erklärt.[5] Dieses verzerrte Spengler-Bild färbt auf Hegel ab, der nun ebenfalls im Zusammenhang mit dem übersteigerten deutschen Nationalgefühl gesehen wird.

Im Kolloquium unter den Nußbäumen von Altenburg treten diese Züge von Malraux' Hegel-Bild am klarsten hervor. Hegel und Goethe reiht der Erzähler unter die großen Geister der Menschheit (LA 82). Möllbergs anthropologische Studie hat »hegelianische« Ausmaße (»une ampleur hégélienne« [LA 79]). »C'est l'histoire qui est chargée de donner un sens à l'aventure humaine – comme les dieux« (LA 98), so bestimmt der Erzähler den »Hegelianismus«. Auf Hegels Verhältnis zu großdeutschen Geschichtsvorstellungen wird immer wieder verwiesen: »L'Allemagne a, depuis Hegel, pour tout ce qui la veut révélatrice du destin, une reconnaissance inquiète et passionnée« (LA 79). Stieglitz ist der eilfertige Verteidiger der hegelianisch verstandenen deutschen Kulturmission:

> Mais permettez!... La grande ligne de l'hégélianisme demeure intacte! Il s'agit d'intégrer au Weltgeist les faits apportés par les nouvelles connaissances, et je ne vois pas du tout pourquoi ce que vous appelez l'aventure humaine ne deviendrait pas une histoire, bien que formée d'éléments qui paraissent d'abord hétérogènes! J'affirme même que nous, Allemands, délivrés du préjugé du classicisme nous sommes particulièrement qualifiés pour mener à bien une telle histoire! (LA 103)

---

[4] Bernard Groethuysen, Lettre d'Allemagne. In: NRF 17, 1921, S. 497–508
[5] L'homme et la culture artistique, S. 80. (Diese Erklärung für Spenglers »fatalisme historique« hatte schon 1927 Henri Massis [»Défense de l'Occident«, S. 31] gegeben, dessen antiromantische Spenglerkritik Malraux hier aufnimmt).

Möllberg stimmt in diesen Chor ein: »Moi, je l'ai affirmé des années! Si l'aventure humaine avait un sens, l'Allemagne serait digne de l'exprimer« (LA 103). Freilich verfällt der Gefahr eines so verstandenen »hégélianisme«, die Geschichte aus machtpolitischen Zielsetzungen willentlich fehlzudeuten, nicht nur das wilhelminische Deutschland, sondern später ebenso das stalinistische Rußland, wie Malraux in einer Rede von 1948 zu erkennen gibt: »Toute pensée réactionnaire est axée sur le passé, on le sait depuis longtemps; toute pensée stalinienne sur un hégélianisme orienté par un avenir incontrôlable«.[6] In diesem Beleg ist der Ismus-Charkater so ausgeprägt, daß die Beziehung zu Hegel selbst kaum mehr sichtbar wird.

»L'obsession d'une histoire intelligible«[7] hat Malraux im Geleitwort zu Manès Sperbers Roman »Nur eine Träne im Ozean« Hegels geschichtsphilosophischen Versuch genannt. Hegel erscheint als der Denker, der die Geschichte zum Hauptinstrument der Erkenntnis erhebt. Geschichte soll dem Menschen den Sinn seines Daseins erschließen; sie nimmt die transzendierende Funktion der verlorengegangenen Religion ein. In Ermangelung einer wahrhaft transzendentalen Größe wird der Mensch im geschichtlichen Progreß relativiert. Die ambivalente Haltung, die Malraux selbst grundsätzlich zur Geschichte einnimmt, ist jedoch eben im Vorwort zu Sperbers Roman unmißverständlich dargelegt. »Tout son récit est une révolte contre l'histoire«,[8] so definiert er den Sinn des Werks. In der Tat lassen sich weder Malraux' Vorstellung vom »homme fondamental« in »L'Espoir« noch die vom »homme éternel« in »La Lutte avec l'Ange« aus ihrer geschichtlichen Immanenz begreifen; im Gegenteil, ihre Wahrheit liegt gerade darin, daß sie über die Geschichte hinausweisen. Malraux' Unesco-Rede macht seinen antihistorischen Standpunkt deutlich: der transzendentale Wert der Humanität übersteigt die Geschichtlichkeit der nach Spengler abgeschlossenen Einzelkulturen. Beispielsweise fallen die kriegerischen Auseinandersetzungen der Juden der Geschichte anheim, während der jüdische Gerechtigkeitsbegriff der für alle Zeiten gültige Beitrag des Judentums zur Weltkultur ist.[9] Indessen ist Malraux' Abneigung gegen die Einsargung der Einzelkulturen in das Grab der Geschichte nicht von Hegel hervorgerufen, sondern von Spengler auf Hegel selbst übertragen. Im Gegensatz zu Spengler, der die Kulturen als nicht zu vermittelnde Größen annimmt, werden die Kulturen eben bei Hegel in der Geschichte vermittelt, im Geschichtsprozeß in ihrer Fruchtbarkeit für die Weltgeschichte sichtbar gemacht. Auch

---

[6] Postface aux »Conquérants«, S. 178
[7] Préface à Manès Sperber, Qu'une larme dans l'océan, Paris 1952, S. XVI
[8] Ebd., S. XVI
[9] L'homme et la culture artistique, S. 76f.

steht der einem dialektischen Grundgesetz gehorchende, zyklisch von Stufe zu Stufe fortschwingende, alle Geschehnisse in sich begreifende hegelianische Geschichtsprozeß, der zu einem immer höheren Bewußtsein der Freiheit zu gelangen verspricht, in einem gewissen Gegensatz nicht nur zur vorhegelianischen Geschichtsphilosophie Herders oder Kants, sondern überhaupt zum französischen Begriff der Zivilisation, der bei Voltaire wie bei Michelet gleichermaßen zum Ausdruck kommt. Die Weltkultur des achtzehnten Jahrhunderts ist eine auf dem Fortschrittsglauben gegründete Hoffnung auf eine bessere Zukunft (»espoir de l'avenir«)[10] und kennt die Eingliederung des Menschen in den der Notwendigkeit gehorchenden Gang der Geschichte kaum. Auch der »humanisme universel« des von Malraux so geschätzten Jules Michelet ist eine die Geschichte übersteigende und beherrschende Größe. Da Malraux den Menschen nicht in der Geschichte aufgehen lassen will, gelangt er nicht zum Begriff der historischen dialektischen Vermittlung und damit auch nicht zu Hegels oder Marx' Vorstellung vom Menschen. Malraux' Mensch ist nicht das Hegel'sche Selbstbewußtsein, das sich in dialektischer Auseinandersetzung mit dem es konstituierenden Sein durch die Arbeit des Geistes zum absoluten Wissen durchringt und letztlich zum Bewußtsein der Freiheit in der Geschichte kommt. Noch weniger ist er der »konkrete« Mensch von Marx, der als »Arbeit« und »Produktion« gesetzt wird und sich in der Arbeit selbst erzeugt. Die im Kolloquium von Altenburg unaufhörlich umkreiste Frage nach einer »donnée sur quoi puisse se fonder la notion d'homme« (LA 104), die bereits der frühe Malraux in dem Manifest »A une Jeunesse européenne« stellt (JE 134), erweist sich in ihrer Schwierigkeit der Konkretion des Begriffes vom Menschen vom Marx'schen Standpunkt aus von einer bemerkenswerten Blässe und Angst vor der Kraft des die Gegensätze überwindenden, nach Totalität und Konkretion strebenden dialektischen Denkens. Die von einzelnen Gesprächspartnern im Anschluß an Spengler gegebenen Antworten mit dem Hinweis auf die Abgeschlossenheit der Kulturkreise und der Unvereinbarkeit der Menschenbilder läßt den beängstigenden Zersetzungsprozeß der hoffnungsfreudigen Philosophie Hegels im Pessimismus der deutschen Kulturpsychologie des beginnenden zwanzigsten Jahrhunderts ahnen. Wenn Vincent Berger mit Nachdruck, freilich ohne Erfolg, auf der »aventure humaine« als der Grundlage eines jeden Begriffs vom Menschen beharrt, so ergibt sich daraus, daß Malraux zu Hegel und Marx zwar näher als Spengler steht, daß er deren Dialektik aber nur in der abgeschwächtesten Form zu übernehmen gewillt ist. Malraux anerkennt die fundamentale Dialektik Mensch-Erde; er weigert sich aber, den Menschen in seiner

---

[10] Ebd., S. 77

Gesamtheit in den geschichtlich entwickelten Prozeß der Auflösung dieses Gegensatzes einzubeziehen. Er besteht darauf, die grundsätzliche Widersprüchlichkeit des Daseins hinzunehmen und nicht zu versuchen, eine Aufhebung und Überwindung dieser Antinomien in der Geschichte vorzutäuschen.

So bekennt sich Malraux zu einem Denken in dialektischen Spannungen, dem der Schritt zur versöhnenden Synthese nicht möglich ist. Wie sehr in der Tat das dialektische Denkschema Malraux' Überlegungen beherrscht, läßt sich schon semantisch an der Verbreitung des Begriffspaars »accord«-»désaccord« aufweisen. Der »désaccord« bezeichnet im Sinne von Hegel die anfängliche Zerrissenheit, die Kluft zwischen Gedanke und Wirklichkeit, die den Anstoß zu einer Bewegung vom Denken zur Tat hin gibt. Im »désaccord avec le monde de l'homme passionné« (TO 54) sieht beispielsweise der frühe Malraux die Quelle für die aus den Leidenschaften hervorbrechenden Energieströme. Die Krise in der zeitgenössischen Philosophie erklärt sich der Autor von »A une Jeunesse européenne« aus der Spannung zwischen den überkommenen Denkformen und der modernen Gefühlsstimmung, »ce désaccord inévitable de la pensée et de la sensibilité« (JE 145). Der »désaccord« als mangelnde Übereinstimmung des Menschen mit seiner Innerlichkeit wird zu einem der wichtigsten Kriterien für Malraux' Darstellung des Menschen. In der Gegenüberstellung des Marxisten Kyo mit dem Chef der politischen Polizei von Schanghai, König, wird der Gegensatz »accord«-»désaccord« besonders deutlich: während Kyo im Kommunismus, den er als Kampf um die Würde des Menschen versteht, mit sich selbst versöhnt ist, stellt König den Menschen der Zerrissenheit dar, dem der Weg zur inneren Harmonie durch eine nicht verwundene frühere Demütigung verstellt ist, und der nur noch zur Menschenverachtung fähig ist. Die Trennungslinie zwischen »accord« und »désaccord« geht durch alle Gestalten Malraux', ja oft durch die Seele einer einzigen Person: neben Kyo, May, Gisors, Manuel, Garcia, Vincent Berger stehen als Menschen des »désaccord« Hong, Tchen, Hemmelrich, König, Puig, der Negus.

In einem Aufsatz über T. H. Lawrence hat Malraux den »désaccord« als das Grundgesetz im Charakter des Verfassers der »Seven Pillars of Wisdom« aufgezeigt: »Il avait toujours été profondément désaccordé«.[11] Als Mensch des »désaccord« ist T. H. Lawrence ständig in einem Zustand schmerzhafter Zerrissenheit, in einem Gefühl der Unversöhntheit mit der Welt, das er nur zeitweise in der künstlerischen Schöpfung oder in der politischen Aktion zu überbrücken vermag. Die Spannung des »désaccord« treibt ihn zu einer unaufhörlichen Überwindung des leidvollen Gegensatzes in der erlösenden Tat: »Et

---

[11] N'était-ce donc que cela? In: Saisons n° 3, 1946, S. 11–23, hier S. 23

cette dislocation n'était pas un des moindres éléments de sa force, quand elle le jetait à l'action«.[12] Malraux hebt Lawrence' geringes Interesse für Shakespeare oder Goethe hervor; nur in der Bibel oder bei Dostojevskij finde Lawrence Antwort auf seine inneren Nöte. Außerhalb der Versöhnung mit sich selbst im künstlerischen Akt oder in der politischen Tat drücke sich das Gefühl seiner Zerrissenheit nur im Leiden, im demütigenden Bewußtsein des eigenen Unvermögens (»insuffisance«) aus.

Die dialektische Grundspannung bleibt also bei Malraux bestehen. These und Antithese werden in ihrer Gegensätzlichkeit verewigt, ohne daß der Schritt zur versöhnenden Synthese versucht würde. Aus der Dialektik entsteht keine fortlaufende Entwicklung, bei welcher der »désaccord« zum »accord« führt und der »accord« in unendlicher Bewegung den »désaccord« aus sich hervorbringt. Malraux' Dialektik ist nicht dynamisch und unbegrenzt; sie verhärtet die Gegensätze und will von gedanklichen Synthesen nichts wissen; sie sträubt sich, an die Auflösung der Widersprüchlichkeit des Daseins zu glauben. Gewiß hat Malraux in den dreißiger Jahren im Kommunismus und nach 1945 in der Kunst Möglichkeiten der Versöhnung gesehen. Doch ist in diesen beiden Lösungen die Zerrissenheit nicht aufgehoben: der einmalige Akt künstlerischer Schöpfung ist in einer tiefen inneren Spannung begründet, und der Kommunismus, wie ihn Kyo versteht, beruht auf dem Wissen um die soziale Ungerechtigkeit und die Entfremdung der Arbeiter. Daß Malraux zu allen Epochen seines Schaffens von einer Philosophie der Aktion ausgeht, läßt gerade erkennen, wie sehr das Gefühl der Zerrissenheit vorherrscht.

Daraus erklärt sich, daß Malraux in sein Bild von Marx Hegels Lehre der geschichtlichen Versöhnung nicht hereinnimmt. Malraux' tragischem Bewußtsein widerstrebt es, der vollständigen Integration des Menschen in einen dialektisch entfalteten historischen Prozeß zuzustimmen; es ist nicht nötig, daß Kyo erst mühsam dialektisch im geschichtlichen Prozeß zur Versöhnung im Kommunismus vordringt. Gewiß sind Malraux' Helden dem Zwang der geschichtlichen Umstände unterworfen, doch stehen sie in ihrer Handlungs- und Entscheidungsfreiheit außerhalb, ja über der Geschichte. Malraux begreift Marx im Sinne seiner tragischen Zerrissenheit als Denker der sozialen Aktion und lehnt seine Geschichtskonzeption ab. Dabei führt er die von Marx an Hegel geübte Kritik radikal zu Ende: Marx hatte Hegel vorgeworfen, er vollziehe die geschichtliche Versöhnung nur im Bereich des spekulativen Gedankens, und er hatte Hegels Begrifflichkeit auf die konkrete, materiale Realität übertragen; Malraux kritisiert selbst die sich im Politisch-Ökonomischen ereignende ge-

---

[12] Ebd., S. 23

116

schichtliche Versöhnung der Gegensätze, indem er auf die fundamentale Widersprüchlichkeit des Daseins verweist, die nicht durch den sich mit »wissenschaftlicher« Notwendigkeit vollziehenden Prozeß der Geschichte, sondern nur durch die ungeschichtliche Aktion immer wieder überwunden werden kann. Auf diese Weise gelangt Malraux zu einer extremen Spannung zu Hegel, der zum unsichtbaren Gegenpol aller seiner historischen Reflexionen wird und den er meist nicht direkt, sondern nur mittelbar über Marx oder Spengler anvisiert.

C

DIE BERÜHRUNGSFLÄCHEN DER EINFLÜSSE VON NIETZSCHE UND MARX IM GANZEN VON MALRAUX' SCHRIFTSTELLERISCHER ENTWICKLUNG

I

Das Verhältnis von Nietzsche und Marx in Malraux' erster Epoche

Da wir in unseren Einzeluntersuchungen zu den Einflüssen von Nietzsche und Marx vornehmlich Malraux' erste Schaffensphase zugrundegelegt haben, wollen wir hier, ohne freilich Widerholungen völlig vermeiden zu können, nur einen Aspekt des Problems herausgreifen, dem Malraux schon deshalb besondere Bedeutung zumaß, weil er ihn zum Romantitel erhob: das Eroberertum.

Nietzsche gibt dem Begriff des Eroberers[1] jene philosophische Dimension, die ihn der metaphysischen Ausrichtung von Malraux' das Politische stets übersteigendem Denken allein zugänglich macht. Ein charakteristischer Beleg der Eroberer-Metapher auch im Hinblick auf Malraux' Deutung des Begriffs findet sich im »Willen zur Macht«:

> Es bleibt uns keine Wahl, wir müssen Eroberer sein, nachdem wir kein Land mehr haben, wo wir heimisch sind ... Unsere *Stärke* selbst duldet uns nicht mehr im alten morschen Boden: wir wagen uns in die Weite, wir wagen *uns* daran; die Welt ist noch reich und unentdeckt, und selbst Zugrundegehn ist besser als halb und giftig werden. Unsre Stärke selbst zwingt uns aufs Meer, dorthin, wo alle Sonnen bisher untergegangen sind: wir *wissen* um eine neue Welt ...[2]

Das Zitat deutet wesentliche Elemente an, aus denen sich Malraux' Eroberer-Metapher konstituiert: der Eroberer, der »kein Land« mehr hat, steht dem Zusammenbruch der bisher geglaubten Werte, letztlich dem europäischen Nihilis-

---

[1] Die literarhistorische Wurzel der Eroberer-Metapher ist allerdings vielfältig; besonders die Lyrik (Gedichttitel bei Hérédia und Vildrac) und die politische Literatur (Proudhon, Sorel) sind zu erwähnen.

[2] F. Nietzsche, W III, S. 478

mus, gegenüber; seine Existenz ist ihm als »Wagnis« aufgegeben, in dem er sich selbst aufs Spiel setzen und mit seinem möglichen Zugrundegehn rechnen muß; der Eroberer ist »heimatlos« und an keinen festen Boden mehr gebunden, er muß sich eine »neue Welt« erkämpfen. Der Unterschied zu Malraux ist hier der, daß Nietzsche voll Erwartung die Brücken hinter sich abbricht, während dieser das Eroberer-Schicksal als tragisch erkennt.

Die Vereinbarkeit eines so verstandenen Eroberertums mit der Lehre von Marx, angedeutet im Begriff des »communiste conquérant« (C 150), ist das Problem der Vereinbarkeit von Nietzsche und Marx in der Form, in der es in Malraux' erster Phase zur Sprache kommt. Die Frage wird von wechselnden Seiten aus betrachtet und im Laufe der Erzählung auf verschiedenen Ebenen neu gestellt. Die unterste Ebene ist die Auseinandersetzung um den »Individualismus«, in dem die Einflußbereiche von Nietzsche und Marx in ihrer Gegensätzlichkeit aufeinanderstoßen. Läßt sich das individualistische Streben mit der marxistischen Lehre vereinbaren?

Im wichtigen Gespräch zwischen Nicolaïeff und dem Erzähler steht diese Frage im Mittelpunkt. In den Augen des Erzählers ist Garine das herrscherliche Individuum, das Dienen als Rechtfertigung des eigenen Tuns ablehnt und sich gegen Borodines Forderung des Gehorsams und der Disziplin auflehnt, weil es dadurch in seiner freien Entfaltung gehemmt wird. Daher wirft Nicolaïeff Garine vor, er sehe nur sich selbst und komme den Bedürfnissen des Proletariats nicht nach: »Il faut des gens qui sachent s'oublier mieux que lui« (C 149). Während bei Garine das eigene Ich den Vorrang habe und die marxistischen Interessen seinem individualistisch und frei herrschenden Willen untergeordnet würden, gelange Borodine erst durch den Dienst am Proletariat zum Bewußtsein seiner eigenen Individualität. »Il sert *d'abord* ce prolétariat, cette sorte de noyau qui doit prendre conscience de lui-même, grandir pour saisir le pouvoir ...« (C 150). Während der Auseinandersetzung räumt jedoch Nicolaïeff ein, das Verhältnis zwischen individualistischem und marxistischem Denken bedeute keine reine Opposition, nur gehe der Marxismus über den Individualismus hinaus und verlange mehr. Der unbedingte Individualismus sei eine »bürgerliche« Krankheit des neunzehnten Jahrhunderts. Als marxistischer Führer könne auch Borodine eine individualistische Haltung nicht umgehen. In der Tat zeigt ein Blick auf das in den »Les Conquérants« entworfene Lenin-Portrait, daß auch der kommunistische Revolutionär vornehmlich das große Individuum ist, das in der Aktion als seiner Selbstbestätigung aufgeht. Nicolaïeffs Äußerung »La conscience individuelle, c'est la maladie du chefs« (C 151) bezeugt, daß der Unterschied zwischen Garine und Borodine nicht grundsätzlicher Art ist und daß beide als Führer am individuellen Bewußtsein entscheidend teilhaben. Individualistische und marxistische Elemente lassen sich also wenigstens auf dieser Stufe der Betrachtung im marxistischen Führertum vereinigen. Der Gegensatz besteht weniger zwischen individualistischem und marxistischem Denken, als vielmehr zwischen dem individuellen Bewußtsein und dem persönlichkeitsfeindlichen Geist des »Bolschewismus«, der keine geistige Unabhängigkeit zulassen will. Nicht umsonst fordert der Bolschewist Nicolaïeff eine rücksichtslos durchgreifende Tscheka, die Borodine ebenso wie Garine zum Verhängnis werden soll.

Die Garine und Borodine gemeinsame individualistische Haltung ist hinsichtlich der Stellung zum »Bolschewismus« qualitativ unterschieden. Der Nietzsche näher stehende Individualismus Garines zeichnet sich durch seine stärkere humanistische Kraft aus. Angesichts der bolschewistischen Verdinglichung des Menschen betont Garine das Recht auf Menschlichkeit, also auch auf menschliche Schwächen und Fehler. »Il y a des demi-mesures partout ou il y a des hommes, et non des machines« (C 147). Borodine, der den Absolutheitsanspruch der Revolution vertritt, erwähnt im Hinblick auf Garine verächtlich Nietzsches Wort »humain, trop humain« (C 150), das aber in Garines Ohren einen positiven, weil menschlichen Klang besitzt. Dieses Jasagen zum Menschen in seiner Ganzheit, also auch in seiner Unvollkommenheit und Fragwürdigkeit, bezeichnet Malraux an anderer Stelle als »ethischen« Individualismus.[3] Da der »Bolschewismus« jede Spur individuellen Lebens im Keim vernichten will, entfernt er sich auch von den Zielen von Marx und verwandelt sich in jene »Freimaurerei«, welche die allen radikalen Gruppierungen gemeinsamen Züge aufweist. Die humanistische Deutung, die Garines Individualismus als europäisches Erbgut erhält, läßt wiederum auf die positive Beurteilung der von ihm verwirklichten Verbindung marxistischer und individualistischer Elemente schließen und bezeugt gleichzeitig, daß im »Bolschewismus« nicht alle marxistischen Aspekte mitgemeint sind. Freilich ist die im großen Führer erreichte Verbindung zwischen individualistischer und marxistischer Haltung keine dauerhafte »Versöhnung«, sondern nur eine spannungsreiche, immer wieder in Frage gestellte Zuordnung.

Allerdings ist mit dem Begriff des »Individualismus« nur ein Aspekt in der Metaphysik des Eroberers erfaßt, so daß der Gegensatz zwischen marxistischem und individualistischem Denken nicht die ganze Problematik des Kommunisten als Eroberer-Typus erhält. Vielmehr bereichert sich Malraux' Eroberer-Porträt um weitere und neue Züge, die wiederum entscheidend auf Nietzsche verweisen

---

[3] D. H. Lawrence et l'érotisme, A propos de »l'Amant de Lady Chatterley«. In: NRF 38, 1932, S. 136–40, hier S. 137

und so die Frage des Verhältnisses Nietzsche-Marx auf einer höheren Ebene aufwerfen. Im Zentrum der Auseinandersetzung um den Eroberer steht die Erfahrung der »Absurdität« des Daseins, von der aus der Sinn der menschlichen Existenz neu durchdacht werden muß. Malraux hält sich in seiner Metaphysik des Eroberers an Nietzsche, wenn er das Problem der Bejahung des »absurden« Daseins, der Bedeutung des Mitleidens und der Schöpfung als wesentlich erkennt. Im Schritt von Nietzsche zu Marx wird sodann deutlich, in welcher Weise dieses Eroberertum einem marxistischen Grundriß eingefügt werden kann.

Bei seinen Reflexionen über die Stellung des Menschen in der ihres Sinnes verlustig gegangenen Welt geht Garine von einem Wort aus, das als Abwandlung von Nietzsches »Bleibt der Erde treu« zu erkennen ist:

> Mon père me disait: ›Il ne faut jamais lâcher la terre‹. Il avait lu cela quelque part. Il me disait aussi qu'il faut être attaché à soi-même: il n'était pas d'origine protestante pour rien (C 139).

An späterer Stelle wird das Zitat wiederholt und mit einer Überlegung über den Wert des Mitleidens in einer »absurden« Welt verbunden (C 152). Garine stellt sich das Problem, der Erde treu zu bleiben, bei der Betrachtung des gefolterten und ermordeten Freundes Klein, dessen furchtbar verstümmelte Leiche die Fragwürdigkeit alles Tuns offenbar macht. Überraschend ist seine Lösung: erst in einer sinnlosen Welt vermag der Mensch die höchste Mächtigkeit seiner Individualität zu erreichen, weil er sich in einem Akt der verzweifelten Affirmation selbst setzen muß. »Pas de force, même pas de *vraie vie* sans la certitude, sans la hantise de la vanité du monde…« (C 152). Das Wissen um die Sinnlosigkeit der Dinge zwingt den Menschen in der Not der Selbstbejahung dazu, sich auf seine höchste Kraft zu besinnen:

> Je sais qu'à cette idée est attaché le sens même de la vie, que c'est de cette sensation profonde d'absurdité qu'il tire sa force: si le monde n'est pas absurde, c'est toute sa vie qui se disperse en gestes vains (C 152).

Dem Erzähler fällt Garines gesteigertes Bedürfnis auf, seinen Willen durchzusetzen, »d'imposer sa pensée« (C 161). Der Erde untreu zu werden, ist gerade in einer »absurden« Welt kaum möglich. »On peut vivre en acceptant l'absurde, on ne peut pas vivre dans l'absurde. Les gens qui veulent ›lâcher la terre‹, s'aperçoivent qu'elle colle à leurs doigts« (C 153).

Gleich Nietzsche betont auch der frühe Malraux, daß das Mitleiden in einer »absurden« Welt keinen Platz hat. Gewiß bleibt Garine nicht vom Mitleiden verschont. »Il m'est arrivé d'avoir profondément pitié, de cette pitié qui serre la gorge« (C 153). Mitleiden erweckt vor allem die Betrachtung des Schmerzes.

Erschütternd ist die Szene mit dem ermordeten Klein: die bereits starr gewordene Leiche ist senkrecht an die Wand des Werkstattraums gelehnt; man hat Klein den Mund aufgeschlitzt und ihm lebend die Augenlider abgeschnitten; Kleins Frau kniet stumm vor der Leiche und reibt, ohne zu beten, ihr Gesicht an den verkrusteten Wunden. Der Schmerz verstärkt indes nur das Gefühl der »Absurdität« des Daseins; er greift es nicht an oder stellt es in Frage. So kommt dem Mitleiden im »absurden« Denken keine Bedeutung zu. »Il n'y a pas de compassion profonde pour ceux dont la vie n'a pas de sens« (C 153). Auch darin stimmt Malraux in seinem Porträt des Eroberers mit Nietzsche überein, daß er nur in der unbarmherzigen Härte der absoluten Schöpfung eine mögliche Überwindung der »Absurdität« anerkennt. Garine hämmert mit der Faust auf sein Knie, da er dem Erzähler seine Waffe gegen das Mitleiden, ja gegen das »Absurde« schlechthin, anvertraut: »On ne se défend qu'en créant« (C 153). Gleich Perken legt Garine seine gesammelte Kraft in jeden seiner Akte, als ob davon sein Leben abhänge. Das Schöpfertum ist Sinn und Rechtfertigung des großen Individuums.

Aus der Nähe zu Nietzsche wird auch der hauptsächliche Charakterzug verständlich, der Malraux' Eroberer auszeichnet: das Spielertum, das sich im Wagnis seiner selbst offenbart. Der Eroberer unterliegt einer grundsätzlichen Bedingung: der Notwendigkeit, im Spiel erfolgreich zu sein, zu »siegen«, da er seine eigene Existenz im Spiel gesetzt hat. Spielen und Gewinnenmüssen sind für Garine eins. »Au fond, je suis un joueur« (C 143) bekennt er und verweist auf die Hartnäckigkeit, mit der er dem Spiel folgt. Indem er als Spieler sich selbst wagt, bestimmt er zugleich auch den Wert seines Einsatzes, so daß sein Schicksal vom erfolgreichen Ausgang des Spieles abhängt. »Il y a tout de même une chose qui compte, dans la vie: c'est de ne pas être vaincu...« (C 140).

Der auf diese Weise unter dem Einfluß Nietzsches konzipierte Begriff des Eroberers läßt die Übernahme von Marx' Lehre in vollem Maße nicht zu. Diese erfährt vielmehr jene charakteristischen Umwandlungen, die das Marx-Verständnis des frühen Malraux kennzeichnen. Aus dem Wissen um die »Absurdität« des Daseins heraus verbietet sich, wie wir in unserer Hegel-Interpretation gezeigt haben, die Deutung der Weltgeschichte als eines sinnvollen, rational gegliederten Ganzen, das mit Notwendigkeit gewissen Entwicklungsgesetzlichkeiten gehorcht, die der Marxismus nach Marx gar »wissenschaftlich« zu erfassen sucht. Der Konzeption des Eroberers widerspricht es, die Geschichte in ihrer Determiniertheit durch politisch-ökonomische Kräfte hinzunehmen, wenn der Eroberer auch die Wirksamkeit solcher Faktoren anerkennt und mit ihnen rechnet. Da die Welt nach Nietzsche »Bruchstück« und »grauser Zufall«, in Malraux' Sprache also »absurd« und in ihrem Gesetz nicht einzusehen ist, ist ihre Entwicklung nicht dem Zwang der Determination unterworfen, sondern in jedem Augenblick sind alle Möglichkeiten offen, die dem Menschen die größte Freiheit in seinem Handeln lassen und ihm die Aufgabe übertragen, den »Zufall« zu organisieren. Das bedeutet, daß Malraux' Eroberer vom Standpunkt der »Absurdität« aus das vermeintlich wissenschaftlich gesicherte Gebäude, das Marx errichtet, nicht anerkennt; der Glaube an den notwendigen Sieg des Proletariats ist ihm versagt; die widerspruchslose Unterordnung unter die marxistische Theorie ist ihm nicht möglich. Diese Kritik einzelner Positionen von Marx' Lehre zieht jedoch nicht eine völlige Absage an den Marxismus nach sich; im Gegenteil bereichert sie ihn um bisher verschüttete Kräfte, wie selbst die orthodoxen Marxisten des Romans einräumen. Der Eroberer besitzt die Tugenden der Aktion, weil er nicht dem vermeintlich determinierten Gang der Ereignisse vertraut; er hat einen untrüglichen Blick für Tatsachen, weil er die Wirklichkeit nicht durch das Gitter seiner Ideologie sieht. Er ist der Revolutionär, der den Marxismus von seinem allzu theoretischen Überbau befreit und ihm seine ursprüngliche revolutionäre Kraft zurückgibt. Durch die Einwirkung Nietzsches verwandelt sich die marxistische Theorie von einer wissenschaftlich-ökonomischen Gesellschaftslehre in eine Theorie der Revolution zurück.

Die marxistische Lehre gibt dem Eroberer die Möglichkeit, sich in der kommunistischen Aktion als Schöpfer zu bejahen und in der Gefahr des revolutionären Kampfes das Wagnis der Existenz im Spiel zu empfinden. Freilich ist der Eroberer von der Führerrolle abhängig, die ihm im Marxismus zukommt; würde er als Untergebener Befehle anderer ausführen, wäre er gezwungen, von ihm unabhängige Werte anzuerkennen. In der selbständigen Aktion begründet und bestätigt sich der Eroberer in seiner Freiheit in einer Welt, die keine allgemein verbindlichen Werte kennt und in der sich das Individuum selbst als Wert setzen muß. So kommt der Aktion das Attribut des Schöpferischen zu, und die Kennzeichen von Malraux' Marxismus-Begriff erhellen weitgehend aus dem Schöpfungscharakter, den die marxistische Aktion als Willensakt des Eroberers erhält. So betont der Eroberer, für den die Gerechtigkeit seinem Machtwillen untergeordnet bleibt, die Notwendigkeit der Gewalt, die der marxistischen Aktion zum Siege verhelfen soll. Die absolute Schöpfung fordert die unbedingte Hingabe ans Werk und die Unnachsichtigkeit gegen alles, was dieses Werk in seiner Entstehung und Reifung stört; Nietzsches Imperativ »Werdet hart« ist in dieser Notwendigkeit begründet. Damit wird die Aktion immoralistisch, genauer genommen steht sie indes »jenseits von Gut und Böse«, da für den Schaffenden nur die Schöpfung oberstes Gesetz sein kann. Die schöpferische Aktion wird deshalb so bedeutsam, weil ihr Mißlingen ebenfalls absolut ist und das Scheitern den Eroberer in seiner Existenz betrifft. Daß Malraux zur Klärung seines Marxismus-Begriffs auf Sorel und Pareto zurückgreift, hängt mit den Grundbedingungen der verzweifelten Aktion zusammen.

Das Problem angesichts dieses auf »Absurdität« und Aktion beruhenden Eroberertums läuft darauf hinaus, ob der so vereinfachte Marxismus noch als solcher kenntlich ist oder ob die Revolution zu einem Selbstzweck geworden ist, der nicht mehr mit der ursprünglich marxistischen Zielsetzung zusammenhängt. Der Roman deutet diese Frage damit an, daß Garine gegen Ende erwägt, ob er ins Lager seines bisherigen Todfeindes England überwechseln soll. Nicolaïeff bemerkt, daß für Garine der Schritt vom Marxisten zum »Mussolinisten« nicht mehr fern ist. Das bedeutet letzten Endes, daß es für die im schöpferischen Willen gründende Aktion unerheblich wäre, in welcher Weise sie ethisch motiviert ist; die permanente Revolution wäre die »action pure« schlechthin. Da indes Malraux' Eroberertum in der Revolte begründet ist, welche die menschliche Würde gegen den Zwang der Gesellschaft behauptet, kann es seinen Platz nicht auf der Seite der unterdrückenden Gesellschaft selbst einnehmen; die Revolution ist daher in ihrem Charakter moralisch bestimmt, wenn sie sich selbst auch als immoralistisch versteht. In dieser ethischen Komponente ist die grundsätzliche Beziehung zu Marx gewahrt.

So besteht in Malraux' erster Epoche zwischen der vom Gesichtspunkt der Revolution her gedeuteten Lehre von Marx und dem an Nietzsche entwickelten Begriff des Eroberertums eine starke Affinität, bei der allerdings Marx' Lehre wesentliche Attribute einbüßt. Marx' Konzeption der Geschichte, die politisch-ökonomische Dialektik, sein prophetischer Glaube an den Endsieg des Proletariats sind Elemente, die Malraux zugunsten seiner Auffassung des Marxismus als revolutionärer Willenslehre fallen läßt. Trotz dieser Vereinfachungen ist die Bindung des Eroberers Garine an den Marxismus schicksalhaft, weil er erst durch ihn die Möglichkeit zur revolutionären Aktion erhält. So ist der Typus des Kommunisten als Eroberer die Möglichkeit der Verbindung von Nietzsche und Marx, die sich für den frühen Malraux auf der Grundlage seines »Absurditäts«-Gefühls und seines Zweifels an dauerhaften und objektiven Werten ergibt. Freilich handelt es sich hier wiederum nicht um eine Synthese, sondern um eine problematische Einheit, bei der beide Denker von einem einzigen »Systematisierungszentrum« her gesehen werden. Da sich in der zweiten Phase von Malraux' Schaffen seine weltanschauliche Einstellung, letztlich also dieses »Systematisierungszentrum«, ändert, wandelt sich auch seine Einschätzung der Beziehung von Nietzsche und Marx, so daß diese aus der neuen Perspektive erneut entfaltet werden muß.[4]

[4] Die Beziehung zwischen dem »Systematisierungszentrum« und dem durch seinen

II

Das Verhältnis von Nietzsche und Marx in Malraux' zweiter Epoche

a) Malraux' Konzeption eines »socialisme nietzschéen«
im Roman »La Condition Humaine«

Die charakteristische Art von Malraux' Marx-Verständnis im Jahrzehnt 1930/40 läßt sich wohl am treffendsten mit dem Begriff des »socialisme nietzschéen« bestimmen, den Malraux in seiner Gedenkrede auf Léo Lagrange vom 9. Juni 1945 geprägt hat.[1] In diesem höchst aufschlußreichen, zu Unrecht völlig unberücksichtigten Text versucht Malraux die politische Schwierigkeit seiner eigenen Auffassung vom Sozialismus im Gegensatz zur herrschenden Anschauung der französischen KP darzulegen, deren Weggenosse er zwar in den Jahren zwischen 1933 und 1937 war, deren Marxismus-Verständnis er indessen nicht teilte. Malraux betont, daß mit »socialisme nietzschéen« mehr gemeint sei als mit dem verbreiteten Begriff des »socialisme humaniste«,[2] der Marx' Kritik der politischen Ökonomie in ihrem allgemeinen humanistischen Charakter herauszustellen versuche. Der »socialisme nietzschéen« gründe vor allem auf dem unbedingten Willen zur Wahrheit, auf dem unerbittlichen Prinzip der Gerechtigkeit, auf der persönlichen Tapferkeit in der revolutionären Aktion und auf dem Wissen um die Würde des Menschen, die unter keinen Umständen verletzt werden dürfe. Er verbinde mit den Tugenden der Wahrheit, der Gerechtigkeit, der Tapferkeit und der menschlichen Würde Nietzsches heroisches Menschentum mit Marx' Entdeckung des Phänomens des Sozialen. Die KP würde diesem »socialisme nietzschéen« nicht gerecht, weil sie nur das Gebot der Tapferkeit im Kampf erfülle, während sie Wahrheit, Gerechtigkeit und menschliche Würde den Prinzipien der »Taktik« und der Parteidisziplin unterordne und damit sträflich vernachlässige. Malraux legt dar, daß der Sozialist Léo Lagrange eben deshalb die Kommunisten bekämpft hat, weil sie diese moralischen Werte mißachtet haben.

Wechsel bedingten »Bedeutungswandel« als die Grundlage einer jeden geistigen Entwicklung beschreibt Karl Mannheim, Das Problem einer Soziologie des Wissens. In: Wissenssoziologie, Auswahl aus dem Werk, hg. von H. Wolff, Soziologische Texte Bd. 28, Berlin 1964, S. 308–87

[1] Hommage à Léo Lagrange. In: Eugène Raude, Gilbert Prouteau, Le message de Léo Lagrange, Paris 1950, S. 179–83, hier S. 180

[2] Ebd., S. 180

Vous savez qu'il avait écrit: ›Là où il n'y a ni vérité, ni justice, il n'y a pas de possibilité pour un parti socialiste‹ et que dans sa lutte contre les communistes, il disait que ce qui le séparait irréductiblement d'eux, c'était de n'être pas d'accord sur la recherche de la vérité.[3]

Die latente Spannung auch zwischen Malraux und der damaligen KP beruhte darauf, daß dieser zwar Malraux' »antifaschistische« Haltung gelegen war, daß sie aber seine marxistische Zuverlässigkeit eben auf Grund seines Wahrheitswillens mit Recht in Zweifel zog. Malraux weist auf die Feindlichkeit hin, die er mit der von Léo Lagrange geteilten Vorstellung des »socialisme nietzschéen« bei den politischen Parteien antraf: »A l'époque ou Léo Lagrange défendait son idéologie, elle était assez mal vue par les doctrinaires, et il n'était guère de parti politique alors qui acceptât de se fonder sur la dignité humaine, sur la vérité et la justice«.[4] Aus der geistesgeschichtlichen Konstellation eines aus der Sicht Nietzsches erfahrenen Marxismus erhellt das offenkundige Paradox, daß Malraux zwar an die marxistische Lehre für die Zukunft des Menschen seine Hoffnungen knüpft, daß er sich aber zu den politischen Institutionen des Marxismus im Gegensatz befindet.

Das Prinzip des »socialisme nietzschéen« bietet wohl die einzige Möglichkeit, den Roman »La Condition Humaine« in der Zwiespältigkeit seiner Haltung zum Marxismus hinreichend zu erklären. Der Roman ist kommunismusfeindlich in dem Sinn, daß er die revolutionäre Strategie der kommunistischen Machthaber verurteilt; er anerkennt aber gleichzeitig die in Marx' Lehre enthaltene ethische Zielsetzung unbestritten an. Die Ablehnung der revolutionären Strategie der Marxisten ist aus dem Vorrang des Willens zur Wahrheit vor den Erfordernissen der Parteidisziplin zu verstehen, die das Bemühen des kämpfenden Revolutionärs um Wahrheit mißbilligt. Der grundsätzliche Zwiespalt, der durch das Aufeinandertreffen des Willens zur Wahrheit und des sich nicht selbst in Frage stellenden Parteigehorsams entsteht, löst erst die tragischen Geschehnisse des Romans aus und bildet dessen Achse. Malraux entwickelt diese Problematik in zwei umfangreichen Szenen in der zweiten Abteilung des Romans: in der ersten besprechen die Revolutionäre Kyo, Katow und Tchen ihre unterschiedlichen Vorstellungen zur marxistischen Revolution (CH 268–75); in der zweiten versuchen Kyo und Tchen vergeblich, den Komintern-Vertretern ihre abweichenden Standpunkte klarzumachen (CH 278–96). Ausgehend von einer Frage der »Taktik« weitet sich die Diskussion zu einer Kritik der marxistischen Revolutionsauffassung schlechthin aus.

---

[3] Ebd., S. 180
[4] Ebd., S. 180

Schon das Gespräch zwischen Kyo, Katow und Tchen läßt die unlösbaren Widersprüche zwischen ihrer eigenen Wahrheitssuche und der autoritären Auffassung der Komintern erkennen, die von ihnen nach dem siegreichen Beginn der Revolution aus »taktischen« Erwägungen verlangt, ihre Waffen dem General Tschang-Kai-Schek zu übergeben und in dessen Partei der Kuomintang zurückzukehren. Kyo glaubt, die Entwicklung der Revolution könne unter Berücksichtigung aller Faktoren von der nach Wahrheit strebenden individuellen Vernunft erkannt werden; auch die Komintern sei den Kriterien der Wahrheit und der Vernunft unterworfen. Nicht die Befehle einer allmächtigen Partei, sondern allein die tiefen Bedürfnisse des Proletariats seien für das revolutionäre Handeln entscheidend. »Il ne s'agit pas de jouer aux échecs, mais de penser sérieusement au prolétariat, dans tout ça« (CH 271). Dem Offizier der Kuomintang, der die Übergabe der Waffen fordert, erklärt Kyo denn mit Entschiedenheit, daß die Kommunisten die Waffen behielten, selbst auf den Befehl von Moskau hin (CH 273). Kyo erörtert die unüberbrückbaren Gegensätze, die sich aus einem neuen Bündnis der KP mit dem General ergäben. Der General würde das Bürgertum unterstützen, das ihm zur Macht verholfen hat; er würde die Kriegskosten auf Bauern und Arbeiter abwälzen; die Kommunisten, die den Bauern eigenen Grundbesitz versprochen hätten, könnten ihre Versprechungen nicht halten, und die Bauern würden sich enttäuscht abwenden. Die KP hätte das Proletariat verraten. Ähnlich spricht sich auch Tchen entschlossen gegen den Befehl der Komintern aus, indem er den Tatbestand paradoxal zuspitzt:

Les ouvriers ont raisong de faire la grève. Nous leur ordonnons de cesser la grève. Les paysans veulent prendre les terres. Ils ont raisong. Nous le leur interdisons (CH 271).

Einzig Katow versucht mit dem vermittelnden Begriff der revolutionären »Taktik« eine Verbindung zwischen subjektiver Wahrheitssuche und vermeintlich objektiver Parteistrategie zu schaffen. Er führt das Beispiel des Volkskommissars Antonov an, den Lenin entgegen den Erwartungen des Proletariats dazu beglückwünscht, die Bergwerksbesitzer der Ukraine ohne ordentliches Gerichtsverfahren in die sibirische Gefangenschaft verschickt zu haben; das Proletariat ging vom Gesichtspunkt der Gerechtigkeit aus, während Lenins «taktische« Erwägung den Erfolg im Auge hatte. Katow rechtfertigt das Verhalten der Komintern mit ihrem Vorhaben, zuerst unter dem Deckmantel der Regierung Tschang-Kai-Scheks die Macht der KP zu vergrößern und den General »taktisch« zum Vorteil der Partei auszunutzen.

Que veut l'Internationale? D'abord se servir de l'armée du Kuomintang pour un'fier la Chine. D'velopper, par la propagande et le reste, cette Rév'lution qui doit d'elle-même se transformer de Rév'lution démocratique en Rév'lution socialiste (CH 273).

In diesem Sinn interpretiert er auch die von der Komintern ausgegebene Parole »Etendre la Révolution, ensuite l'approfondir« (CH 270). Die leicht ironische Art, in welcher der Erzähler Katows etwas ungeschickten Gebrauch der Schlagworte der marxistischen Terminologie darstellt, bezeugt seine Skepsis gegen die offizielle kommunistische Argumentation. In Katows Äußerungen wird der Versuch sichtbar, Wahrheit und Gerechtigkeit in dem dialektisch sich vollziehenden historischen Prozeß zu relativieren und damit Ungerechtigkeit und Gewalt als Moment in der Geschichte zu legitimieren. Die Wahrheit wird ans Ende der Geschichte verlegt, in die verwirklichte sozialistische Revolution; auf dem Wege dahin ist die Ungerechtigkeit als »taktisches« Mittel erlaubt. Im Gespräch von Kyo und Tchen mit den Komintern-Delegierten wird dieser marxistische Standpunkt noch klarer.

Vologuine, der für Kyo zuständige Komintern-Sekretär, ist über die mangelnde Disziplin unter den chinesischen Kommunisten beunruhigt; er bedauert die Lockerheit im Aufbau der chinesischen KP und weiß genau, daß die Einheit der russischen KP durch den Kampf mit den »Trotzkisten« gefestigt worden ist, eine Auseinandersetzung, die den Chinesen bisher gefehlt hat. Auch ist er sich dessen bewußt, daß die Stoßkraft der Parteianweisungen durch die große Entfernung zwischen Moskau und Schanghai leidet. In der Sowjetunion hätte Vologuine gar nicht diskutiert; in China muß er Kyo umständlich die »Taktik« der Partei auseinanderlegen. So weist er immer wieder mit Nachdruck auf die Unterwerfung unter die Parteidisziplin als oberstes Gebot für jeden Revolutionär hin: »Même coolie du port de Shanghai, je penserais que l'obéissance au Parti est la seule attitude logique, enfin, d'un militant communiste« (CH 286). Da Moskau selbst die Rückgabe der Waffen und die Einstellung des Kampfes befohlen hat, dürfte es keinen Zweifel an der Entscheidung geben. Wie schon Katow seinen Freunden erklärt hatte, gehe die geheime Absicht der Komintern dahin, die Kuomintang langsam zu unterwandern und von der »bürgerlichen« Phase der Revolution in die kommunistische überzuleiten. Durch die einer jeden Revolution innewohnende Gesetzlichkeit sei die Heraufkunft der sozialistischen Revolution ohnehin geschichtlich bedingt. Vergeblich versucht Kyo dem Komintern-Delegierten die Notwendigkeit der sofortigen Revolution aus dem Zwang der Ereignisse deutlich zu machen: die Aussichten seien nicht ungünstig; die erste Division von Tschangs Armee sei kommunistenfreundlich; Bauern und Arbeiter setzten sich für den Kommunismus ein; die Stoßtrupps seien gut bewaffnet und siegeszuversichtlich. Auf der anderen Seite komme die Übergabe der Waffen der eigenen Vernichtung gleich, da Tschang die Kommunisten notgedrungen bekämpfen werde. »Chang ne peut pas ne pas nous massacrer!« (CH 294) Doch selbst Kyos früherer Gefährte Possoz verschließt sich seinen Argumenten, indem er unbewegt auf das Prinzip der Parteidisziplin verweist: »Si on n'a pas confiance dans le Komintern, faut pas être du Parti« (CH 294).

> Que veut l'Internationale? D'abord se servir de l'armée du Kuomingtang pour un'fier la Chine. D'velopper, par la propagande et le reste, cette Révolution qui doit d'elle-même se transformer de Rév'lution démocratique en Rév'lution socialiste (CH 273).

Von der Komintern im Stich gelassen, geben Kyo und Katow in der anschließend doch ausbrechenden Revolution heroisch ihr Leben; die Delegierten der Kuomintang dagegen mit Borodine an der Spitze verlassen nach dem Siege Tschang-Kai-Scheks kopflos China, um sich in der Sowjetunion in Sicherheit zu bringen.

Kyo erkennt, wie schwierig es ist, unbeeinflußt von der autoritären marxistischen Parteilinie in der revolutionären Situation dem Willen zur Wahrheit treu zu bleiben und die wirklichen Bedürfnisse des Proletariats zu erforschen.

> Pendant la remontée du fleuve, il n'avait cessé d'éprouver combien son information était faible, combien il lui était difficile de fonder son action, s'il n'acceptait plus d'obéir purement et simplement aux instructions de l'Internationale. Mais l'Internationale se trompait... (CH 287).

Vom orthodox marxistischen Gesichtspunkt wird die Unterordnung unter die Disziplin der Partei damit begründet, daß die Leitung der KP die nach notwendigen Gesetzen abrollende geschichtliche Entwicklung am ehesten vorausberechnen kann. Die Prinzipien von Wahrheit und Gerechtigkeit verlieren in ihrer geschichtlichen Immanenz ihren Absolutheitsanspruch; sie werden als Moment des dialektischen Geschichtsprozesses zu subjektiven Werten, über deren objektive Stimmigkeit sich der ebenfalls in der Geschichte stehende Mensch keine endgültige Aussage erlauben kann, da die Wahrheit wie die Gerechtigkeit erst am Ende der Geschichte offenbar werden. Malraux' Konzeption des »socialisme nietzschéen« widerspricht dieser Mystifikation der Werte in der Geschichte mit Entschiedenheit. Geschichte vollzieht sich nicht unabhängig vom Menschen; Geschichte ist zu einem wesentlichen Teil dem Menschen überantwortet. Die Zukunft des Menschen ist noch unentborgen und seinem Willen anheimgegeben. Einen Standpunkt historischer Objektivität anerkennt Nietzsche nicht; nur durch die subjektive Einstellung des Willens zur Wahrheit und des Strebens nach Gerechtigkeit läßt sich die Geschichte einsehen und verändern. So ist es zu verstehen, daß sich Kyo nur vom Interesse der Proletariats leiten läßt und damit seiner Stimme der Wahrheit vertraut. Aus dem durch Nietzsche vermittelten Wahrheitswillen erklärt sich, warum Malraux in »La Condition Humaine« zum orthodoxen Marx-Verständnis im Widerspruch steht.

Von Nietzsche her sind auch die seelischen Grundkräfte der marxistischen Revolutionäre in »La Condition Humaine« verständlich: vor allem die Bejahung des Schmerzes und das Bewußtsein des metaphysischen Stolzes. Noch Garine hatte den Schmerz als das Hauptargument für die »Absurdität« des Daseins angesehen; Katow dagegen erkennt in der Bejahung des Schmerzes die Grundlage für die menschliche Würde im Marxismus. Kurz vor seiner grausigen Hinrichtung durch den Feuertod erinnert sich Katow an ein Zitat, dessen Verwandtschaft zu Nietzsche unverkennbar ist: »Ce n'étaient pas les découvertes, mais les souffrances de l'explorateur que j'enviais, qui m'attiraient . . .« (CH 407). In einer öffentlichen Diskussion von 1936 weist Malraux mit Nachdruck darauf hin, daß der Marxismus nicht den menschlichen Schmerz beseitigen will, sondern nur den unnötigen Schmerz zu lindern versucht; der Schmerz selbst bleibe ein zentrales Problem des Menschen.[5] Wenn eine Rechtfertigung des Schmerzes aus einem religiösen Weltbild nicht mehr möglich ist, muß er in einer transzendenzlosen Weltanschauung als Begründung der menschlichen Würde gedeutet werden. Gisors faßt diese Erfahrung in der Maxime zusammen: »Il n'y pas de dignité qui ne se fonde sur la douleur« (CH 429). Angesichts der Hereinnahme des Schmerzes in das marxistische Weltbild muß allerdings bemerkt werden, daß Marx selbst bei der Begründung seiner antitheistischen Vorstellung vom Menschen dem unumgänglichen Schmerz keinerlei Beachtung geschenkt hat. Erst Nietzsches Verbindung mit Marx erlaubt Malraux, dem Schmerz innerhalb des marxistischen Denkens eine solche Bedeutung zuzumessen.
Die Hinnahme des Schmerzes geschieht in einem Gefühl des Stolzes, jener metaphysischen Haltung des Menschen ohne Gott, der die größten Qualen auf sich nimmt, um seine Würde zu bewahren, eine Einstellung, die in der »Condition Humaine« wie in Malraux' früheren Romanen die wesentliche Kraft seiner Gestalten ist. »Je ne pleurs plus guère, maintenant, dit-elle, avec un orgueil amer« (CH 432), heißt es im letzten Satz der »Condition Humaine« von Kyos Gefährtin May, die den Tod des Geliebten tapfer auf sich nimmt. Am verzweifeltsten auf seinen Stolz stützt sich Katow, der einem qualvollen

---

[5] Zusammenfassung bei Emmanuel Mounier, Recueils posthumes, Correspondance, Paris 1963, S. 596f.

130

Foltertod entgegengeht: »Katow sourit amèrement, avec un orgueil désespé-
ré« (CH 403). Mit diesem verzweifelten Stolz entgeht er der Gefahr eines auf
der Autonomie des Menschen ohne Gott bauenden Weltbildes, die höchste Bedrohung der eigenen Existenz nicht mehr zu ertragen und sich in würdeloser
Angst der Verzweiflung anheimzugeben. Der Glaube an die Größe des Menschen
bedeutet also vor allem den Willen, im Übermaß des Schmerzes den Menschen
nicht zu verneinen und nicht zu Hinterwelten Zuflucht zu nehmen.

Bei der Ablehnung einer transzendentalen Interpretation des Schmerzes versucht Malraux durch die Verbindung von Nietzsche mit Marx, den Schmerz
als wesentliches Kennzeichen eines neuen Menschentums zu rechtfertigen und
als Signum menschlicher Größe anzunehmen. Dies gelingt Malraux, indem er
Nietzsches Bejahung des Schmerzes auf Marx' Theorie der Aufhebung der
Selbstentfremdung des Menschen überträgt. Der Wandel von der bürgerlich-
kapitalistischen zur kommunistischen Gesellschaft besteht demnach in der
Neubewertung der Arbeit als des schmerzhaftesten Elements der Kultur, genau wie der Übergang von der antiken Sklavenhalter-Gesellschaft zum mittel-
alterlichen Feudalwesen durch die veränderte Einstellung zu der vom Sklaven
in der Erniedrigung verrichteten Arbeit bedingt ist. In diesem Sinn formuliert
Gisors seine Auffassung vom kulturellen Wandel:

> Une civilisation se transforme, lorsque son élément le plus douloureux – l'humilia-
> tion chez l'esclave, le travail chez l'ouvrier moderne – devient tout à coup une
> valeur, lorsqu'il ne s'agit plus d'échapper à cette humiliation, mais d'y trouver sa
> raison d'être (CH 426).

Marx' Verdienst ist dabei, daß er mit der Arbeit einen Aspekt des menschlichen
Seins in der Mittelpunkt stellt, den der traditionelle Humanismus des achtzehnten und neunzehnten Jahrhunderts nicht hinreichend berücksichtigt hat.
Die Arbeit war bislang das Mittel der Versklavung des Arbeiters; sie soll von
nun an die Würde des Arbeiters begründen, der sich in der Arbeit selbst erschafft. Der unterschiedliche Arbeitsbegriff bei Marx und Malraux zeigt jedoch,
daß dessen Ansicht durch Nietzsche wesentlich modifiziert ist. Aus Marx' Begriff der Aufhebung der »Selbstentfremdung« geht nämlich nicht klar hervor,
ob der Mensch in der Arbeit selbst Erfüllung finden soll oder nur durch die
Befreiung von der überflüssigen Arbeit die Möglichkeit erhält, in der Muße zu
sich selbst zu finden.[6] Außerdem mißt Marx dem notwendig schmerzhaften
Charakter einer jeden Arbeit nicht genügend Beachtung zu, da der Schmerz als

---

[6] Siehe dazu Raymond Aron, Karl Marx. In: Les étapes de la pensée sociologique,
Paris 1967, S. 141–219, hier S. 175–78

rein negatives Moment im erreichten Ziel der Arbeit aufgehoben und versöhnt ist. Malraux dagegen betrachtet vor allem die schmerzhafte Seite der Arbeit und bejaht diese letzthin deshalb, weil er im Schmerz die menschliche Würde schlechthin begründet sieht.

In der Nachfolge Nietzsches faßt Malraux die Situation des durch Ausbeutung und Unterdrückung entfremdeten Arbeiters mit der Psychologie der Erniedrigung und des »ressentiment«. Nur betrachtet er das »ressentiment« nicht mehr von vornherein abschätzig, sondern er anerkennt es als gültige Form der Revolte. Im Roman »La Condition Humaine« ist Hemmelrich ein Beispiel für die Erniedrigung des Menschen durch soziales Elend. Nachdem Hemmelrich das ganze Leben hindurch geknechtet gewesen ist, eröffnet sich ihm durch den Tod seiner Familie zum ersten Male die Möglichkeit zu ungehinderter Rache an seinen Unterdrückern. Im Kampf mit den Soldaten Tschang-Kai-Scheks gibt er seinem unbändigen Haß freien Lauf:

> Cette ombre arrêtée maintenant devant le barrage de fils de fer, Hemmelrich la haïssait jusque dans sa pensée: ce n'était pas assez que cette race d'heureux les assassinât, il fallait encore qu'elle crût avoir raison (CH 385).

Dem ihn bedrohenden Soldaten begegnet er mit unmenschlicher Empörung; er haßt ihn, weil er alle Glücklichen haßt, die ihm das Sonnenlicht gestohlen haben. In ohnmächtiger Wut sticht er ihm das Bajonett in den Leib, erwürgt ihn mit eigenen Händen und raubt ihm seine Uniform, mit der er ungesehen den Verfolgern entkommt. Ein ähnliches Beispiel des im »ressentiment« entfremdeten Menschen ist König, dem die russischen Kommunisten durch die Sterne seiner Offiziersuniform Nägel in die Schultern getrieben haben; er kann seither an keine menschliche Würde mehr glauben, und er befriedigt sein »ressentiment« damit, daß er als Chef der Geheimpolizei die Menschen foltert und in ihrer Nichtigkeit bloßzustellen versucht.

In einer Kultur der Zukunft, in welcher der Arbeiter nicht mehr »entfremdet« ist und die schmerzhafte Arbeit die Würde eines transzendenzlosen Lebens begründet, muß die Fabrikhalle den Platz einnehmen, der in christlichen Zeitaltern der Kathedrale zukam. Gisors spricht diesen Gedanken klar aus:

> Il faut que l'usine, qui n'est encore qu'une espèce d'église des catacombes, devienne ce que fut la cathédrale et que les hommes y voient, au lieu des dieux, la force humaine en lutte contre la Terre... (CH 426).

Während die christliche Kathedrale die Abhängigkeit des Menschen von Gott versinnbildlicht, verkörpert die Fabrikhalle die Kraft des auf sich selbst gestellten Menschen, der sich seiner eigenen Göttlichkeit bewußt geworden ist. Auch in dieser metaphysischen Position treten Marx und Nietzsche zusammen: beide Denker haben ihre antitheistische Haltung gemeinsam und ihr Ziel, nach dem Tod des alten Gottes das Bild eines »totalen« Menschen zu entwerfen, der das Versprechen einlöst, das durch die Herrschaft des Christentums verhindert worden ist. Im Marxismus ist die Möglichkeit gegeben, Nietzsches Traum vom Übermenschen zu verwirklichen. In der Diskussion »christianisme et communisme« von 1936 anerkennt Malraux zwar, daß der Marxismus mit dem Christentum den Glauben an die Freiheit und die Zukunft des Menschen teile, doch betont er mit Nachdruck, daß der Marxismus in Ablehnung jeglicher Transzendenz auf den Menschen allein vertraue und damit alle Werte »humanisiere«. Auf diese Weise allein sei es möglich, die Göttlichkeit des Menschen wiederherzustellen. »Cette faculté qui est dans l'homme de créer des dieux doit revenir à son image; l'homme doit l'employer à se diviniser lui-même«.[7] Doch vergißt Malraux auch in der höchsten Begeisterung um diesen neuen Menschen nicht, daß sich dessen Größe auf den Schmerz und auf die Menschlichkeit seines Herzens gründet und daß sie zutiefst tragischer Natur ist.

Die Beziehung zwischen Nietzsche und Marx erscheint im Vergleich zu den Werken der Frühzeit unter neuen Gesichtspunkten, weil sich die metaphysischen Grundlagen in »La Condition Humaine« gewandelt haben. Das Gefühl des »absurden« Daseins, in dem sich der Mensch als Individuum in der absoluten Affirmation setzt und in dem es keine gültigen Werte außerhalb dieser Affirmation gibt, ist in »La Condition Humaine« nicht mehr vorherrschend. In der menschlichen Würde ist ein verpflichtender, allgemein gültiger Wert gefunden, auf den sich ein neues Menschenbild gründen kann.

Die verschiedene Einschätzung des Todes in den Werken der ersten und der zweiten Phase macht diesen Übergang sichtbar. In der ersten Phase ist der Tod die totale Negation, gegen die das große Individuum auch durch die heroische Tat machtlos ist. In der zweiten Phase stellt die im Sozialismus verbürgte menschliche Würde einen über den Tod hinausreichenden Wert dar; der Tod im Kampf für den Sozialismus kann zum höchsten, märtyrerhaften Opfer werden, durch welches das Leben nachträglich seinen Sinn erhält. Bei seiner Reise in die Sowjetunion 1934 stellte Malraux immer wieder an die Komsomolzen die Frage, was sie über den Tod dächten, doch beinahe jedesmal erhielt er die gleiche Antwort: jeder Kommunist wünschte sich den gewaltsa-

---

[7] Zitiert von Emmanuel Mounier, Recueils posthumes, S. 597

133

men Opfertod im Dienste der marxistischen Bewegung.[8] Im Kampf um die durch Marx vorgegebenen Ziele scheint der Tod seinen Schrecken verloren zu haben: ohne zu zögern greift Kyo zum tödlichen Zyankali, Katow wählt den Feuertod, Tchen wirft sich mit der Bombe unter das Auto Tschang-Kai-Scheks.

Die Wende von der ersten zur zweiten Phase vollzieht sich gegen 1930. In seiner Antwort auf Trotzkijs Kritik der »Conquérants« 1931 interpretiert Malraux seinen Roman nicht mehr aus den Grundbegriffen der ersten, sondern schon der zweiten Phase. Er charakterisiert das Werk als »accusation de la condition humaine«,[9] was für die »Condition Humaine«, kaum für die »Conquérants« zutrifft. Der Ausdruck »dignité humaine«, das Leitwort der zweiten Phase, findet sich vor 1930 selten und meist mit einem ironischen Unterton, so wenn Garines Propaganda den chinesischen Kulis den Glauben »à leur propre dignité, à leur importance si vous voulez« (C 15) einhämmert. Das abgenutzte Wort der menschlichen Würde (»le mot vilipendé de dignité«)[10] in seinem ursprünglichen Glanz erstrahlen zu lassen, ist die eigentliche literarische Leistung von Malraux' zweiter Schaffensepoche.

Die Ursache für diese tiefgreifende Wandlung ist wohl in Malraux' gesamten Erlebensbereich zu suchen. Dazu gehört neben der persönlichen Reifung die wachsende politische Erfahrung, die in Malraux' sich verstärkendem marxistischem Engagement nach 1930 ihren Grund hat. Während diese Kräfte den eigentlich dichterischen Bereich überschreiten und in Malraux' Persönlichkeitsbild verankert sind, läßt sich als Reflex auf der eher literarischen Ebene des Einflusses eine verstärkte Hinwendung zu Marx als Grund der Wandlung feststellen. Der Einfluß von Marx wird jedoch durch eine vertiefte Auffassung von Nietzsche ausgeglichen, in der sich die Kontinuität von Malraux' Entwicklung bezeigt. Der Bedeutungswandel des Einflußfeldes Nietzsche–Marx, der zum Begriff des »socialisme nietzschéen« führt, ist damit das geistige Erlebnis der sich vollziehenden Veränderung.

---

[8] Malraux' Frage über den Tod wurde ihm von den orthodoxen Kommunisten recht übel genommen. In einer Kongreßrede wandte sich der deutsche Kommunist Karl Radek leidenschaftlich gegen Malraux; die geringe Höhe der Anklage wird jedoch schon aus dem Ausschnitt deutlich, den I. Ehrenburg in seinen Erinnerungen zitiert: »Warum fragte Malraux die Komsomolzen, was sie über den Tod dächten? Was für eine unfruchtbare Einstellung ist das in einem Jahrhundert, wo dem Individuum endlich die Chance gegeben ist, im Kollektiv aufzugehen?« (Ilja Ehrenburg, Menschen, Jahre, Leben, Autobiographie, München 1962, Bd. I, S. 286f.)

[9] Réponse à Léon Trotzky. In: NRF 36, 1931, S. 502

[10] Moro, Giafferi, Gide, Malraux, Nick, Pour Thaelmann, Paris 1935, S. 17

Aus dem Charakter des »socialisme nietzschéen« geht hervor, daß die »Condition Humaine« der Roman des heroischen Individuums, nicht der Lobpreis eines kollektiven Kommunismus ist, der Roman der »fraternité« im Tode und nicht der Parteidisziplin, die den kommunistischen Genossen an die politische Führung bindet. Eine kritische Beurteilung von Malraux' Konzeption des »socialisme nietzschéen« läßt sich wohl am ehesten erreichen, wenn man die Todesszene von Kyo und Katow auf ihre dichterische Aussagekraft hin untersucht. Dabei zeigt sich, wie weit Malraux' Lösung Glaubwürdigkeit besitzt.

Der faszinierende Höhepunkt der »Condition Humaine«, die Szene der Hinrichtung Kyos und Katows durch die Schergen Tschang-Kai-Scheks (CH 400–411), zeigt Heroenfiguren, die in ihrer menschlichen Größe, im Wissen und in der Bejahung des Schmerzes, im Opfer ihres Lebens Nietzsches Vision eines höheren Menschentums im Kampf um eine neue gesellschaftliche Ordnung verwirklichen sollen. Der Todesszene versucht Malraux die Ausmaße der klassischen französischen Tragödie zu geben. Bevor Kyo zur tödlichen Zyankali-Ampulle greift, erfährt er den Sinnzusammenhang seines Lebens in einem inneren Monolog von höchster Klarheit, der allerdings der Verzweiflung des Augenblicks wohl nicht völlig angemessen ist. Kyos Sterben ist der grandiose Abschluß eines ebenso großartig erfüllten Lebens, ein »acte exalté«, »la suprême expression d'une vie à quoi cette mort ressemblait tant« (CH 407). Kyo hört das Stöhnen seiner verwundeten Mitgefangenen; er fühlt sich ihnen im Schmerz brüderlich vereint und weiß, daß in ihrem Leiden die Hoffnung auf der Zukunft beruht. Malraux verbindet das »gloire«-Element mit dem Reflektieren dieses Sterbens. Die leidende Menschheit schöpft aus dem Opfertod dieser Helden Zuversicht und Hoffnung:

> Partout où les hommes travaillent dans la peine, dans l'absurdité, dans l'humiliation, on pensait à des condamnés semblables à ceux-là comme les croyants prient; et, dans la ville, on commençait à aimer ces mourants comme s'ils eussent été déjà morts... (CH 406).

Ihr Sterben erhält eine religiöse Sinngebung: es ist ein Märtyrertum für eine Religion ohne Gott, in welcher der leidende Mensch im Mittelpunkt steht.

Kyos Sterben, das eine nicht mehr zu steigernde Totalität auszudrücken scheint, folgt ein zweiter Höhepunkt, der den ersten noch übertreffen soll: Katows freiwilliger Feuertod. Freilich wird diese Steigerung nur beim ersten überraschten Lesen empfunden; zumindest bei der zweiten Lektüre wird entweder der erste Gipfel, Kyos Ende, dadurch abgeschwächt, oder aber der zweite Höhepunkt offenbart sich als Vermessenheit, die der Leser dieser bis ins Letzte in ihrer Wirkung berechneten Szene beim ersten Auftreten der beiden todgeweihten Chinesen kaum zu ahnen wagt, bis schließlich Katow selbst die grausig faszinierende Möglichkeit wahrnimmt und sich dem lebendigen Feuertod ausliefert, indem er den chinesischen Schicksalsgefährten seine eigene Zyankali-Ampulle übergibt. Die doppelte Aufgipfelung der Szene ist aus Malraux' Bestreben verständlich, das Heldentum seiner Gestalten plastisch zu verdeutlichen. Katows übermenschliche Tat wird in der Einsamkeit seiner letzten Augenblicke schmerzhaft bewußt. Nach dem Tode Kyos wartet er als einziger auf die Henker, die ihm den Tod bringen sollen. Erstauntes Murmeln erhebt sich unter den Mitgefangenen, die Katows Opfertat kaum fassen können. »La rumeur des prisonniers était presque devenue une clameur« (CH 410). Katow ist wirklich der tragische Held, der heroische Mensch, dessen Niederlage und Tod in der »gloire« überhöht wird und Unsterblichkeit gewinnt. Unter der gespannten Aufmerksamkeit der Mitgefangenen, im gespenstischen Licht der Scheinwerfer schreitet er der Opferstätte zu:

> Il commença à marcher. Le silence retomba, comme une trappe, malgré les gémissements. Comme naguère sur le mur blanc, le fanal projeta l'ombre maintenant très noire de Katow sur les grandes fenêtres nocturnes; il marchait pesamment, d'une jambe sur l'autre, arrêté par ses blessures; lorsque son balancement se rapprochait du fanal, la silhouette de sa tête se perdait au plafond. Toute l'obscurité de la salle était vivante, et le suivait du regard pas à pas. Le silence était devenu tel que le sol résonnait chaque fois qu'il le touchait lourdement du pied; toutes les têtes, battant de haut en bas, suivaient le rythme de sa marche, avec amour, avec effroi, avec résignation, comme si, malgré les mouvements semblables, chacun se fût dévoilé en suivant ce départ cahotant. Tous restèrent la tête levée: la porte se refermait (CH 411).

Gerade diese Darstellung zeigt, wie sehr der »socialisme nietzschéen« auf das heroische Individuum zugeschnitten ist. Gleichzeitig wird aber die Frage laut, ob der Sieg des sich auf seine Würde und seinen Wahrheitswillen berufenden heroischen Menschen auch noch über den Tod nicht eine Vermessenheit ist, welche die Grenzen des Menschen selbstherrlich überschätzt. Wir haben gesehen, daß sich dieser Eindruck an verschiedenen Stellen der Todesszene aufdrängt. Im Ganzen gelingt es Malraux zwar, das spannungsreiche Gleichgewicht zwischen der heroischen Lebenshaltung der Helden un der Unmenschlichkeit des Schicksals in einer tragischen Daseinsauffassung aufrechtzuerhalten, doch bleibt unübersehbar, daß dem nur auf sich selbst vertrauenden Individuum und damit dem »socialisme nietzschéen« allgemein in der Transposition im Kunstwerk Grenzen gesetzt sind.

Die Bedeutung des Zusammenwirkens von Nietzsche und Marx im »socialisme nietzschéen« läßt sich im Vergleich mit dem anderen Zweig von Malraux'

Nietzsche-Aneignung erkennen, der sich nicht mit Marx berührt. Die Auffassung Nietzsches als des Vertreters einer die »différence« betonenden individualistischen Lebenshaltung erlangt in der Gestalt von Ferral ihre dichterische Inkarnation. Seit Anfang seines Schaffens hatte Malraux Nietzsche als den Philosophen der »passion de l'Homme« in seiner Beziehung zum Individualismus des neunzehnten Jahrhunderts gesehen und daran die vulgarisierte Deutung des Willens zur Macht als Machtstreben geknüpft. Während Emmanuel Berl indes schon 1930 den Individualismus der Psychologie der Bourgeoisie zuordnete und ihn als Symptom der »bürgerlichen« Dekadenz beschrieb,[11] vermied Malraux lange Zeit die Gleichsetzung von individualistischer und »bürgerlicher« Kultur. Erst seit seiner kommunistischen Parteinahme deutete auch er seine Gegenstellung zum Individualismus aus der Spannung zwischen marxistischem und »bürgerlichem« Denken und sah im Kommunismus einen Weg, eine dem »bürgerlichen« Individualismus entgegengesetzte Konzeption vom Menschen schlechthin zu entwickeln. In seiner Moskauer Rede 1934 weist er auf diesen Gegensatz ausdrücklich hin: »A la bourgeoisie qui disait: l'individu, le communisme répondra: l'homme«.[12] Im Vorwort zu »Le Temps du Mépris« (1935) nimmt er diesen Gedanken neu auf: der Kommunismus setze an die Stelle des »individualisme informulé« der Bourgeoisie die »agonie de la fraternité virile« und schaffe so nach dem Ende des Individualismus erstmals wieder die Voraussetzung für ein großes Menschentum und damit auch für große Dichtung (TM 12). Die Gestalt von Ferral zeigt die Züge dieses »bürgerlichen« Individualismus und läßt gleichzeitig erkennen, in welcher Weise darin die andere Tendenz von Malraux' Nietzsche-Rezeption zum Tragen kommt.

Ferral ist der Mann eines »grand individualisme« (CH 420); er ist geprägt vom Geist der »bürgerlichen« Blütezeit des individualistischen neunzehnten Jahrhunderts, von Renan, Berthelot, Victor Hugo. Als Sohn eines berühmten Juristen wird er mit 27 Jahren »agrégé« für Geschichte; mit 29 leitet er das erste wissenschaftliche Sammelwerk für französische Geschichte. Zu einer Zeit, da Poincaré und Barthou schon mit vierzig Ministerämter bekleiden, wird Ferral früh Abgeordneter und steigt rasch zu den höchsten Ämtern empor, bis er nach einem politischen Sturz die Direktion des »Consortium Franco-Asiatique« in Schanghai übernimmt. Sein machiavellistischer Traum besteht darin, mit der hier gewonnenen Macht in die französische Politik zurückzukehren und das Parlament zu überspielen.

Ferrals individualistische Haltung beruht auf dem Bewußtsein der »diffé-

---

[11] Emmanuel Berl, Mort de la morale bourgeoise, Paris 1930
[12] Zitiert bei André Breton, Position politique du surréalisme, Paris 1935, S. 52

137

rence«, seiner Andersartigkeit zu dem ihn umgebenden Milieu. Aus diesem Unterschied ergeben sich etwa die Spannungen im Ministerrat von Schanghai:

Ferral n'était pas des leurs. Pas marié: histoire des femmes. Soupçonné de fumer l'opium. Il avait dédaigné la Légion d'honneur. Trop d'orgueil pour être, soit conformiste, soit hypocrite (CH 420).

Malraux greift auf Nietzsches Verherrlichung des Cesare Borgia zurück, um die Bedeutung der »différence« für den klassischen Individualismus aufzuzeigen. Nur in der christlichen Gesellschaft des beginnenden sechzehnten Jahrhunderts kann Cesare Borgia die individualistische Lebenshaltung vollständig verwirklichen, weil er sich durch seinen Immoralismus vom herrschenden Geist abhebt und seine Umgebung täuschen kann. Nicht in der französischen Revolution mit ihren Eiferern der Tugend, sondern in der christlichen Renaissance ist die höchste Form des Individualismus möglich (CH 420).

Eine weitere Art des Strebens nach »différence« ist Nietzsches Wille zur Macht, den Malraux hier als Versuch der Überwältigung des Mitmenschen auslegt. Die Erotik ist für Ferral das vorzügliche Betätigungsfeld seines Machtwillens. Die Dramatik seiner Beziehung zu Valérie Serge gründet vor allem in seinem ständig scheiternden Versuch, die Geliebte zu erniedrigen und so seine eigene Macht zu beweisen. Die Ursache des Machtwillens sieht Malraux gleich Nietzsche im Aufruhr des Menschen gegen Gott. »La maladie chimérique, dont la volonté de puissance n'est que la justification intellectuelle, c'est la volonté de déité: tout homme rêve d'être dieu« (CH 349). Doch sei der so verstandene Wille zur Macht menschenunwürdig deshalb, weil er nur auf die Überwältigung des Mitmenschen ausgehe und das wahre Problem nicht erkenne, wie das Menschsein selbst neu und tiefer begründet werden kann. Seine Fragwürdigkeit liegt nach Gisors darin, »d'être plus qu'homme, dans un monde d'hommes. Echapper à la condition humaine...« (CH 349). Der verderbliche Traum des Menschen sei, Gott zu werden, ohne die Insignien des Menschseins zu verlieren, ähnlich dem Traum der Gottheit, Mensch zu werden, ohne auf ihre Göttlichkeit Verzicht leisten zu müssen (CH 349). In diesem Machtwillen gehe der Blick aber an den wesentlichen Fragen des Menschseins vorbei. So befindet sich Ferral gleich vielen anderen Gestalten der »Condition Humaine« in einem Zustand der Unwahrheit und der Täuschung über sich selbst. Ferral berauscht sich am Willen zur Macht ähnlich wie Tchen am Mord, Clappique am Wahnsinn oder Katow an der Revolution (CH 349).

Der auf dem Willen zur Macht beruhende Individualismus umfaßt also die negative Seite von Nietzsches Einfluß, dem als positiver Teil der »socialisme nietzschéen« gegenübersteht. Erst unter der gemeinsamen Einwirkung von

Nietzsche und Marx vermag Malraux den Standpunkt des einseitigen Individualismus zu überwinden und die Mitmenschlichkeit, die »fraternité«, als entscheidenden Aspekt zu erkennen. Es bedarf dieses Rahmens, damit Nietzsches Sinn für menschliche Größe, sein Gefühl für Scham und Erniedrigung, sein verzweifelter Stolz, sein Wissen um das Leiden in Malraux' Werk voll zur Entfaltung gelangt.

b) Der militärische Kommunismus als letzte Form der Verbindung von Nietzsche und Marx

In seiner Schlußrede »Aux écrivains d'Occident« beim Kongreß zur »Verteidigung der Kultur« in Paris 1935, den er zusammen mit Gide leitete, hatte Malraux auf die Entschlossenheit der versammelten Schriftsteller im Kampf um die menschliche Würde hingewiesen: »Mille différences jouent sous notre volonté commune. Mais cette volonté *est*.«[1] Malraux' Spanienroman »L'Espoir« zeigt die Schwierigkeit, die Vertreter der verschiedenen politischen Anschauungen zur Aktionseinheit auf der Seite der spanischen Republik zusammenzufassen. So liegt der Schwerpunkt des Romans weniger auf der ethisch-weltanschaulichen Seite des Marxismus, von der die Konzeption des »socialisme nietzschéen« Zeugnis ablegt, als vielmehr auf den Erfordernissen der politischen Praxis, auf dem Verhältnis von Ideologie und Wirklichkeit. Die Fragestellung, unter der Malraux im Roman »L'Espoir« die Einflüsse von Nietzsche und Marx aufnimmt, ist daher eine andere als in »La Condition Humaine«, so daß die neue Lösungsmöglichkeit ihrer Verbindung, die wir einen »militärischen Kommunismus« nennen möchten, in einem bisher noch nicht zum Tragen gekommenen Erfahrungsbereich verwurzelt ist. Die verschiedene Blickrichtung wird zudem durch den Wandel von Malraux' politischer Einstellung vertieft, die in »L'Espoir« erstmals zu erkennen ist: seine beginnende Abwendung vom Kommunismus. Der Höhepunkt von Malraux' kommunistischem Engagement, der zwischen dem Moskauer Kongreß 1934 und dem Pariser Kongreß 1935 liegt, ist 1937 längst überschritten; das kommunistische Vorgehen in Spanien, Stalins Moskauer Prozesse seit 1936 lassen seine Skepsis zu der verbündeten Partei wachsen. Auch diese veränderten Positionen tragen dazu bei, daß in »L'Espoir« die aus Marx entwickelten ideologischen Positionen stärker in den Hintergrund treten.

[1] Rede auf dem Pariser Schriftstellerkongreß vom 25. 6. 1935 (auszugsweise abgedruckt in »L'Humanité« vom 26. 6. 1935).

Bevor wir die veränderte Möglichkeit einer Vereinigung der beiden Denker untersuchen, müssen wir den Prozeß der Kritik und der Neudeutung des Marxismus-Begriffs im Roman »L'Espoir« in seinen wesentlichen Phasen herausstellen, um im Wandel von Malraux' Marx-Verständnis die neue Ebene der Reflexion auszumachen, auf der sich die Begegnung Nietzsche–Marx nun vollzieht. Wir beschränken uns dabei auf die Beschreibung dreier Grundtatsachen, die für den Marxismus-Begriff in »L'Espoir« charakteristisch sind. Die erste ist die Erkenntnis, daß im Zeitalter der technischen Organisation die Ideologie wesentlich an Bedeutung eingebüßt hat. Daraus folgt als zweite Grundtatsache Malraux' veränderte Einschätzung der technischen Organisationsformen der Marxisten, etwa der KP, der er bislang ablehnend gegenüberstand und die er nun auf Grund ihrer praktischen Wirksamkeit durchaus zu würdigen weiß. Der dritte überraschende Befund in »L'Espoir« ist aber die gleichzeitige heftige Marxismus-Kritik, die dieser Würdigung parallel geht, besonders vom Standpunkt der Sozialisten und Anarchisten aus. Die zwiespältige Einschätzung erklärt sich werkgenetisch damit, daß dem Roman zwei Fassungen zugrundeliegen, von denen die frühere den marxistischen Anschauungen noch sehr nahe stand.[2] Die zweite Fassung hat die kritischen Teile stärker hervorgehoben, ohne doch den Roman grundsätzlich neu auszurichten. Der Fassungsunterschied wird uns bei der Frage der Verbindung zwischen Nietzsche und Marx im »militärischen Kommunismus« erneut beschäftigen.

1. Die Kritik der Ideologien und das Phänomen der Organisation

Malraux gelangt in »L'Espoir« zur Erkenntnis, daß in der hochindustrialisierten Gesellschaft die politischen Probleme nicht mehr von der marxistischen Ideologie[3] her zu lösen sind, sondern vom Gesichtspunkt der ideologisch indifferenten technischen Organisation, die mit dem Begriff des Klassenkampfs nicht zu erfassen ist. Der Glaube an Marx' Lehre als Weltanschauung verliert dadurch die Bedeutung, die ihr bisher zugesprochen wurde.

Malraux' Ideologie-Kritik läßt sich im Roman »L'Espoir« an den Äußerungen des Ethnologen Garcia ablesen, besonders an seiner von der herkömmlichen

---

[2] Dem Verfasser mitgeteilt von Clara Malraux.
[3] Siehe den Artikel »Ideologie« von Norman Birnbaum in: Die Religion in Geschichte und Gegenwart, 3. Aufl., Bd. 3, Tübingen 1959, Sp. 567–71. Ideologie wird hier definiert als »ein System des gesellschaftlichen Denkens, worin die außerempirischen Kategorien und die Auswahl des Materials durch die gesellschaftlichen Interessen und Affekte des Betrachtenden beeinflußt, wenn nicht gänzlich bestimmt werden« (Sp. 567).

ideologischen Interpretation abweichenden Theorie der Revolution. Garcia lehnt es ab, unter der Revolution die Verdrängung einer veralteten durch eine neue Ideologie zu verstehen, die mit dem Wechsel der herrschenden Klasse einhergehe. Die Verherrlichung des »Volks« in der französischen und russischen Revolution sei ein Trugschluß, weil das »Volk« selbst keinerlei technische Mittel zur Verwirklichung einer politischen Veränderung besitze. Das zwanzigste Jahrhundert zeige unverkennbar, daß der Kern der Revolution die Ablösung einer Herrschaftsform durch eine neue mittels politischer und militärischer Organisationen sei und daß der Wechsel der Ideologien nur ein Aspekt in der Gesamtheit der Veränderungen darstelle. So gelangt Garcia zu seiner die Ideologien überhaupt nicht berücksichtigenden Definition der Revolution:

> J'appelle révolution la conséquence d'une insurrection dirigée par des cadres (politique, technique, tout ce que vous voudrez) formés dans la lutte, susceptibles de remplacer rapidement ceux qu'ils détruisent (E 529).

Daher billigt Malraux im Gegensatz zu den Marxisten den ideologischen Kräften im spanischen Krieg keine entscheidende Bedeutung zu. Mussolini habe etwa an der Ausweitung der »faschistischen« Ideologie wenig Interesse; er wolle sich mit dem Spanien Francos einzig eine Macht schaffen, auf die er in seiner Außenpolitik zählen kann. »Mussolini se fout, en soi, d'instituer ou non le fascisme en Espagne; les problèmes moraux sont une question, la politique étrangère en est une autre« (E 531). Dagegen schöpfe das republikanische Lager vor allem aus seiner ethischen Kraft. Die spanische Volksfront habe am 18. Juli 1936 eine rauschhafte Steigerung erfahren, eine »lyrische« Illusion, die Malraux in Erinnerung an den 14. Juli in Paris im ersten Kapitel des Romans beschreibt. Das Schicksal dieser Erhebung hänge davon ab, wie weit die Ideologie in Organisation verwandelt werden kann, da sich nur die Organisation mit den Kräften Francos messen kann. Die militärische Auseinandersetzung zwischen Francos Kadern und den Organisationen der spanischen Republik entscheide den Bürgerkrieg, nicht der Kampf einer Gesellschaftsklasse gegen die andere, wie noch Marx meinte.

2. Die verwandelte Einschätzung der marxistischen Organisationsformen

Durch die Betonung des Phänomens der neutralen Organisation treten an die Stelle von Marx' Lehre als ideologischem Faktor die machtpolitischen marxistischen Organisationsformen. Die weltanschauliche Auseinandersetzung wird durch den Kampf der Parteiorganisationen ersetzt. Die Ideologien haben nach Malraux' Auffassung einzig die Bedeutung politischer »Mythen« (E 760), die ausgewechselt werden können und die Aktionsfreiheit nicht einengen dürfen. Die »Mythen« sind zu widerspruchsvoll, als daß sie zur Begründung einer eindeutig festgelegten Handlung ausreichen würden. Die Parteien sind demgegenüber die soziologischen Aktionseinheiten, die den Gang der Ereignisse wirksam beeinflussen können. Durch die hohe Einschätzung der Parteien werden die Ideologien entwertet, weil sie weder die Form der Partei ausreichend bestimmen noch außerhalb der Parteien dem Menschen zur Richtlinie seines Handelns dienen können.

Diese Auffassung ermöglicht Malraux die Würdigung eines Elements, dem er bisher mit äußerstem Mißtrauen gegenübergestanden hatte: der KP. Die KP verleiht den republikanischen Verbänden die notwendige Disziplin und Standfestigkeit im Kampf mit den Truppen Francos; ohne die Kommunisten wären die Erfolge der Volksfront kaum denkbar. Der Kommunist Enrique ist stolz darauf, daß sich viele Revolutionäre aus Ordnungsliebe der KP anschlössen (E 562). Die Kommunisten haben als Parole die unbedingte Unterordnung ihrer Parteimitglieder unter die militärische Befehlsgewalt ausgegeben (E 557) und damit die Grundlage für den disziplinierten Aufbau aller Einheiten der Republik geschaffen. Wie der Anarchosyndikalist Passoz in »La Condition Humaine« der KP beigetreten war, so wenden sich in »L'Espoir« der Anarchist Ramos und der »Trotzkist« Enrique dem kommunistischen Lager zu, da nur die straff organisierte KP die tatkräftige Verwirklichung ihrer politischen Ziele verspricht.

3. Die Marxismus-Kritik vom Standpunkt der Sozialisten und Anarchisten

In dem neutralen Begriff der Organisation sind nicht die Motive mitgegeben, um derentwillen die Menschen ihr Leben wagen; für die Technik allein sind die Menschen nicht zu sterben bereit. Bei der Trennung von Partei und Ideologie bleibt zu fragen, ob der Kampf der Parteiorganisationen noch sinnvoll ist, vor allem wenn der Mensch nur noch außerhalb der Parteien menschliche Erfüllung finden kann. Die von Garcia entwickelte Theorie der Organisation nimmt Malraux in den Gesprächen zwischen Kommunisten und Anarchisten sowie Kommunisten und Sozialisten teilweise wieder zurück; die Auffassung des Autors Malraux ist nicht völlig mit der seiner Romangestalt Garcia identisch.

Im Streit zwischen Kommunisten und Anarchisten wird die Verarmung des humanistischen Gehalts von Marx' Lehre bei der Reduktion des Marxismus auf die Organisationsform der KP deutlich. Der frühere Anarchist Ramos bezeichnet seinen Übertritt zur KP als Erscheinung des Alterns: »Quand j'étais anarchiste, j'aimais beaucoup plus les personnes. L'anarchisme, pour moi, c'était le syndicat, mais c'était surtout le rapport d'homme à homme« (E 506). Die Anarchisten sehen in der Politik kein Problem der Organisation und der erfolgreichen Aktion; für sie ist Politik das Feld der Selbstfindung und der menschlichen Erfüllung. Daher geht es ihnen so sehr um den Menschen und seine gesellschaftliche Freiheit. Mit ihrer Opferbereitschaft und ihrem tiefen Gefühl für die wahren Bedürfnisse des Proletariats stehen sie zum Teil Marx näher als die Kommunisten, die über der Partei das Proletariat vergessen haben. Angesichts Garcias Erkenntnis, daß sich der Mensch nur außerhalb der Parteien verwirklichen könne, sind die Anarchisten aber historisch im Unrecht, weil sie in einer politischen Bewegung menschliche Erfüllung erstreben, anstatt sich auf Organisation und Aktion zu beschränken. Garcia erklärt die Schwäche der Anarchisten damit, daß sie etwas »sein« wollen und sich nicht mit dem »Machen« begnügen. »Les communistes veulent *faire* quelque chose. Vous et les anarchistes (..), vous voulez *être* quelque chose« (E 613).

Die Partei der Sozialisten – Malraux denkt hier sicher an Léo Lagrange – ist politisch unbedeutend, schöpft aber ihre Kraft aus der ethischen Seite von Marx' Lehre. Der Sozialist Magnin stellt Marx' revolutionäre Hoffnung über die marxistischen Organisationsformen: »La révolution passe pour moi avant le parti communiste« (E 564). Sein Gesprächspartner, der Kommunist Enrique, hält jedoch nicht den Glauben an die Revolution und das Vertrauen auf ein illusionäres »Proletariat« für den Ausgang des spanischen Krieges für bedeutsam, sondern allein die Festigkeit der KP und die Macht der Sowjetunion. Voll Bitterkeit sieht Magnin, daß die kommunistische Parteizugehörigkeit schwerer wiegt als die Brüderlichkeit im Kampf. So zweifelt er am Sinn seines Opfers: »Si ceux avec qui j'aime à combattre ne me font pas confiance, pourquoi combattre, mon petit?« (E 567) Aus der Brüderlichkeit im Kampf um die menschliche Würde hatte Kyo sein Eintreten für den Kommunismus legitimiert: »Je pense que le communisme rendra la dignité possible pour ceux avec qui je combats« (CH 394). Diese ethische Deutung des Kommunismus scheint auf »L'Espoir« nicht mehr zuzutreffen; es ist bezeichnend, daß nur noch Sozialisten wie Magnin, Marcelino oder Sembrano in abgewandelter Gestalt Kyos Formulierung aufnehmen. Die Gegenüberstellung der Kommunisten mit den Anarchisten und Sozialisten beweist, wie sehr der Vorrang des Organisatorischen das ethische Moment in Marx' Lehre in Frage stellt, ohne daß damit freilich die Notwendigkeit der Organisation in Frage gestellt würde. Die Argumente gegen die marxistischen Organisationen sind jedoch so zwingend, daß man aus ihnen Malraux' Abwendung vom Kommunismus ablesen könnte, wäre nicht gleichzeitig ein starker Glaube an die politische Wirksamkeit des Marxismus vorhanden.

Diese Widersprüche verweisen auf die zweite Fassung des Romans mit ihrer verstärkten Kritik der marxistischen Positionen. Der ersten Fassung entstammt jedoch die einzige Figur des Romans, in der die Gegensätzlichkeit zwischen der ethischen Seite von Marx' Lehre und der ausschließlichen Betonung der marxistischen Organisationsformen glaubhaft aufgehoben ist: der marxistische Offizier Manuel, zu dem der spanische Komponist Duran als Schlüssel anzusehen ist.[4] Angesichts der Bedeutung des Organisatorischen und damit der marxistischen Institution der KP ist es einleuchtend, daß die volle Bejahung dieses Systems nur durch die Übertragung der militärischen Ordnung mit der Notwendigkeit der Verantwortung und des Befehlens auf die kommunistische Hierarchie ermöglicht wird. Dadurch erscheint auch die marxistische Organisation gerechtfertigt und damit notwendig. So ist der »militärische Kommunismus« der Bereich, in dem Malraux eine letzte Rechtfertigung der marxistischen Lehre sucht. Die Schwierigkeit besteht darin, diesem »militärischen Kommunismus« den ethischen Aspekt von Marx' Lehre einzufügen, um die Argumente der Sozialisten und Anarchisten zu entkräften. Während die zweite Fassung des Romans an diese Versöhnung nicht mehr glaubt, enthält die frühere Schicht des Romans in der Gestalt Manuels diesen Versuch.

Die Rolle des Katalysators bei der Verbindung der gegensätzlichen ethischen und organisatorischen Aspekte kommt dabei dem Begriff des Führertums zu, unter dem Malraux charakteristischerweise allein die Versöhnung vollziehen kann. Das Führertum hat in der militärischen Rangordnung wie in der kommunistischen Parteihierarchie gleicherweise seinen Platz. In der Grundlegung des Führertums geht Malraux aber eindeutig auf Nietzsche zurück, wie anhand vieler Einzelheiten in Manuels Porträt sichtbar wird. In dem in der großen Führerpersönlichkeit begründeten »militärischen Kommunismus« läßt sich so eine äußerste Möglichkeit der Verbindung von Nietzsche und Marx nachzeichnen.

Noch der Roman »Les Conquérants« hatte die Unvereinbarkeit von bolschewistischem Parteigehorsam und individualistischem Streben nach menschlicher Größe aufzuzeigen versucht. »La conscience individuelle, vois-tu, c'est la maladie des chefs« (C 151) hatte Nicolaïeff dem Erzähler entgegengehalten. Im Roman »L'Espoir« gelangt Malraux über diesen Zwiespalt hinaus, indem er die Begriffe »individu« und »chef« rangmäßig unterscheidet. Im Gespräch mit Manuel vertritt der spanische Oberst Ximénès die Auffassung, daß im Führertum und nicht im individualistischen Streben die menschliche Größe beschlos-

---

[4] Dem Verfasser mitgeteilt von Clara Malraux.

sen liege. »Il y a plus de noblesse à être un chef qu'à être un individu, reprit le colonel: c'est plus difficile« (E 579). Wahre menschliche Größe gehe über den Individualismus hinaus, weil sie nicht in der Herausarbeitung menschlich-allzumenschlicher Einzelzüge Erfüllung finde. Der vorzügliche Charakter des Führertums bestehe in der Überwindung des Individualismus durch den Rückgang auf eine transindividuelle, also allgemein verbindliche Wertebene.

> Un officier doit être aimé dans la nature de son commandement – plus juste, plus efficace, meilleur – et non dans les particularités de sa personne. Mon enfant, me comprenez-vous si je vous dis qu'un officier ne doit jamais *séduire*? (E 579)

Indem Malraux den Unterschied zwischen Liebe und Verführung herausarbeitet, nimmt er die für alle Phasen seines Schaffens so bezeichnende Gegensätzlichkeit zwischen dem großen Menschen und dem großen Individualisten wieder auf. Ein Offizier, der verführt, beeindruckt seine Untergebenen durch bestimmte, für das Wesen seines Befehls unerhebliche persönliche Eigenschaften, während die Liebe, die ihm die Soldaten entgegenbringen, nicht seine Person, sondern die Objektivität seines Befehls betrifft. Der militärische Befehl weist auf eine Wertebene hinaus, von welcher der Befehlende erst seine Autorität ableitet. Nur derjenige kann befehlen, der sich der Verantwortung für die Werte bewußt bleibt, auf denen seine Befehlsgewalt ruht. Das gilt besonders dann, wenn die Untergebenen wie im Falle der »Internationalen Brigaden« recht heterogener Herkunft sind. Den verantwortungslos alle Anordnungen bekrittelnden Alba versucht Manuel dadurch zu einem Wertbewußtsein zu zwingen, daß er ihm militärische Befehlsgewalt überträgt. »Il faut savoir sur quoi on se fonde pour commander des gens très différents« (E 575). Aus der Verantwortung für den Befehl und die ihm zugrundeliegende Wertordnung ergibt sich die Einheit von Herrschen und Dienen gerade beim Befehlenden: »On ne peut commander que pour servir« (E 774). Diesen Doppelcharakter des Herrschens hatte Garine in »Les Conquérants« noch nicht durchschaut, als er das Dienen entrüstet von sich wies (»Servir, c'est une chose que j'ai toujours eue en haine« [C 138]).

Der Vergleich von »Les Conquérants« und »L'Espoir« läßt erkennen, welchen Weg der Verinnerlichung von Nietzsches höherem Menschentum Malraux in einem knappen Jahrzehnt zurückgelegt hatte. Garine erstrebt nur die Ausübung der Macht, mit der er sich in der »Absurdität« behauptet; Manuel ist der Befehlende, der sich als Diener der Werte weiß, die sein Befehl geltend macht. Damit kommt er Nietzsches Vorstellung vom Übermenschen als dem großen »Gesetzgeber« am nächsten. Auch dieser weiß, daß er nur deshalb zur Härte und Grausamkeit des Befehlens berechtigt ist, weil in den Werten, die seinen Befehl begründen, die Zukunft des Menschen beschlossen liegt.

Durch die Klärung seiner Vorstellung vom militärischen Befehl vermag Malraux auf diese Weise Herrschen und Dienen, Befehlen und Gehorchen aus dem Befehlscharakter als Attribute menschlicher Größe zu entwickeln. Auf dieser Grundlage ist es möglich, die kommunistische Ordnung mit der militärischen Disziplin zu versöhnen und gleichzeitig vom Begriff der menschlichen Größe her zu interpretieren. So entfällt der bisherige Gegensatz vom Kommunismus als Lehre und vom Kommunismus als Herrschaftsform: im Befehl, der nach Malraux' Erkenntnis Herrschen und Dienen zugleich ist, wird Marx' Lehre als Wertsystem durch die Einfügung in eine militärisch gegliederte Ordnung verwirklicht. Manuels militärischer Vervollkommnung läuft die Vertiefung seiner marxistischen Bindung parallel. Die KP, die als Losung die Unterordnung aller Mitglieder unter die militärische Befehlsgewalt der republikanischen Verbände ausgegeben hat, verwandelt sich selbst in ein Herrschaftsgefüge des militärischen Befehlens und Gehorchens, in dem der vollendete Soldat auch der vollkommene Kommunist ist. Das Problem, das Malraux in den »Conquérants« als unlösbar ansah, nämlich die unbedingte Unterordnung unter die Parteiführung mit dem individuellen Bewußtsein zu verbinden, bewältigt Malraux zu einem Zeitpunkt, da sein Glaube an die konkrete politische Aufgabe der kommunistischen Bewegung bereits im Schwinden ist.

Manuel ist wohl die einzige Gestalt in Malraux' Romanwerk, die eine persönliche Entwicklung zu immer breiterer menschlicher Bildung durchmacht. Im Sinne des »militärischen Kommunismus« konzipiert Malraux Manuels militärischen Ausbildungsgang als eine Art marxistischer Propädeutik. Manuels schwindelnder Aufstieg auf der Leiter der militärischen Ränge ist zu Beginn noch nicht vorauszusehen. Der Toningenieur Manuel zeigt wenig soldatische Neigungen; er ist recht sensibel, mit unerhört feinem Empfinden für die Musik, und er gibt sich leicht dandyhaft antibürgerlich mit seinem zur Schau getragenen Montparnasse-Stil (E 441). Die erste bedeutende Führungsaufgabe aber, die er zu lösen hat, offenbart bereits seinen Sinn für Organisation und seine schnelle Auffassungsgabe; schon hier, in der Schlacht mit dem Panzerzug, hilft ihm bezeichnenderweise seine kommunistische Schulung bei der Ordnung der Angriffsreihe (E 486). Das Zusammenwirken von kommunistischer und militärischer Organisation bestimmt die Ausbildung von Manuels militärischen Anlagen. Gleichzeitig betont Malraux den Gang von Manuels persönlicher Reifung. Der Besuch eines Militärlazaretts, die Erschießung faschistischer Milizen, die ungezügelte Grausamkeit der entfesselten Bauern hinterläßt bei Manuel tiefe Spuren. Sein Eindringen in die Geheimnisse des Befehlens und Herrschens geht ineins mit der allseitigen Erweiterung seines Wissens vom

Menschen. Damit will Malraux zeigen, daß Manuels »militärischer Kommunismus« nicht in der leeren Form erstarrt, sondern innerlich erfüllt ist.

Die Begegnung mit einer Reihe vorbildlicher Männer fördert Manuels Entwicklung; mit diesen führt er die tiefsinnigen Gespräche, in denen der Roman seine höchste Intensität erreicht. Neben Ramos, Barca und Garcia nimmt der monarchistische katholische Oberst Ximénès immer stärker werdenden Einfluß auf Manuels militärischen und menschlichen Werdegang. Er lehrt Manuel die Kunst des Befehlens (»commander«), sodann der Führung (»diriger«), die in der Ausübung der zur Verfügung stehenden Macht, in der »possession« und nicht in der »conception« beruht. Nicht umsonst hat die KP Manuel in die Nähe dieses erfahrenen Offiziers gestellt. Ximénès' reiche militärische Bibliothek gewährt Manuel einen Einblick in die Fragen des strategischen Handelns; vor allem zu Clausewitz eröffnet Ximénès seinem Schüler einen Zugang. Das lebendige militärwissenschaftliche Handbuch ist jedoch Ximénès selbst; er schärft Manuels Sinn für Organisation und Disziplin; er zeigt ihm, wie man auch mit schwierigen Truppenteilen zurechtkommt. Manuels Aufstieg ist unaufhaltsam und entspricht der Qualitätssteigerung der republikanischen Verbände überhaupt; er beginnt als Offizier einer motorisierten Einheit und kommandiert schließlich das »Fünfte Regiment« in Madrid, dessen Kerntruppen Kommunisten sind. Mit ihnen gelingt es Manuel, in seinen Kompanien strenge Zucht herzustellen und die Befehlsgewalt fest zu verankern. In der Schlacht bei Guadalajara erficht die zu einer kraftvollen militärischen Organisation weiterentwickelte Brüderlichkeit dank Manuel ihren ersten und freilich auch einzigen Sieg. Das äußere Zeichen der Geschlossenheit ist die Tatsache, daß Manuel nun in der Lage ist, das »Stillgestanden« einzuführen; zum ersten Male wohl an der gesamten republikanischen Front ertönt am Morgen nach der Schlacht beim Nahen von Manuel das »Tête à gauche. Gauche« (E 772).

Nietzsches »Werdet hart« ist die Losung, die über Manuels gesamter Entwicklung steht. Vor allem die Vervollkommnung in der Ausübung der militärischen Befehlsgewalt bedeutet ein unaufhörliches Härterwerden, eine ständige schmerzhafte Selbstüberwindung im Kampf gegen die eigene Schwäche, in der Nietzsches Forderung Wirklichkeit wird. Die Hinrichtung zweier republikanischer Fahnenflüchtiger, die Manuel verzweifelt um Gnade anflehen, offenbart diesem die schmerzliche Größe und die Notwendigkeit der Aufgabe. »Je suis chaque jour un peu moins humain« (E 773) bemerkt Manuel zu Ximénès, doch weiß er, daß Härte zu einem höheren Menschentum unumgänglich ist. Manuel atmet Nietzsches eisige Höhenluft; unendlich weit liegt alle menschliche Alltäglichkeit unter ihm. »De cette hauteur, tout des hommes de la plaine était dérisoire« (E 774). Mit ernstem Lächeln äußert er seinen Willen zu einem klassischen

Menschentum: »Je suis un Espagnol du XVIe siècle« (E 848). So wird Manuel zur eigentlichen Inkarnation von Nietzsches besten Tugenden.

Manuel vergißt jedoch nicht, daß als Kommunist sein Verhältnis zum Proletariat nie an Intensität verlieren darf, und darin zeigt sich sein Bemühen gerade um die ethische Seite des Marxismus. Anfänglich ist dieses Verhältnis noch wenig ausgeprägt; bei der ersten Charakteristik von Manuel erwähnt der Erzähler ausschließlich die buschigen Augenbrauen und das bräunliche, regelmäßige, etwas schwere Gesicht, die eine vage Beziehung zum Proletariat ausdrückten (E 441). Erst die Begegnungen mit Barca, Ramos, mit den Soldaten vom Panzerzug lassen ihm das Proletariat zur Wirklichkeit werden. Ramos berichtet Manuel vom Zwiespalt zwischen unpersönlicher kommunistischer Organisation und anarchistischer Hinwendung zum einzelnen Menschen und öffnet Manuel die Augen dafür, daß dieser Gegensatz in der Liebe zum Proletariat überwunden werden muß. Barca zeigt Manuel, daß die Alternative zur Erniedrigung nicht die Gleichheit, sondern die Brüderlichkeit ist, eine Erfahrung des Proletariats, zu der der Intellektuelle von sich aus nicht fähig ist. Manuels Bindung an das Proletariat erfolgt im Bewußtsein der menschlichen Solidarität schlechthin; ohne dieses Wissen hat die revolutionäre Aktion keinen Sinn.

> Etre rapproché du Parti ne vaut rien si c'est séparé de ceux pour qui le Parti travaille. Quel que soit l'effort du Parti, peut-être ce lien-là ne vit-il que de l'effort de chacun de nous (E 774).

Der Erzähler will Manuels menschliche Entwicklung vor allem als vertiefte Hinwendung zum Proletariat verstanden wissen, um die Notwendigkeit von Manuels kommunistischer Bindung begreiflich zu machen. »Le lien de Manuel et du prolétariat était fait de trop de souvenirs et de fidélités pour qu'aucune folie pût le rompre« (E 655). Auf dieser Grundlage läßt sich erst sein militärisches Verhältnis zur KP verstehen.

Die Partei, die das Proletariat verkörpert, darf mit Manuels voller Unterstützung rechnen; die militärische Zucht des Befehlens und Gehorchens zeichnet auch Manuels Beziehung zur KP aus. Schon zu dem aufsässigen Alba bemerkt er, er werde die Entscheidungen der Partei immer achten, wie sie auch ausfallen mögen: »Quand il y aura, à ce sujet, des instructions formelles du Parti, je les exécuterai, quelles qu'elles soient« (E 573). Manuel sieht ein, daß ein Befehl auch dann zu befolgen ist, wenn der Befehlsempfänger von dessen Berechtigung nicht überzeugt ist. »Le difficile n'est pas d'être avec ses amis quand ils ont raison, dit-il, mais quand ils ont tort« (E 655). Seine persönlichen

Entschlüsse sind durch sein kommunistisches Bekenntnis gerechtfertigt; er stellt sie nicht eigens in Frage.

> Communiste, il ne s'interrogeait pas sur le bien-fondé de sa décision, il ne mettait pas en question son acte; toute question de ce genre, à ses yeux, devait se résoudre, ou par la modification de ses actes ou par le refus de la question (E 775).

Manuels freiwillige Unterordnung unter die Partei läßt den Unterschied zwischen dem »militärischen Kommunismus« und dem »socialisme nietzschéen« unschwer erkennen. Der »socialisme nietzschéen« gründet auf dem unbedingten Willen zur Wahrheit und stellt jede Entscheidung grundsätzlich in Frage, auch wenn sie der marxistischen Lehre zu entsprechen scheint und von der KP gebilligt ist. Gewiß haben Kyo und Manuel ihr Bestreben gemeinsam, die echten Bedürfnisse des Proletariats unmittelbar zu erkennen, doch während sich Kyo dem Befehl der Internationale widersetzt, weil er ihn im Widerspruch zu den Interessen des Proletariats sieht, unterwirft sich Manuel der Partei als letzter Autorität. Sein »militärischer Kommunismus« berührt sich darin mit Nietzsche, daß er die Bedeutung des Befehlens als einer Art Verantwortung für die gültigen Werte betont und die unerbittliche Selbstzucht als Voraussetzung für den Bestand dieser Werte hervorhebt, doch die Wahrheitsfrage, die ein entscheidendes Element in Nietzsches Philosophie ist, wird in ihrer Unbedingtheit ausgeklammert. Malraux' Lösungsversuch scheint deshalb glaubhaft, weil Manuel vor keine ernsthaften Konflikte zwischen der Partei und dem eigenen Gewissen gestellt wird und weil die Unterordnung unter die Partei als Entsprechung zur militärischen Zucht erscheint, die als menschliche Selbstüberwindung ethisch gerechtfertigt ist.

Bemerkenswert ist zudem, daß im wohl erst der zweiten Fassung entstammenden Schlußabschnitt gerade unter Nietzsches Einfluß die Notwendigkeit dieses »militärischen Kommunismus« wieder aufgehoben wird, indem ihn Malraux als eine der Möglichkeiten in der unerschöpflichen Fülle des Lebens relativiert. Auf Nietzsches oder noch genauer Schopenhauers Theorie der Musik bezieht sich offenkundig die Deutung der Musik als des Ausdrucks der dionysischen Vielfalt des Lebens, die jede Individuationsstufe zurücknimmt und übertrifft. Nach dem erfolgreichen Abschluß der Schlacht von Guadalajara empfindet Manuel plötzlich das Bedürfnis nach Musik, und er hört einige Platten auf einem Grammophon. Die Musik löscht seinen Willen aus und beschwört das Bild seiner Vegangenheit herauf; sie läßt ihn erkennen, daß seine gegenwärtige Existenz nur eine vorübergehende Möglichkeit im Fluß der Zeit ist.

Un jour il y aurait la paix. Et Manuel deviendrait un autre homme, inconnu de lui-même, comme le combattant d'aujourd'hui avait été inconnu de celui qui avait acheté une petite bagnole pour faire du ski dans la Sierra (E 858).

Die Musik eröffnet ihm den unendlichen Verwandlungsreichtum des Schicksals.

Manuel entendait pour la première fois la voix de ce qui est plus grave que le sang des hommes, plus inquiétant que leur présence sur la terre, – la possibilité infinie de leur destin (E 858).

Unter diesem Gesichtspunkt erscheint der »militärische Kommunismus« als die Haltung eines an Nietzsche erzogenen Aristokraten, die keineswegs die Notwendigkeit des Kommunismus als eines Ewigkeitswertes beweist, sondern ihn in seiner Begrenzung als eine der Ausformungen des jede Weltanschauung übersteigenden unendlich reichen Lebens darstellt.

III

Das Verhältnis von Nietzsche und Marx in Malraux' dritter Epoche

a) Die Marx-Kritik in Malraux' Kunstmetaphysik und deren Beziehung zu Nietzsche

Das Verhältnis zwischen Nietzsche und Marx in Malraux' dritter Epoche ist nur auf der Grundlage seiner inzwischen zu erbitterter Feindschaft umgeschlagenen Beziehung zum Marxismus zu verstehen. Wir versuchen daher im ersten Teil aufzuzeigen, in welcher Weise zeitgeschichtlich und philosophisch Malraux' Kunstmetaphysik als Ausdruck seiner Marx-Kritik aufzufassen ist, um dann in einem anschließenden Teil darzulegen, wie weit Nietzsche die durch die Abkehr von Marx entstandene Lücke auszufüllen und die Gegenposition zu Marx einzunehmen in der Lage ist.

Malraux' Bruch mit dem Marxismus erfolgt gegen 1940, nachdem vor allem der Hitler-Stalin-Pakt 1939 sein Vertrauen in den kommunistischen Bundesgenossen endgültig erschüttert hat. Schon im französischen Widerstandskampf lehnte Malraux die Zusammenarbeit mit den Kommunisten kategorisch ab.[1] Das erste literarische Dokument seiner verwandelten Einstellung ist seine Unesco-Rede vom 4. November 1946, in der er sich noch in gemäßigter Form gegen den

---

[1] Dem Verfasser mitgeteilt von Madeleine Lagrange.

marxistischen Herrschaftsanspruch wendet.[2] Bei seiner Ansprache in der Salle Pleyel vom 5. März 1948 greift er jedoch die Marxisten in unerhörter Schärfe an.[3] Der Übertritt ins Lager de Gaulles, der sich gegen 1942 vollzieht, ist mit allen seinen politischen Konsequenzen das äußere Zeichen seiner veränderten Einstellung. Die Abwendung vom Marxismus ist gleichbedeutend mit einer entschiedenen Marx-Feindschaft, weil Malraux nie streng zwischen dem Marxismus und Marx selbst unterscheidet. Die im Jahrzehnt zwischen 1947 und 1957 erschienenen kunstphilosophischen Schriften sind das klare Zeugnis seiner Abkehr von Marx und seiner Suche nach einer Gegenstellung zu Marx' Interpretation der Kunst.

Bevor Malraux zu einer Kritik von Marx' Theorie der Kunst übergeht, beweist er die Gegnerschaft des politischen Marxismus zur künstlerischen Schöpfung, die der Freiheit und des Verständnisses bedarf. Das Proletariat sei nicht die Klasse, die dem Menschen, wie Marx meinte, seine Totalität zurückgebe und die Kunst aus ihrer Mißachtung durch die Bourgeoisie erlöse. Das Proletariat bedeute dem modernen Künstler keine Hilfe: »Si ces artistes (dont le sentiment le plus constant à l'égard de la politique, était d'ailleurs le mépris) s'opposaient aux valeurs bourgeoises, ce n'était pas au nom du prolétariat qui, aux vitrines du marchand, préférait Bonnat à Degas« (VS 489). An anderer Stelle bemerkt Malraux, daß die Kunstwerke, welche früher die Adeligen kauften, beim Proletariat ebenso wenig ihre Abnehmer fänden wir zuvor bei der Bourgeoisie; sie würden vielmehr überhaupt nicht mehr gekauft (VS 489).

Die Aufgabe der Kunst »comment créer l'homme«[4] könne nicht durch ein politisch-gesellschaftliches Programm gelöst werden. Gerade im kommunistischen Lager sei der größte Feind der modernen Kunst erwachsen: die stalinistische Sowjetunion. In seiner Rede in der Salle Pleyel bekämpft Malraux die stalinistische Politik mit kunsttheoretischen Argumenten, während er sich bei der Schlußansprache des von ihm 1952 veranstalteten »Congrès de l'Oeuvre du XXe siècle« damit begnügt, die Auswüchse des »sozialistischen Realismus« als Beengung der künstlerischen Freiheit anzugreifen. Die Sowjetunion sei der europäischen Kultur feindlich; nicht etwa deshalb, weil sie nach Asien weise, sondern weil sich der russische Wille gewaltsam gegen Europa sperre. Stalin sei der Erbe von Basileus II.; Rußland beruhe auf Byzanz, das sich seit dem Ende des römischen Reichs bewußt von Europa abgewandt und die abendländische Freiheit des schöpferischen Menschen aufgegeben habe. Indem Stalin Picasso

---

[2] L'homme et la culture artistique. In: Les conférences de l'U.N.E.S.C.O., S. 75–98
[3] Abgedruckt als Nachwort zu »Les Conquérants« (In: Romans, S. 162–78)
[4] L'homme et la culture artistique, S. 77

verbiete, verteidige er den russisch-byzantinischen Geist gegen Europa.[5] Für das Abendland hält Malraux hingegen für charakteristisch, daß selbst im Mittelalter Bernhard von Clairvaux die Gotik verteidigt und den Künstlern nicht Vorschriften gemacht habe.[6]

Malraux entwickelt seit seiner Unesco-Rede 1946 den Begriff des »europäischen« Menschen und betont die europäisch-abendländische Tradition, auf der die gesamte moderne Kunst ruhe. Der Wagemut eines Kolumbus erhält symbolische Bedeutung für eine Kultur, die von einer »volonté de découverte« beherrscht ist und wohl ihren Ausgangspunkt, nicht aber ihr Ziel kennt. Im dritten Band der »Psychologie de l'Art« (1949) prägt Malraux für sie den Ausdruck »culture de Grands Navigateurs« (PA III, 154), sicher nicht ohne Einwirkung von Nietzsches Meeres-Metaphorik. Eine solche Kultur der großen Seefahrer könne nur unter freiheitlichen Bedingungen gedeihen. Die Kunst sei der Ausdruck dieser höchsten Freiheit (»l'expression de la plus profonde liberté«[7]), wo es künstlerische Schöpfung gebe, sei eine Knechtung des Menschen kaum möglich. Mit dem Ziel der Freiheit – Freiheit gegenüber dem Schicksal, dem Tod, der Ewigkeit, der Tyrannei – bestimmt Malraux die Kultur als »l'ensemble de toutes les formes d'art, d'amour et de pensée qui, au cours des millénaires, ont permis à l'homme *d'être moins esclave*«.[8] Die präzise gesellschaftspolitische Bedeutung dieses Freiheitsbegriffs ist indessen äußerst verschwommen; während der Autor der »Condition Humaine« Freiheit als Beseitigung der wirtschaftlichen Unterdrückung und Wiederherstellung der menschlichen Würde in einer konkreten historischen Situation definiert hat, läßt der Kunstpsychologe Malraux den Begriff in lyrischer Unbestimmtheit, weil er Marx' Auffassung der gesellschaftlichen Abhängigkeit des künstlerischen Schaffens ablehnt. Es ist bezeichnend, daß Malraux nach 1945 Freiheit in liberalem Sinne als formelle politische Unabhängigkeit des Individuums gegenüber der Staatsmacht versteht und in Abkehr von Marx und den Idealen der russischen Revolution in verstärktem Maße sich auf die eigene französische Tradition besinnt. Malraux ist geneigt, Michelet als den Historiker der französischen Revolution dem Verfasser des »Kapitals« vorzuziehen. Beispielhaft dafür ist die Rückbesinnung auf Michelets Begriff des »Volks« (»le Peuple«), der im Gegensatz zu Marx' Klassenbegriff alle Schichten der Nation in sich begreift,[9] sowie die

---

[5] Postface aux »Conquérants«, S. 167
[6] Sur la liberté de la culture, S. 151
[7] Sur la liberté de la culture, S. 145
[8] Sur la liberté de la culture, S. 145
[9] Entretien avec André Malraux. In: L'Express, 29. 1. 1955

mehrfache Erwähnung von Saint-Just, zu dessen Monographie von Albert Ollivier Malraux 1954 ein umfangreiches Vorwort verfaßt.

Wie weit Malraux eine sachhaltige Kritik von Marx' philosophischen Positionen vornimmt, muß ein Blick auf seine Kunstmetaphysik lehren. Diese ist dadurch zu charakterisieren, daß sie die Kunst als einen alle Lebensbereiche übersteigenden Raum der Schöpfung zu isolieren versucht. Keine außerkünstlerischen Kräfte reichen an diese eigene Welt heran; soziologische, psychologische und historische Determinanten vermögen nichts zur Klärung der künstlerischen Schöpfung beizutragen. Vor allem die Geschichte drängt Malraux aus der beherrschenden Stellung, die sie seit Hegel und Marx zur Deutung des geistigen Werdens eingenommen hat. Die geschichtliche Betrachtungsweise sieht er nur als eine Phase in der Entwicklung der europäischen Kultur an, als das Bestreben, nach dem Zusammenbruch der allgemein verbindlichen christlichen Wertordnung und nach dem Scheitern einer Interpretation des Daseins auf der Grundlage der universalen Vernunft (»raison«) die Welt aus dem Nacheinander der Ereignisse »historisch« zu erklären. In Wahrheit geschieht die Erhellung des Vergangenen jedoch nicht primär, um dieses Vergangene objektiv zu verstehen, sondern um die Gegenwart aus der Vergangenheit zu rechtfertigen. Ein Blick auf die Geschichtsphilosophen von Bossuet bis Marx lehrt Malraux, daß diese einzig ihre Zukunftshoffnungen in die geschichtliche Entwicklung hineindeuten, und aus Spengler erkennt er, wie dieser seine eigene Todesahnung mit seiner Kulturkreislehre zu begründen versucht (PA III, 150). Historisches Denken wird erst durch die Schwächung des Christentums möglich, weil das Christentum im Glauben an ein Absolutum die innere Einheit aller vergangenen Epochen voraussetzt, wie noch Bossuets Konzeption einer »Universalgeschichte« überzeugend demonstriert. In der historischen Betrachtung verliert die einzelne Geschichtsepoche, die als Moment eines sie übersteigenden Prozesses aufgefaßt wird, ihren Anspruch auf Totalität und wird im Hinblick auf die Gegenwart des Betrachters relativiert; das unter bestimmten geschichtlichen Umständen entstandene Kunstwerk wird zu einem »absolu relativisé« (PA III, 139), da es zwar noch den Absolutheitscharakter der künstlerischen Schöpfung an sich hat, andererseits aber dem Betrachter aus dem geschichtlichen Abstand her vermittelt ist. Erst der geschichtlichen Betrachtung wird eine ägyptische Plastik überhaupt zugänglich, die sonst untrennbar an eine uns fremde religiöse Vorstellungswelt gebunden wäre. Doch wendet Malraux gegen die historische Interpretation ein, daß sie das Kunstwerk rettungslos in einen historischen Prozeß einsarge, der ihm die unmittelbare Wirkung auf den Betrachter nehme; das

Kunstwerk werde nur noch in seiner Geschichtlichkeit verständlich. Einen Fortschritt gegenüber der traditionellen Geschichtsphilosophie von Marx und Hegel stelle die deutsche Kulturpsychologie dar, welche die Annahme des linearen Entwicklungsgangs der Geschichte durch ihre Lehre von der zyklischen Folge der Einzelkulturen ersetzt. Bedeutete die ägyptische Geschichte etwa für Hegel einen der Anfänge der Menschheit, der uns unendlich fern steht, so stelle sie sich für Spengler als eine zwar bereits abgeschlossene, in ihrem Ablauf unserer Kultur jedoch identische Welt dar (MD 32). Außerdem sehe sie das Wesen des Kunstwerks weder in seiner religiösen Absolutheit noch in seiner bloßen Geschichtlichkeit, sondern in seinem Charakter als »kulturelles« Phänomen, in dem die Religion dem Kultur-Begriff eingegliedert sei. Doch auch in dieser Anschauung kommt für Malraux das Sein des Kunstwerks noch nicht voll zur Geltung. So lehnt er den Geschichtsbegriff sowohl der Marx'schen »histoire continue« wie auch der Spengler'schen »histoire discontinue« ab.

Da Marx die geschichtliche Seinsart der Kunst mit am stärksten betont, wendet sich Malraux vor allem gegen seine Interpretation des künstlerischen Schaffens. Mit einer Vielzahl von allerdings nicht systematisch gegliederten und in sich zusammenhängenden Argumenten streitet er die Bedeutung der historischen Determinanten für die Kunst ab. Geschichte übt nach Malraux keinen determinierenden Zwang aus; sie ist vielmehr ein Appell, auf den der Künstler in voller Freiheit antwortet. Die Verschiedenheit der möglichen Lösungen auf eine gegebene geschichtliche Situation sieht Malraux im Vergleich von Tintoretto und El Greco, die beide von der spätvenezianischen Malerei ausgehen; im Gegensatz der burgundischen Romantik und der byzantinischen Kunst der gleichen Epoche, die beide das Erbe der römischen Kunst fortführen; im Unterschied zwischen Rembrandt und Racine, die außer ihrer Zeitgenossenschaft nichts gemein hätten. Auch die von Taine hervorgehobenen Faktoren von »race«, »milieu« und »moment« hält Malraux zur Erklärung des Kunstwerks für unzureichend: die Kategorie des Milieus besage wenig, weil dem modernen Künstler alle Kontinente offenstünden und er an keine bestimmte Umgebung mehr gebunden sei; die Rasse finde längst keine Fürsprecher mehr; einzig die Bedeutung des historischen Augenblicks scheint Malraux der Überlegung wert (PA II, 162). Das Marx'sche Schema des Ober- und des Unterbaus, der Super- und Infrastrukturen verwirft er grundsätzlich; Kunst sei nicht die Verbildlichung der bereits außerhalb der Kunst im Unterbau vorfindlichen Werte; Kunst öffne im Gegenteil neue Horizonte, indem sie noch nicht Bestehendes vorwegnehme und Erkenntnisse bewußt mache, die aus dem sozialen Gefüge noch nicht ablesbar sind (VS 408). Auch aus dem vorhandenen kulturellen Wertsystem einer Epoche könne die Kunst in ihrem spezifischen Cha-

rakter nicht bestimmt werden: beispielsweise sei das Christentum zur Zeit
Konstantins zwar die herrschende Wertordnung, doch bedürfe es noch fast
eines Jahrtausends, bis der christliche Geist in Romanik und Gotik seine
künstlerische Durchformung erhalte. Die Entwicklung der Kunst vollziehe sich
also unabhängig von dem kulturellen und sozialen Wertbild einer Epoche; sie
greife ihm voraus oder hinke ihm nach; auf jeden Fall sei sie nicht von ihm
determiniert.

Mit einer gewissen Genugtuung vermerkt Malraux, daß selbst die auf Marx
zurückgreifenden Interpreten vom Begriff des Determinismus abgerückt seien
und zur geschichtlichen Dialektik Zuflucht genommen hätten, um auch begrifflich einer komplizierten Wirklichkeit gerecht zu werden. Der Begriff »déterminisme« werde durch »conditionnement« ersetzt. Die »konditionierenden« Faktoren unterschieden sich von den »determinierenden« Ursachen dadurch, daß
sie der menschlichen Freiheit die ihr zukommende Stellung einräumten und
auf ein »conditionnement« verschiedene Lösungen zuließen. Malraux selbst
kommt mit seinem Begriff des »appel« dem »conditionnement« nahe, etwa wenn
er die Rolle der Biographie für die künstlerische Schöpfung darlegt: »Comme
l'histoire, la biographie ne détermine pas, elle appelle« (PA II, 207). Wenn er
erklärt, daß die Krankheit Van Goghs auf Grund der geschichtlichen Situation
des ausgehenden neunzehnten Jahrhunderts auf dessen künstlerisches Schaffen
eine andere Wirkung ausübe als die Krankheit von Watteau (VS 408), bedient
er sich ebenfalls der Methode der historischen Dialektik. Trotz dieser Be-
rührungspunkte wehrt sich Malraux insgesamt gegen die Verfeinerung der
marxistischen Interpretationsweise; er glaubt, daß bei dieser Betrachtung der
Blick auf das, was Kunst eigentlich bedeutet, verloren geht; er sieht darin einen
falschen Glauben an das alle historischen Konflikte lösende Genie; vor allem
greift er die historische Methode an, die durch die Theorie des »conditionnement«
nur eine letzte Rechtfertigung erfährt. Immer wird die gegenwärtige Situation
aus der voraufgehenden gedeutet, der Expressionismus aus dem Impressionismus,
die künstlerischen Probleme der Gegenwart aus der Kunstgeschichte. Nach
Malraux' Vorstellung nimmt die moderne Kunst jedoch ihre Anregungen aus
den Kunstschöpfungen aller Zeiten und Völker; es gibt keine Kunstgeschichte
mehr, sondern nur noch die im »Imaginären Museum« vereinigte allgegenwär-
tige, historisch unvermittelte Weltkunst. Im Hinblick auf Sartres Marx und
Freud, historische, biographische, nationale, soziologische Momente totalisie-
rendes »conditionnement«-Modell stellt sich allerdings die Frage, wie weit
Malraux mit seinen Angriffen dem Problem der historischen Dialektik gerecht
wird und in welcher Weise er selbst unbewußt davon Anregungen bezieht. Malraux' Kunstphilosophie enthält keine einheitliche Kritik von Marx, sondern

beschränkt sich auf polemische Randbemerkungen und Anspielungen, so daß sich seine Äußerungen teilweise widersprechen.

Aus der Entstehungszeit der ersten kunstphilosophischen Entwürfe Mitte der dreißiger Jahre erhellt sogar, daß Malraux trotz seiner ständigen Marx-Kritik einige wesentliche Einsichten in die soziologischen Grundlagen der Kunst von marxistischen Kunstphilosophen bezieht. Malraux' Haltung zu Marx ist also im Ganzen vielschichtiger, als es nach seinen eigenen Äußerungen den Anschein hat. Ein Beispiel für die Einwirkung der marxistischen Kunsttheorie auf Malraux ist der Einfluß von Walter Benjamin. Benjamins 1936 veröffentlichte Studie »Das Kunstwerk im Zeitalter seiner technischen Reproduzierbarkeit«[10] hat Malraux noch im gleichen Jahr zur Kenntnis genommen; er spricht von ihr lobend auf dem Londoner Schriftstellerkongreß und verspricht dem Verfasser eine Referenz in einer seiner nächsten Publikationen. Das Versprechen erfüllt Malraux 1946, allerdings erst nach Benjamins Tod, in »Esquisse d'une psychologie du cinéma«, wo er »le remarquable travail de M. Walter Benjamin« rühmend hervorhebt. Benjamin öffnet Malraux den Blick für eine der größten Umwälzungen der Kunst seit ihrer Entstehung: die unerhörte Vervielfältigung der Möglichkeiten technischer Reproduzierbarkeit von Kunstwerken, etwa durch die Photographie. Malraux stellt Überlegungen über das Verhältnis der photographischen Reproduktion zum originalen Kunstwerk an; er erkennt, daß die Photographie besonders die Skulptur zur Geltung bringt, während die Wiedergabe der Farbtöne eines Gemäldes Schwierigkeiten bereitet; er sieht, wie die Photographie in der Lage ist, einzelne Aspekte des Kunstwerks wertend hervorzuheben; wie sie durch die Vielzahl der Aufnahmen die Genesis eines Stils verdeutlichen kann (VS 120f.). Erst die Photographie ermöglicht die Allgegenwärtigkeit aller Werke und Stile der Weltkunst und erweitert den Gesichtskreis des modernen Betrachters in universale Bereiche: das »Imaginäre Museum« ist vorwiegend ein Museum der Kunstphotographie.

Die Frage, wie weit diese soziologische Umwälzung das künstlerische Schaffen selbst berührt, beantworten Benjamin und Malraux jedoch verschieden. Benjamin beklagt den »Aura«-Verlust der Kunstwerke durch die technische Reproduktion;[11] er weist auf, wie das Kunstwerk von seinem »Hier und Jetzt«, seinem »Eingebettetsein in die Tradition«, seiner »Fundierung im Ritual« getrennt wird;[12] wie die Distanz zwischen dem Kunstwerk und dem Betrachter

---

[10] In Walter Benjamin, Schriften, Bd. I, hg. von Theodor W. Adorno, Gretel Adorno und Friedrich Podszus, Frankfurt/M. 1955, S. 366–405
[11] Walter Benjamin, ebd., S. 373
[12] Walter Benjamin, ebd., S. 373f.

verloren geht und im geschichtlich unvermittelten Nebeneinander der Kunst-
reproduktionen alle historischen Unterschiede der Werke und Stile eingeebnet
werden. Malraux entlehnt von Benjamin den Begriff des »Aura«-Verlustes
(VS 64), in dem er, freilich nicht in genauer Übereinstimmung mit Benjamin,
den wesentlichen Unterschied zwischen den älteren und modernen Kunstwerken, etwa zwischen einer sumerischen Plastik und einem kubistischen Gemälde
erkennt. Die Destruktion der historischen Dimension im Kunstwerk durch die
Vervielfältigung der technischen Reproduktion beklagt er indessen nicht, sondern er sieht hierin geradezu die Voraussetzung zu seinem »Imaginären
Museum«, das auf der Gegenwärtigkeit der Kunstwerke aller historischer Epochen beruht. Wo Benjamin ein Ende sieht, erspürt Malraux die ungeahnten
Möglichkeiten eines Neubeginns. Während Benjamin an die Gefährdung der
Kunst schlechthin durch die veränderten technischen Bedingungen glaubt, be-
jaht Malraux voll Optimismus die neue Situation.

Der Einfluß marxistischer Denker wie Walter Benjamin auf Malraux' Theorie
der Kunst nuanciert zwar dessen Einstellung zu Marx, ändert aber nichts an der
grundsätzlichen Marx-Gegnerschaft, die sich insgesamt in Malraux' Kunstmetaphysik bekundet. Der Gegenzug zu Marx' Theorie der historischen Dialektik allen geistigen Schaffens wirft aber verstärkt die Frage seines Verhältnisses zu Nietzsche auf, der eine Alternative zu Marx abzugeben in der Lage ist.
Nachdem Nietzsche schon die Haltung des frühen Malraux entscheidend bestimmte und auch nach der kommunistischen Wende auf dessen Marx-Rezeption
eine modifizierte Wirkung ausübte, rückt er durch Malraux' wachsende Gegnerschaft zu Marx erneut in den Vordergrund und beweist damit die erstaunliche
Strahlkraft, die er auch in Malraux' späterem Werk noch einnimmt. Vier Aspekte
erscheinen uns von Nietzsches Philosophie der Kunst für Malraux' Kunstmetaphysik von besonderer Bedeutung: Nietzsches Interpretation der Kunst als metaphysischer Tätigkeit in der Frühschrift »Die Geburt der Tragödie«, sodann seine
Kritik des Historischen in der zweiten Unzeitgemäßen »Vom Nutzen und Nachteil der Historie für den Menschen«, schließlich seine Betonung des »Ewigen« in
der Kunst und seine Anschauung vom Künstler als dem Genie, das mit seinem
Schaffen über die Geschichte hinausrage.
    Schon Nietzsches Biographie erscheint in Malraux' Werk als das Sinnbild
der transhistorischen Dimension aller Kunst. Die Episode von Nietzsches Wahnsinnsausbruch in »La Lutte avec l'Ange« ist die wohl überzeugendste Illustrie-
rung von Malraux' Kunstauffassung, die ihm in allen seinen Schriften gelungen
ist. Der Gesang ist die Antwort des Künstlers auf die Schwere des eigenen
Schicksals, auf das Schweigen des Sternenhimmels, auf den lähmenden Druck

der Jahrtausende, auf das Unmenschliche schlechthin. Der Gesang ist wie jedes Kunstwerk durch keinerlei Determinanten zu erklären, nicht aus der Biographie, nicht aus dem historischen Augenblick. Eine rationale Erhellung der Tatsache, daß Nietzsche noch auf der Schwelle des Wahnsinns zu seinem Gedicht »Venedig« die Kraft hatte, bleibt dem Forscher immer versagt.

Auf Nietzsche kommt Malraux besonders im letzten Kapitel der »Voix du Silence« zu sprechen. Er führt Nietzsches Bemerkung an, der Mensch könne beim Betrachten einer blühenden Wiese den Gedanken nicht ertragen, daß das Schicksal des Menschen dem Blühen und Verblühen der Wiese gleiche.

> Nietzsche a écrit qu'en face de la floraison d'une prairie au printemps, le sentiment que l'humanité tout entière n'était qu'une semblable luxuriance créée pour le néant par quelque puissance aveugle, s'il était un sentiment réellement éprouvé, ne pouvait être supporté (VS 639).

Dem fügt er ein eigenes Erlebnis an: die Beschreibung des Blicks auf das malaiische Meer, dessen nächtliches Phosphoreszieren vor dem anbrechenden Tag ins Nichts verschwindet (VS 639). Wenn sich selbst diese Überfülle des Lichts völlig auflöst und verschwimmt, so ist das vom Menschen geschaffene Kunstwerk nicht geringer an Kraft als die kosmischen Gewalten.

> Si le destin de l'humanité est aussi vain que l'était cette lumière condamnée, l'implacable indifférence du jour n'est pas plus puissante que la méduse phosphorescente qui sculpta le tombeau des Medicis dans Florence asservie, que celle qui grava les Trois Croix dans la solitude et dans l'abandon (VS 639).

Michelangelos Sieg der Kunst im unterworfenen Florenz und Rembrandts der Einsamkeit abgerungene Malerei zeugten für alle Ewigkeit von der Größe des Menschen. »Les corps glorieux ne sont pas ceux des tombeaux« (VS 639). Nietzsches Furcht beim Betrachten der Wiese vor den sinnlosen kosmischen Mächten sei also unbegründet; selbst an Dauer und Stärke sei ihnen das Kunstwerk gewachsen.

Aus dem Wiesengleichnis geht hervor, daß Nietzsche wie Malraux die Kunst als Versuch des Haltgewinnens des Menschen im Kosmos auffassen. Nietzsche hat seit seinen Frühwerken diese Funktion der Kunst immer wieder betont. Als »rein ästhetische Weltauslegung und Weltrechtfertigung«[13] bezeichnet Nietzsche rückblickend den Sinn der »Geburt der Tragödie«. Und er fährt in der Charakteristik seiner ersten Schrift fort: »Bereits im Vorwort zu Richard Wagner wird die Kunst – und *nicht* die Moral – als die eigentlich *metaphysische* Tätigkeit des Menschen hingestellt; im Buche selbst kehrt der anzügliche Satz mehrfach wie-

---

[13] Friedrich Nietzsche, W I, S. 14

der, daß nur als ästhetisches Phänomen das Dasein der Welt *gerechtfertigt* ist«.[14] Angesichts der tragischen Konflikte des Lebens bliebe der menschliche Wille gelähmt, käme ihm nicht die Kunst zur Hilfe, welche die dionysischen Mächte der Tragödie in appollinische Form bannt und damit bewältigt. Wie Malraux erkennt schon Nietzsche, daß der Mensch in der Bedrohung durch die Sinnlosigkeit der kosmischen Gewalten verloren wäre, würde nicht die Kunst das Dasein verwandeln und es ihm annehmbar machen. »Hier, in dieser höchsten Gefahr des Willens, naht sich, als rettende, heilkundige Zauberin, die *Kunst*; sie allein vermag jene Ekelgedanken über das Entsetzliche oder Absurde des Daseins in Vorstellungen umbiegen, mit denen sich leben läßt«.[15] In der Skulptur etwa »überwindet Apollo das Leiden des Individuums durch die leuchtende Verherrlichung der Ewigkeit der Erscheinung, hier siegt die Schönheit über das dem Leben inhärierende Leiden, der Schmerz wird in einem gewissen Sinne aus den Zügen der Natur hinweggelogen«.[16] Das Apollinische bedeutet die Ewigkeit der Kunst jenseits der dunklen Mächte des Daseins, jene Auffassung, in der Malraux' Kunstmetaphysik ihre Krönung findet. Die Kunst besiegt den Schmerz, den sie erträglich macht und dem sie einen Sinn gibt. Gerade in der Betonung der den Schmerz überwindenden Kraft der Kunst folgt Malraux Nietzsche, nachdem der Schmerz schon in seinen vorausgehenden Werken eine Schlüsselstellung in seinem Weltbild eingenommen hatte.

Malraux übernimmt auch Nietzsches Deutung der Tragödie als der Bändigung der chaotischen Mächte des Daseins und der Bejahung des Lebens überhaupt, wenn er darlegt, daß die griechische Tragödie nicht die Auswegeglosigkeit des Schicksals zum Inhalt habe, sondern dieses Schicksal in der künstlerischen Form übersehbar mache und so bewältige.

> La fatalité des Atrides, c'est d'abord la fin des grandes fatalités orientales. Les dieux s'y occupent des hommes, autant que les hommes des dieux. Ses figures souterraines ne viennent pas de l'éternité du sable babylonien, elles s'en libèrent en même temps que les hommes, comme les hommes. Au destin des hommes, l'homme commence et le destin finit (PA III, 89).

Die Kunst rücke die tragischen Aspekte des Daseins erst in das menschliche Bewußtsein und mache es als tragisches faßbar.

Malraux' Kunstmetaphysik gipfelt in einer Apologie des künstlerischen Schaffens, der »création artistique«; das Kunstschaffen nimmt in seinem Denken einen der »action« vergleichbaren Rang ein. In der Schöpfung bestätigt und

---

[14] Friedrich Nietzsche, W I, S. 14
[15] Friedrich Nietzsche, W I, S. 48
[16] Friedrich Nietzsche, W I, S. 93

verewigt sich der Künstler in einer Welt, die ihm fremd ist und deren Gesetze er nicht durchschaut. Schon in der Frühschrift »A une Jeunesse européenne« haben wir gesehen, daß die Aufforderung zur künstlerischen Schöpfung geradezu die logische Folge der Erkenntnis ist, daß die Welt keinen Gesamtsinn hat. In der absoluten Schöpfung erschafft sich der Künstler eine eigene Welt mit einer eigenen Gesetzlichkeit, welche die Absurdität aufhebt. Malraux' Kunstmetaphysik ist die späte Konkretion der in seinem Frühwerk angelegten Betonung des künstlerischen Schaffens. In dieser Einschätzung der Schöpfung nimmt Malraux wohl am stärksten auf Nietzsche Bezug, der im »Zarathustra« eine Apotheose des »Schaffenden« gibt und in nahezu allen seinen Werken die Notwendigkeit der Erschaffung einer neuen Welt durch den Menschen nach dem Tode Gottes hervorhebt.[17]

In der zweiten Unzeitgemäßen »Von Nutzen und Nachteil der Historie für den Menschen« hatte Nietzsche seine Metaphysik der Kunst Hegels Konzeption der Geschichte gegenübergestellt und diese besonders in der von Eduard von Hartmann vulgarisierten Form energisch verneint. Die Bedeutung des künstlerischen Schaffens verbietet die Annahme eines sich mit Notwendigkeit vollziehenden historischen Prozesses, in dem die jeweilige geschichtliche Epoche durch die vorherige in ihrem Charakter determiniert und in ihren Möglichkeiten begrenzt ist. Auch das Verhältnis zwischen Gegenwart und Vergangenheit läßt sich nicht allein aus der geschichtlichen Vermitteltheit im Hinblick auf das Ende der Geschichte verstehen, da die Ungeschichtlichkeit des Daseins einer seiner wesentlichen Züge ist. Die geschichtliche Kohärenz ist nicht in ihrem Auf-dem-Wege-Sein zur höchsten Freiheit am Ziel der Geschichte begründet, sondern in der Möglichkeit zur jeweils höchsten künstlerischen Leistung im Augenblick. »Das Ziel der Menscheit kann nicht am Ende liegen, sondern nur in ihren höchsten Exemplaren«,[18] stellt Nietzsche mit Nachdruck fest. Die Tradition wird in der Weise aufrechterhalten, in der es gelingt, an die großen Werke der Vergangenheit Anschluß zu finden und ihre Linie weiterzuführen. Einzig aus der schöpferischen Kraft der Anverwandlung, zu der die Gegenwart fähig ist, ist die Aneignung des Vergangenen möglich. »Nur aus der höchsten Kraft der Gegenwart dürft ihr das Vergangene deuten«,[19] ruft Nietzsche seinen der Historie verfallenen Zeitgenossen zu. Indem Malraux die »constance du génie«[20] an die Stelle der Geschichte setzt, befindet er sich in der Nachfolge Nietzsches. Auch sein Glaube an die vermittelnde Kraft des

---

[17] Siehe S. 44/45
[18] Friedrich Nietzsche, W I, S. 270
[19] Friedrich Nietzsche, W I, S. 250
[20] Sur la liberté de la culture, S. 151

künstlerischen Genies, das in seinem Ringen um einen gültigen Stil den Dialog mit allen Werken der Weltkunst aufnimmt und diese zu neuem Leben erweckt, ist nicht ohne Nietzsches Einwirkung denkbar. Über Nietzsches Kritik des Historischen führt der Weg zu Malraux' Verwandlung des traditionellen Geschichtsbildes, bei der an die Stelle der zeitlichen Kontinuität die Kontinuität des Schöpferischen tritt.

Freilich darf man sich trotz der überraschenden Übereinstimmungen und trotz Malraux' wiederholtem Verweis auf Nietzsche nicht über einige wesentliche Unterschiede hinwegtäuschen. Malraux erklärt das Wesen der Kunst in bewundernswürdiger Eindeutigkeit als humanistische Affirmation des Menschen gegenüber den Kräften des Unmenschlichen, gegenüber der Blindheit des Schicksals, deren sich der Betrachter der blühenden Wiese bewußt wird. Kunst sei jene zweite Welt, die der Mensch als die seinige über der irdischen errichte. Diese scharfe Trennung zwischen der Welt als dem Kosmischen und der Kunst als dem Reich des Menschen findet sich bei Nietzsche nicht. Für Nietzsche ist die künstlerische Schöpfung nur ein Symbol für die sich unaufhörlich vollziehende Weltenschöpfung; die Welt selbst sei ein Kunstwerk, das sich im künstlerischen Schaffen gleichnishaft fortsetze. Das Verbindende zwischen menschlicher und kosmischer Schöpfung ist nach Nietzsche das Dionysische, das Malraux nicht zufällig in seine Kunstphilosophie nicht hereinnimmt. So ist Nietzsches Kunstbegriff umfassender und zugleich wesensmäßig unbestimmter als der Malraux'.

Die Gleichsetzung von Welt und Kunstwerk führt bei Nietzsche zu einer ästhetischen Weltbetrachtung, aus der er allein das Dasein zu bejahen vermag. Die ethische Betrachtung des Lebens endet seiner Auffassung nach in der Verneinung des Daseins als immoralistischer Kraft und Fülle. Die Doppeldeutigkeit von Nietzsches Kunstbegriff, der die künstlerische Schöpfung in präzisem Wortsinn der dionysischen Weltenschöpfung einordnet, läßt sich aus den wenigen Sätzen erkennen, mit denen der späte Nietzsche seine »Psychologie« der Tragödie charakterisiert:

> Das Jasagen zum Leben selbst noch in seinen fremdesten und härtesten Problemen, der Wille zum Leben, im Opfer seiner höchsten Typen der eigenen Unerschöpflichkeit frohwerdend – das nannte ich dionysisch... Nicht um von Schrecken und Mitleiden loszukommen (..): sondern um, über Schrecken und Mitleiden hinaus, die ewige Lust des Werdens selbst zu sein – jene Lust, die auch noch die Lust am Vernichten in sich schließt...[21]

---

[21] Friedrich Nietzsche, W II, S. 1032

Diese Deutung der griechischen Tragödie aus dem Dionysischen setzt nicht mehr das Kunstwerk von der Weltenschöpfung ab, sondern betrachtet dieses selbst als Ausdruck des dionysischen Weltenwillens: »Lust am Werden«, »Lust am Vernichten« als die vorzüglichen Kräfte im tragischen Kunstwerk gehorchen der gleichen dionysischen Gesetzlichkeit.

An den wenigen Stellen, wo Nietzsche bildende Kunst analysiert, so in seiner Delacroix-Kritik,[22] transzendiert er sie sogleich als Manifestation des Lebens; Kunst im engeren Sinne ist ein Teilgebiet der Lebensäußerungen und beschäftigt ihn vor allem als »Zeichensprache des Leibes«, als Hinweis auf die Stärke oder die Schwäche des Lebens. Bei aller Hochschätzung der bildenden Kunst hat Nietzsche nie die Versuchung empfunden, sich mit ihr kritisch auseinanderzusetzen; wenn er von Kunst spricht, so meint er dabei jedesmal mehr, nämlich künstlerisch angeschautes Leben. Während sich so Nietzsches Kunstmetaphysik immer im Ganzen des unendlichen Lebens bewegt, verengt sich Malraux' Blickrichtung auf die Kunst als einen vom Leben abgesetzten Bereich des künstlerischen Schaffens, in dem das Leben überstiegen und aufgehoben wird. Die bildende Kunst wird zu einer neuen Religion, welche die Leere des »Gott ist tot« mit dem Reichtum ihrer Formen ausfüllt. Diese Verengung ist sicher nicht nur negativ zu bewerten. Malraux arbeitet ohne Zweifel den humanen Aspekt der Kunst als der Behauptung und Bestätigung der menschlichen Würde gegenüber den Mächten der Unmenschlichkeit ungleich stärker als Nietzsche heraus, freilich mit Hilfe einer radikalen Vereinfachung und auch Konkretisierung von Nietzsches irrationalistischer Philosophie der Kunst.

Malraux' Kunstmetaphysik darf also nicht nur als einen Schritt von Marx hinweg zu Nietzsche verstanden werden; sie geht vielmehr, im Sinne einer jeden echten Nietzsche-Nachfolge, auch noch ein beträchtliches Stück über Nietzsche selbst hinaus. Nur so kommt der in Nietzsche enthaltene Humanismus voll zur Geltung. Der Versuch hingegen, die metaphysischen Elemente in Malraux' Kunstphilosophie einfach auf Nietzsche zurückführen zu wollen, bleibt notwendig unvollkommen und läßt auch den Prozeß von Malraux' später Nietzsche-Rezeption als Ganzem im Dunkeln.

b) Kommunismus als Mythos – Malraux' Deutung des Verhältnisses von Nietzsche und Marx in den »Antimémoires«

Die »Antimémoires«, 1967 nach zehnjährigem Schweigen Malraux' veröffentlicht, bedeuten keinen Bruch mit den vorausgehenden kunstmetaphysischen

---

[22] Friedrich Nietzsche, W II, S. 724f.

Schriften: sie führen im Gegenteil Malraux' Meditation über die »condition humaine« auf der nahezu gleichen weltanschaulichen Grundlage fort. So bleibt uns nur übrig, den im Kapitel über Malraux' Kunstmetaphysik aufgezeigten Fragekreis nochmals abzuschreiten und den Verwandlungen nachzugehen, denen einzelne Standpunkte des Autors in seinem neuen Werk unterworfen sind.

Die Befragung der »Antimémoires« nach dem Einflußfeld Nietzsche–Marx ist sicher nur eine der möglichen Lektüren; ihre Berechtigung wird sich daran erweisen, wie sehr sie die eigentliche Problematik des Buches in den Griff bekommt. Zunächst einmal fällt auf, daß von den philosophischen Autoren Nietzsche und Marx nicht sehr oft die Rede ist, von Nietzsche noch weniger als von Marx, doch verwundert das nicht bei einem Werk, dessen Vordergrund die politische Aktion ausmacht. So müssen wir von Malraux' Beurteilung der politischen Strömungen ausgehen und aus dieser Perspektive seine Deutung zuerst von Marx und anschließend von Nietzsche verständlich machen. Im Vergleich zu den kunstmetaphysischen Schriften ist in den »Antimémoires« die Betrachtungsweise differenzierter: Malraux' Kommunismus-Feindlichkeit und seine negative Marx-Kritik fallen nicht mehr unmittelbar zusammen, und zum Verhältnis von politischer Theorie und Praxis finden sich mancherlei Überlegungen.

Die politische Grundüberzeugung des Verfassers der »Antimémoires« ist der Glaube an das »fait national«, an das Wiederaufleben des Nationalen. Von diesem Gesichtspunkt aus gelangt Malraux zu einer im Grunde merkwürdigen Gegenüberstellung von Nietzsche und Marx: er kritisiert an Marx, daß sich dieser, ähnlich Michelet oder Victor Hugo, einer trügerischen Hoffnung auf das Ende der Nationalstaatlichkeit hingegeben habe, während Nietzsche die Bedeutung des Nationalen für das zwanzigste Jahrhundert voll vorausgeahnt habe:

> Dans le domaine de l'histoire, le premier fait capital des vingt dernières années, à mes yeux, c'est le primat de la nation. Différent de ce que fut le nationalisme: la particularité, non la supériorité. Marx, Victor Hugo, Michelet (...) croyaient aux Etats-Unis d'Europe. Dans ce domaine, ce n'est pas Marx qui a été le prophète, c'est Nietzsche, qui, lui, avait écrit: »Le XXe siècle sera le siècle des guerres nationales« (A 126).

Marx also wird gegen Nietzsche ausgespielt. Marx hatte nicht dem nationalen Faktor revolutionäre historische Bedeutung zugemessen, sondern der Entwicklung des notwendig übernational angelegten kapitalistischen Systems mit seinen inneren Widersprüchen, die im Klassenkampf zum Austrag kommen. Nietzsche dagegen soll prophetisch erkannt haben, daß die Erschütterungen unseres Jahrhunderts dem nationalen Problem entsprängen. Daß Nietzsche das nationale

Moment als konstitutiv betrachtet hätte, ist indessen nur schwer aufrechtzuerhalten. Nietzsche läßt nämlich niemals einen Zweifel darüber, daß der »Nationalitäts-Wahnsinn« nur eine »Zwischenakts-Politik« sei und nichts gegen die herrschende Tendenz vermöchte, daß »Europa eins werden will«.[1] Im übrigen sei die nationale Bewegung nur als »Gegenschock gegen Napoleon« verständlich, und es bleibe zu hoffen, daß eine bejahende Fortsetzung der napoleonischen Politik gefunden werde, denn Napoleon wollte »das eine Europa, und dieses als Herrin der Erde«.[2] Wenn Nietzsche an die Katastrophen des zwanzigsten Jahrhunderts denkt, so hält er »ungeheure sozialistische Krisen«[3] viel eher als wahrscheinlich. Malraux' Bemerkung erfaßt also keineswegs einen wirklichen Unterschied zwischen Nietzsche und Marx; wenn sie dennoch charakteristisch ist, so betrifft das seine subjektive Höherschätzung von Nietzsche, dem er Marx bedenkenlos an Bedeutung unterordnet.

Die hohe Bewertung des Nationalen veranlaßt Malraux nicht nur zu einer allgemeinen Kritik von Marx' Denken, sondern zugleich auch zu einer grundsätzlichen Trennung von Marx und dem auf ihm beruhenden Kommunismus. Sicher war für Malraux diese Unterscheidung schon immer fundamentaler Art, weil der Kommunismus als politische Bewegung auf die »manichäische« Tat aus ist, Marx' Lehre aber als Philosophie zur geistigen Auseinandersetzung drängt. Aber erst das nationale Moment verhärtet die Grenze so sehr, daß keine Wechselbeziehung mehr möglich ist: der Kommunismus wird zu einer nationalen Mythologie, die sich gegenüber Marx' Denken gänzlich verschließt. Immer wieder spricht Malraux vom Unterschied zwischen Marx und Lenin, der fast unüberbrückbar sei; der höchste Grad der Entfremdung fände sich aber zwischen Marx und Stalin, bei dem der Marxismus zum Mythos der nationalen russischen Macht geworden sei. Am deutlichsten wohl kommt Malraux' Unglaube an eine gegenseitige Beeinflussung von Marx und dem Marxismus in einer Anekdote zum Ausdruck, die er im Gespräch mit de Gaulle zum Besten gibt. Ein persischer Rabbiner habe ihn einmal zweifelnd gefragt: »Vous qui êtes allé en Russie, est-ce vrai que les communistes aussi ont *un livre*?« (A 133) In der Tat, wenn Marx' »Kapital« zur Bibel des Kommunismus geworden ist, ist eine geistige Auseindersetzung von vornherein unmöglich. Mehr noch verwundert den Rabbiner allerdings die Tatsache, daß überhaupt auf eine Bibel Politik zu gründen ist.

---

[1] Friedrich Nietzsche, W II, S. 724
[2] Friedrich Nietzsche, W II, S. 236. Dazu stimmt die Formulierung aus dem Nachlaß: »Napoleon ermöglichte den Nationalismus: das ist dessen Entschuldigung« (W III, S. 623).
[3] Friedrich Nietzsche, W III, S. 690

Aus dieser Trennung von Marx und Marxismus und der Unmöglichkeit einer Wechselbeziehung ergibt sich eine doppelte Entfremdung: entfremdet ist einmal Marx, weil die Einwirkung einer politischen Theorie auf die Praxis entfällt, und sodann der Marxismus, weil er durch eine politische Theorie nicht in Frage gestellt werden kann.

Angesichts dieser Entfremdung stellt sich eine doppelte Frage: einmal, wie weit Marx überhaupt noch als eine auf Malraux wirksame geistige Kraft bezeichnet werden kann, und zum zweiten, wie Malraux die mythische Metamorphose von Marx im Kommunismus zu vollziehen imstande ist. Der Klärung dieser beiden Fragen gilt zunächst unsere Hauptaufmerksamkeit.

Den sich auf Marx berufenden Intellektuellen gelten in den »Antimémoires« einige heftige Angriffe. Malraux wirft ihnen vor, sie verfielen einer Täuschung, wenn sie die Wirksamkeit einer Politik am Maßstab einer politischen Theorie bewerteten. Politik sei unendlich entfernt vom theoretisch-philosophischen Begreifen der Welt; Politik habe es mit den konkreten Gegebenheiten der jeweiligen Situation zu tun; Politik müsse mit der »Staatsraison« rechnen. Intellektuelle, die meinten, ein Staatsmann habe dann keine »Politik«, wenn ihm ein ideologisches Konzept fehle, mißverstünden grundsätzlich das Wesen des politischen Handelns. Ihrer paradoxen Ansicht nach sei Richelieu ebensowenig ein »Politiker« wie de Gaulle. Selbst Lenin oder Stalin sind nach Malraux nur deshalb zu Politikern geworden, weil sie den Mut hatten, entschieden über Marx hinauszugehen. Doch im Grunde verkannten die Intellektuellen ihre eigene Rolle: sie, deren Denken stets um die ideologisch fundierte politische Aktion kreise, hätten es in den letzten Jahren nur noch zur Abfassung von Petitionen gebracht (A 132 f.).

Worum es nach Malraux' Ansicht den Intellektuellen in Wirklichkeit gehe, sei nicht die politische Aktion, sondern der Kampf um soziale Gerechtigkeit (»justice sociale«). Diese Forderung sei ethisch, nicht politisch; Malraux betrachtet denn ihre Verfechter mit einigem Recht als Liberale, denen an der Entscheidung für ein konkretes politisches Programm, sei es nun gaullistisch oder kommunistisch, wenig gelegen sei. Die ethische Auslegung von Marx anerkennt Malraux, er sieht die Notwendigkeit der Forderung nach sozialer Gerechtigkeit ein. Tatsächlich hatte er selbst diese Deutung Marx' in den dreißiger Jahren vertreten, als er den Kern von Marx' Werk in der Bewußtmachung der sozialen Dimension der menschlichen Existenz sah. Freilich verbindet der Minister Malraux nun nicht mehr die Verwirklichung eines sozialen Programms mit einer kommunistischen Politik.

1945, kurz vor Beginn seiner Zusammenarbeit mit de Gaulle, hatte sich

Malraux dem General gegenüber über seine politische »Vergangenheit« zu verantworten, und er begründete seine Tätigkeit in den dreißiger Jahren mit dem Kampf um soziale Gerechtigkeit (A 125). Nur wenn wir die ethische Deutung von Marx berücksichtigen, können wir diese Selbstinterpretation Malraux' erklären, ohne sie als Selbstverleugnung darstellen zu müssen. Mit dem Begriff der sozialen Gerechtigkeit ist auf den Einfluß angespielt, den Marx in jener Epoche auf Malraux auszuüben vermochte. Natürlich erwähnt jetzt Malraux seine Bundesgenossenschaft mit den Kommunisten in keinem Wort mehr; er weist im Gegenteil auf die politischen Fehler der Kommunisten hin, etwa auf ihr zögerndes Engagement für die spanische Republik im Bürgerkrieg 1936/39. Malraux hätte sich nicht an den »Internationalen Brigaden« beteiligt, sondern erst durch seine und seiner Freunde Aktion deren Existenz möglich gemacht. Diese Erklärungen sind zwar historisch richtig, stimmen aber doch wenig zum Tenor im Roman »L'Espoir«. Insgesamt ist das Bild, das Malraux hier von seinem früheren Tun entwirft, ohne Zweifel unvollständig, aber es ist nicht gefälscht, zumal da Malraux' Verhältnis zur KP in jener Zeit tatsächlich recht konfliktreich war.

Das Prinzip der sozialen Gerechtigkeit ist für den Verfasser der »Antimémoires« im Ganzen weniger ausschlaggebend als für den Romancier Malraux. Vor allem hat eine ethische Deutung von Marx für Malraux schon deshalb ihre Grenzen, weil sich auf Ethik keine Politik gründen läßt. Die Bemühung um das Soziale wird durch die neu erstandene Frankreich-Ideologie eindeutig in den Hintergrund gedrängt. Augenfällig wird das etwa bei der Schilderung von Malraux' Wahlkampfreise in die mittelamerikanischen französischen Besitztümer Guadeloupe, Martinique und Guyana, die das Ziel hatte, diese Provinzen zum Verbleib im französischen Staatsverband zu bewegen. Von der sozialen Problematik in diesen halbkolonialen Gebieten ist überhaupt nicht die Rede, es geht nur um eines: die betreffenden Territorien der französischen Staatsmacht zu erhalten. So zeigt sich recht eigentlich, wie sehr Marx' Einfluß auf Malraux selbst in einem Bereich zurückgegangen ist, in dem Malraux ehemals Marx durchaus zu folgen bereit war.

Daß ein primär ethisch verstandener Marx nach Malraux' Auffassung auf die politische Bewegung des Kommunismus nicht zu wirken vermag, braucht kaum wiederholt zu werden. Den Sieg der kommunistischen Revolution in Rußland betrachtet Malraux ausschließlich als Lenins Verdienst. Der entscheidende Schritt in der Geschichte des russischen Kommunismus vollziehe sich jedoch erst von Lenin zu Stalin; Stalin sei es zuzuschreiben, daß der Kommunismus, der noch unter Lenin vom Glauben an die proletarische Weltrevolution erfüllt war, zu einer Kraft der nationalen russischen Politik wurde. Die Argumente, die Malraux anführt, kennen wir bereits aus seinen politischen Reden nach 1945: Stalin habe die »Internationale« als russische Nationalhymne abgeschafft; Stalin habe die These von der Weltrevolution zugunsten der Lehre von der Revolution in einem Land aufgegeben; Stalin habe den Kommunismus zu einem Instrument im Dienste der russischen Machtpolitik gemacht. Doch ist diese Verwandlung nicht Stalins Willkür anzulasten, sie entspricht vielmehr der weltpolitischen Gesetzlichkeit des Wiederauflebens des Nationalen, und diese Gesetzlichkeit ließe sich auch durch eine »Entstalinisierung« nicht aus der Welt schaffen. Die gaullistische Bewegung versteht Malraux als Polarisierung zur kommunistischen; gaullistische und kommunistische Partei seien in antagonistischem Verhältnis aufeinander bezogen. Es ist nicht von ungefähr, daß Malraux in der Heraufkunft des Kommunismus und nicht etwa im Mündigwerden der Staaten der Dritten Welt das bestimmende Ereignis der modernen Geschichte sieht (A 198).

Die Konzeption eines solchen »mythischen« Kommunismus, der zur nationalen Ideologie der östlichen Staaten geworden ist und unbelastet vom Gepäck der Philosophie Marx' auf die Praxis der »manichäischen« Aktion ausgeht, ergibt sich wohl am klarsten aus Malraux' Beschreibung seines Besuches bei Mao-Tse-Tung Ende 1964. »En aucun lieu n'apparaît avec un tel accent, la force mythologique du communisme chinois« (A 520), berichtet Malraux nach seinem Aufenthalt in Yenan. Das Kapitel enthält eine ausführliche Darstellung des »Langen Marsches«, den Mao 1934/35 zur Befreiung Chinas unternahm; dieser Marsch sei zum nationalen Mythos geworden, in dem sich China als Einheit gefunden habe; er gebe allen Chinesen das Gefühl der Schicksalseinheit und binde sie unlösbar an die Nation, die Trägerin dieses Mythos ist. Malraux' stärkster Eindruck ist Chinas Aufbruch zum nationalen Selbstbewußtsein, und es scheint ihm, als ob die dreitausendjährige chinesische Geschichte erst jetzt ihre Vollendung erlange. Mao betrachtet er als Nachfahren der chinesischen Kaiser, und es verwundert ihn nicht, daß er in dessen Amtszimmer Abbildungen altchinesischer Kunstdenkmäler und keineswegs Werke des sozialistischen Realismus findet. Die Unternehmung der Volkskommunen sei vom chinesischen Messianismus inspiriert, und Praktiken wie die Klagereden würden von der Tradition genährt. Der Kommunismus sei zum Ausdruck chinesischen Wesens und chinesischer Hoffnungen geworden.

Da Malraux die Geschichte des chinesischen Kommunismus aus eigener Erfahrung kennt, ist seine Darstellung ohne Zweifel vielschichtiger als sonst, wenn er vom Kommunismus spricht. In mancher Hinsicht sieht Malraux in der Entwicklung des chinesischen Kommunismus eine späte Rechtfertigung seiner eigenen Deutung in den Romanen »Les Conquérants« und »La Condition Humaine«. Das betrifft besonders das Verhältnis von Ideologie und Revolution, das auch im ideologischen Konflikt zwischen Moskau und Peking Gegenstand der Auseinandersetzung wurde. Wie früher der Romancier Malraux, so klagt in den »Antimémoires« Mao über die Unfähigkeit der marxistischen russischen Dogmatiker, die spezifische chinesische Situation zu verstehen. Die These, daß ein vorindustrieller Staat zur Revolution nicht fähig sei; das mangelnde Vertrauen auf die Bauern als Träger der Revolution; die stalinistische Forderung, die KP Chinas solle sich einstweilen der bürgerlichen Kuo-Min-Tang-Partei anschließen und geduldig den Augenblick der Revolution erwarten – das alles waren Beweise für das Unvermögen einer zum Dogma erstarrten Ideologie, eine revolutionäre Wende herbeizuführen. Der wichtigste Aspekt war wohl das mangelnde Einverständnis zwischen den russischen Revolutionären und den chinesischen Massen, für die die Revolution letztlich gemacht werden sollte. Mao geht im Gespräch mit Malraux so weit, die gegenwärtige Krise des russischen Kommunismus als Vertrauenskrise zwischen den Massen und den ihnen entfremdeten Führern zu bezeichnen.

Malraux' Überlegungen zum russisch-chinesischen Konflikt führen indessen nicht zur Einsicht in die Notwendigkeit, anhand von Marx das Verhältnis von Theorie und Praxis der Revolution neu zu durchdenken. Für den Verfasser der »Antimémoires« hat Mao den Konflikt gelöst, indem er den Kommunismus dem chinesischen Nationalgeist unterwarf. Das vieldiskutierte Problem der »Sinisierung« des Kommunismus in China bedeutet für Malraux nicht, wie für die aufgeschlossenen Marxisten[4] beispielsweise, die Herausarbeitung eines universalen Modells zur Anpassung des Kommunismus an die Gegebenheiten der Staaten der Dritten Welt, sondern vielmehr die Integration des Kommunismus in die mythische chinesische Nationaltradition. Mit dieser Deutung steht Malraux zum Teil in Widerspruch zu Mao selbst, der den chinesischen Kommunismus als Modellfall für die Dritte Welt verstanden wissen möchte. Dieser Perspektive verschließt sich Malraux deshalb, weil für ihn das nationale Moment die allgemeine sozialpolitische Problematik überwiegt und die theoretische Bedeutung von Marx in seine Beurteilung des Kommunismus nicht hineinspielt.

»Servir la France« ist zum kategorischen Imperativ des seit 1958 der Regierung de Gaulle angehörenden Ministers Malraux geworden. Aus dieser im Werk vor 1940 noch nicht vorhandenen nationalen Orientierung erklärt sich, warum die

---

[4] Siehe etwa Roger Garaudy: Le Problème chinois, Paris 1967.

marxistische Revolution für ihn an Bedeutung verloren hat. Malraux versucht vielmehr, der marxistischen Revolution die eigene französische revolutionäre Tradition entgegenzusetzen, die in Saint-Just, Michelet, in Victor Hugos »Misérables« und in Jaurès ihre literarischen Höhepunkte hat. »La France, pour nous, c'est la Révolution« (A 194), bestätigt Nehru seinem Gesprächspartner, und Malraux erinnert sich dabei an die Bedeutung der französischen Revolutionsliteratur für die Spanier während des Bürgerkrieges. Daß freilich etwa zwischen Jaurès und Marx eine klare Beziehung besteht, übergeht Malraux geflissentlich.

Bei der Hervorhebung des nationalen Aspekts in den »Antimémoires« muß allerdings betont werden, daß der Glaube an das Nationale bei Malraux mit Nationalismus nichts zu tun hat. Der Ursprung von Malraux' nationaler Wende ist das Erlebnis des französischen Widerstandskampfes: des Kampfes gegen Erniedrigung und Entmenschlichung, die Frankreich vom deutschen Nationalsozialismus auferlegt wurden. So wie Frankreich dabei zu sich als Nation zurückfand, gelangte auch Malraux erstmals zum Bewußtsein der nationalen Schicksalsgemeinschaft jenes »peuple d'ombres« (A 564), das er in seiner Totengedenkrede auf Jean Moulin so nachdrücklich beschwört. Der nationale Kampf wurde um die Verteidigung der höchsten menschlichen Werte geführt, auf denen allein eine jede »Kultur« gründen kann, und so wurde das Nationale zur Form des Schicksals, zur wesentlichen Dimension der »condition humaine«.

Die »Résistance« bedeutet für Malraux vor allem die verpflichtende Erinnerung an die im Kampfe Gefallenen. Erst durch den Tod vermag die Metamorphose vom historischen Ereignis zum Mythos Wirklichkeit zu werden. Die Erinnerung an die Toten des »Langen Marsches« gibt dem chinesischen Kommunismus seine mythische Größe; das Heer der Toten des zweiten Weltkrieges und der Konzentrationslager konstituiert Frankreich als schicksalhafte Einheit. Malraux' »Antimémoires« sind mehr noch als alle seine früheren Werke eine Meditation über den Menschen im Angesichte des Todes. Das ständig wachsende Todesgefühl ist sicher eine der bestimmenden Entwicklungstendenzen in Malraux' Schaffen.

Die herrschende Stellung des Todes in den »Antimémoires« zeigt, daß die bestimmende Problematik des Werkes recht eigentlich metaphysischer Natur ist. Auch der Glaube an das Nationale erhält erst von hier aus seine Sinngebung. Aus dieser Perspektive müssen wir den eingangs erwähnten Satz Malraux' verstehen, der von Nietzsche und nicht so sehr von Marx als dem Propheten des modernen Zeitalters spricht. Nietzsche ist im Grunde genau so wenig wie Marx ein Wegbereiter des Nationalen; Nietzsche ist aber mehr als Marx der Metaphysiker, der die Tragödie der modernen Existenz in einer Welt ohne Gott aufgewiesen hat. Nicht Marx' sozialer Humanismus, sondern Nietzsches Philosophie der Tragödie ist die Form des Denkens, mit Hilfe derer Malraux zu sich selber findet und die von ihm neu erlebte Wirklichkeit auszusagen vermag. Und das Nationale ist nur ein politischer Aspekt der Tragödie, die der Moderne aufgegeben ist.

»Incipit tragoedia« – »Ici commence la tragédie« (A 19f.) ist das Zitat aus Nietzsches »Fröhlicher Wissenschaft«, das Malraux in der Einleitung zu den »Antimémoires« als Beispiel für die Vorausahnung des eigenen Schicksals anführt. Nietzsche habe diesen Satz wenige Monate vor seiner Begegnung mit Lou von Salomé niedergeschrieben, kurz vor seinem endgültigen Eintritt in jenes Reich der Tragödie, aus dem es für ihn kein Zurück mehr geben sollte. Was Nietzsche in denkerischem Vorausblick an Tragödie kommen sah, hat sich in der Geschichte des zwanzigsten Jahrhunderts in ungeahnter Weise verwirklicht. Die Schrecken des Krieges und das Grauen der Konzentrationslager stellen verschärft die Frage nach dem Sinn der unaufhörlichen menschlichen Tragödie, und diese Frage ist um so beklemmender, als für Malraux, wie für Nietzsche, Gott tot ist. In allen Ländern und Erdteilen, die Malraux bereist, in den menschenwimmelnden Zentren indischer Religiosität wie an den verlassenen Stätten afrikanischen Aberglaubens, ahnt er das Reich der Toten, das übermächtig in das Jetzt und Heute des menschlichen Lebens hineinragt und es bestimmt. Um so mehr ist der Agnostiker Malraux auf der Suche nach dem, was dem menschlichen Tun Schicksal und Ewigkeit verleiht. Wie das künstlerische Schaffen, so ist auch das Nationale eine Sprache des Schicksals, das Ewigkeit wird, ein ragender Damm gegen die Flut, die ohne Ende dem Totenreich entströmt.

Als Philosoph des tragischen Schicksals wie der Unsterblichkeit ist nach wie vor Nietzsche derjenige, der Malraux' Werk Grundlage und Ausrichtung gibt. Die Abkehr von Marx nimmt diesem Werk seine Verwurzelung in der Konkretion des Sozialen und verschärft zusehends die Dimension der Vertikalen, die Höhen-Tiefen-Linie, die immer weniger durch die Dimension der Breite ausgeglichen wird. In Malraux' mittlerer Schaffensphase war ein solcher Ausgleich am ehesten gegeben; das Problem, wie die steigende Spannung im Spätwerk aufgefangen werden kann, dürfte das Interesse an Malraux' weiteren Produktionen noch erhöhen.

IV

Schlußbetrachtung

Ausgehend von einer Fragestellung der positivistischen Einflußforschung, näm-
lich der von Nietzsches und Marx' Einwirkung auf die einzelnen Phasen von
Malraux' Schaffen, hat sich unsere Untersuchung nach und nach eine tiefere
Dimension erschlossen: sie verwandelte sich unmerklich in eine Lektüre von
Malraux' Werk am Leitfaden der Einflußverbindung Nietzsche–Marx. Diese
Art der Lektüre findet ihre Berechtigung darin, daß sie die für Malraux spezifische Problematik in den Griff bringt und den Blick auf die Spannungen eröffnet, die durch den Gegensatz von individualistischem und dogmatischem
Denken, von rationaler Geschichtsmetaphysik und absurdem Lebensgefühl, von
Autoritätsglaube und Wahrheitssuche in letztlicher Unauflösbarkeit gegeben
sind. Die überraschende Fruchtbarkeit dieser Lektüre bestätigt recht eigentlich die epistemologische Notwendigkeit der Annahme einer Einfluß-Konstellation Nietzsche–Marx zur Bestimmung des charakteristischen Bewußtseins,
das in Malraux' Werk Ausdruck gewinnt.

Der Marxismus, so haben wir gesehen, tritt in Malraux' zeitgeschichtliche
Reflexion vorwiegend als formale machtpolitische Größe ein und nicht als die
denkerische Problematik des philosophischen Schriftstellers Marx. Der Marxismus ist zunächst eben als Ismus präsent, als durch die politische Wirklichkeit
vorgegebene Ideologie, die erst langsam in der Vielfalt ihrer Beziehung zu
dieser Wirklichkeit, in der ihr eigentümlichen Problematik artikuliert wird.
Bei diesem Prozeß der Artikulation aber erscheint als motorische Kraft Nietzsches Denken in seiner grundlegenden Bedeutung: als wissenschaftliche Redlichkeit, als die Idole entlarvende, decouvrierende Psychologie, als unbedingter
Wille zur Wahrheit. Die Ideologie also wird auf die Willkür ihrer Postulate
hin durchforscht, der Ismus auf seine gesellschaftlichen Bedingungen zurück-
geführt, der Marxismus einer umfassenden Analyse unterworfen. In einem
Wort: die Bedeutung, die Nietzsche für Malraux erhält, ist eine *ideologiekritische*.

Erst durch diese ideologiekritische Einwirkung erscheint uns eine Gestaltung
und Bewältigung des Marxismus-Phänomens im Roman überhaupt nur möglich.
Zwischen Romanform und Ideologiekritik besteht eine ursächliche Beziehung:
die Romanform ist von Natur aus ideologiekritisch, weil sie auf der doppelten
Ebene von Darstellung und Reflexion angesiedelt ist. Die Ideologie gehört

dem reflexiven Bereich an und verstärkt die Spannung, die zwischen darge-
stellter Wirklichkeit und der Reflexion dieser Wirklichkeit im Bewußtsein notwendig vorhanden ist. Der objektive Sinn des Romans aber liegt jenseits der
sich dialektisch verhaltenden Bereiche von Realität und Reflexion; in der zum
Gesamtsinn führenden dialektischen Bewegung wird die Ideologie an der Wirklichkeit gemessen und schließlich in ihrem nur relativen Wahrheitsanspruch
offenbart.

In den verschiedenen Phasen von Malraux' Schaffen vollzieht sich die ideologiekritische Durchdringung Nietzsche–Marx allerdings in wechselnden Graden. Vor allem in der dritten Phase ist die Einfluß-Konstellation eindeutig zugunsten von Nietzsche gestört. Doch ist diese Epoche von der dichterischen
Leistung her gesehen auch am unfruchtbarsten, weil sie allein auf den Essay beschränkt ist und keinen Versuch einer romanhaften Darstellung der Wirklichkeit aufzuweisen hat. Es wäre zu fragen, ob der spätere Malraux als Romancier sich eine ebenso Marx-feindliche Haltung erlauben könnte und ob nicht
der Verzicht auf Marx mit der Auslassung eines wesentlichen Teiles der Wirklichkeit identisch ist. Denn es kann als gewiß gelten, daß Marx nicht durch
Nietzsche einfach ersetzt werden kann, so wenig wie Saint-Just die Rolle von
Lenin einzunehmen in der Lage ist. Vielleicht vermag Malraux seine späten
Anschauungen nur deshalb mit solcher Entschiedenheit zu äußern, weil die
literarische Form dieser Äußerungen die eindimensionale Abhandlung und
nicht der mehrdimensionale Raum des Romans ist.

Nietzsches Einwirkung ist auch in der ersten Phase von Malraux' Schaffen
sehr stark, doch hier drängt auch der Marxismus mit Mächtigkeit herein, so
daß es zwischen beiden Kräften zu einer gewissen Durchdringung kommt.
Malraux versucht schon hier, bei Nietzsche wie bei Marx den ideologischen Anteil mit Begriffen wie »prédication« und »dogmatisme« zu fassen. Der Marxismus wird einer kritischen Sichtung unterworfen: den Begriff des »Klassenkampfes« lehnt Malraux ab, weil er ihm den Erfordernissen einer vielfältigen
Wirklichkeit nicht angepaßt zu sein scheint; Lenin erhält deshalb eine so vorrangige Stellung zugesprochen, weil Malraux gerade in ihm den Marxisten

erkennt, der unbeschadet aller ideologischen Beengungen ein realistisches System der revolutionären Technik entwickelt. Durch die »Conquérants« hindurch läßt sich ahnen, daß die Bedeutung eines unideologisch angeschauten Marx für Malraux nicht in der zu Schlagworten geronnenen Lehre der gesellschaftlichen Veränderungen, sondern im Wissen um die Wirklichkeit des Sozialen liegt.

Diese Auffassung kommt am klarsten in Malraux' zweiter Phase zur Darstellung. Der systematisch seines ideologischen Charakters entkleidete Marxismus wird hier auf einen »socialisme nietzschéen« hin interpretiert, in dem Nietzsche und Marx aufgehoben und versöhnt sind, wenn dieses Gleichgewicht auch nicht von Dauer ist. Die Ideolgiekritik wird radikal zu Ende geführt, so daß es Malraux im Vorwort von »Le Temps du Mépris« wagen kann, den Kommunismus als Grundlage einer modernen Ästhetik zu feiern und dessen fundamentale Bedeutung für eine neue große Romanform mit Entschiedenheit herauszustellen. Fundamental ist dessen Bedeutung deshalb, weil der so verstandene Kommunismus den Blick auf die gesamte Wirklichkeit des Menschen freigibt und gleichzeitig die durch den bourgeoisen Individualismus bedingte Entstellung des Menschen beseitigt. Der Mensch wird neu begründet in der das Soziale miteinschließenden Gesamtheit seiner Lebensproblematik, in einer Totalität, durch die nach mehr als zwei Jahrtausenden die griechische Tragödie im modernen Roman eingeholt und neu gestiftet werden kann.[1] Tragisch ist der Kampf des Menschen mit der Erde, tragisch das Wissen um den Schmerz in einer transzendenzlosen Welt, tragisch die Verteidigung der menschlichen Würde in der sie konstituierenden Brüderlichkeit. In der Annäherung an die neu zu verwirklichende Totalität sucht Malraux die Marx'sche Totalitätsforderung in den Dimensionen des Romankunstwerks Gestalt werden zu lassen. Freilich ist das Gelingen dieses Versuchs geschichtlich einmalig und als romanhafte Verwirklichung unwiederbringlich: es ist die Vision der »Condition Humaine«. Doch in diesem Roman lichtet sich die Konstellation Nietzsche–Marx in ihrer höchsten Wirklichkeitsmächtigkeit; Philosophie wird hier am bruchlosesten als Dichtung Ereignis.

[1] Siehe vor allem die Einleitung zu »Le Temps du Mépris«.

DAS EINFLUSSFELD NIETZSCHE–MARX
IN DEN WERKEN VON DRIEU LA ROCHELLE
UND ALBERT CAMUS

Kurt Wais hat in einem für die Vergleichende Literaturwissenschaft grundlegenden Aufsatz[1] das Wissen um das Unvergleichbare als die notwendige Prämisse zu allen vergleichenden Forschungen herausgestellt. Auch für unseren Versuch, das Einflußfeld Nietzsche–Marx zur Verdeutlichung unserer Untersuchungen bei Malraux im Werk von Drieu la Rochelle und Albert Camus nachzuweisen, gilt diese Mahnung in besonderem Maße. Der unterschiedliche Charakter der Werke von Malraux, Drieu und Camus läßt nicht erwarten, daß den beiden Philosophen im Ganzen ihres Werkes eine gleiche Position zukommt. Wenn wir indes diese Erkenntnis beherzigen, ist es möglich, Drieus und Camus' Beurteilungen von Nietzsche und Marx und vor allem ihren Versuch, zwischen Nietzsche und Marx eine denkerische Beziehung herzustellen, in ihrer Parallele zu Malraux herauszuarbeiten, ohne sogleich zu voreiligen Gleichsetzungen fortzuschreiten.

Da Nietzsches Einfluß auf Drieu und Camus leichter einzusehen ist als der von Marx, gehen wir vor allem ihrem Verhältnis zu Marx ausführlicher nach und präzisieren es durch Seitenblicke auf Hegel als Marx' philosophische Grundlage und auf Lenin als den politischen Vollstrecker von Marx' Lehre. Denn erst aus ihrer Beurteilung von Hegel und Lenin wird ihre Beziehung zu Marx voll verständlich. Außerdem kommt gerade Lenin eine nur aus dem zeitgeschichtlichen Zusammenhang verständliche Mittlerstellung zwischen Nietzsche und Marx zu. Dem Ungenügen Drieus und Camus' an Marx entspringt der Versuch, im Rückgriff auf Nietzsche zu einer Korrektur der von Marx entwickelten Positionen zu gelangen. So kommt es zum Bemühen um eine Verbindung zwischen Nietzsche und Marx, die Drieu und Camus zwar auf völlig verschiedene Weise konzipieren, die aber beide Male symptomatisch ist und einen Ausblick auf die Mächtigkeit der Einflußkonstellation Nietzsche–Marx in der ersten Jahrhunderthälfte gewährt.

[1] Kurt Wais, Vergleichende Literaturbetrachtung, In: Forschungsprobleme der Vergleichenden Literaturgeschichte, Tübingen 1951, S. 7–11, hier S. 11

I

Drieu und der »faschistische« Sozialismus

Das Eindringen des Marxismus in das geistige Leben Frankreichs nach 1930 ist eines der Themen von Drieus Roman »Gilles« (1939). Der Roman stellt dar, wie mit dem Marxismus eine im Grunde kraftlose politische Lehre in einer schwächlichen und dem Untergang geweihten Gesellschaft zur Tagesmode wird. Die Beschreibung dieses Vorgangs kann nur in der Form einer »Satire« erfolgen, in der nach der Meinung des Autors[1] der wesentliche Zug des Romans zu sehen ist. Drieu erfaßt den wachsenden Einfluß des Marxismus in drei Phasen. Zunächst gehen geistig unbedeutende und grobschlächtige Menschen zu der neuen Lehre über, so Lorin, der sich zum Gespött von Gilles unablässig des marxistischen Jargons bedient, um seine Unwissenheit zu verdecken. Sodann bemächtigt sich der Marxismus der literarischen Gruppe »La Révolte« um Galant und Caël, in der Drieu die Surrealisten treffen wollte. Gilles erkennt jedoch unschwer, daß es sich hier letztlich nur um Kleinbürger handelt, die mit der Hinwendung zu Marx auf spektakuläre Weise ihr Unvermögen zur revolutionären Aktion zu verbergen suchen. Über die literarischen Kreise dringt der Marxismus, nun vollends zur Mode geworden, in die großbürgerliche Pariser Gesellschaft ein. Die dem »Révolte«-Kreis nahestehende Antoinette, die Tochter des Präsidenten der Republik, macht sich zu seinem Fürsprecher, und der ehrgeizige Politiker Clérences, der nie eine Schrift von Marx gelesen hat, verleibt die marxistischen Parolen auf gänzlich ungefährliche Weise in seine Reden ein, um ihnen die beste Wirkung zu sichern. Der Modecharakter des Einflusses bezeigt sich daran, daß die Unbeweglichkeit und Korruptheit der herrschenden Gesellschaft durch die neue Lehre nicht im geringsten berührt wird.

Der von dieser Mode angewiderte Gilles hält die marxistische Lehre der Mittelmäßigkeit der alten Gesellschaft für angemessen. Von philosophischem Standpunkt aus sei der Marxismus nicht ernst zu nehmen. »Gilles ne croyait pas un mot du marxisme«.[2]

Schon gegen die dem Marxismus zugrundeliegende Geschichtskonzeption Hegels und deren Endstufe, die dieser abwechselnd in Napoléon und dem König von Preußen gesehen habe, hat Gilles schwere Bedenken.[3] Mit Recht sieht er den Dreischritt von Hegels Dialektik schon im Christentum im Schema

---

[1] Drieu la Rochelle, Gilles, Paris 1965 (éd. Livre de poche), Préface, S. 5–12, hier S. 5
[2] Gilles, S. 381
[3] Gilles, S. 381

Dreieinigkeit–Sündenfall–Erlösung vorgegeben; Hegel habe das christliche Schema nur noch vereinfacht. Im Vergleich dazu sei die Vergröberung, die Marx mit Hegels Philosophie vorgenommen habe, noch größer. »L'interprétation que le marxisme donnait de Hegel lui paraissait une vulgarisation improvisée par deux journalistes pressés, fort sommaire, fort étroit«.[4] Marx' Versuch, den Sieg des Proletariats als das notwendige Ziel der Geschichte herauszustellen, findet Gilles eine ungeheuerliche Zumutung für jeden denkenden Menschen. Auch der Materialismus, selbst als »dialektischer« Materialismus philosophisch aufgearbeitet, erfährt keine Gnade bei Gilles' kritischer Sichtung. Die Verherrlichung der Leiden des Proletariats als Preis für die zukünftige Glückseligkeit entlarvt Gilles als ungeschickte und farblose Imitation des christlichen Heilschemas. Schließlich lehnt Gilles überhaupt die wissenschaftlich-szientistische Erhellung der Geschichte ab. Am empörendsten empfindet er den ideologischen Anspruch des Marxismus, »la ridicule prétention et l'odieuse hypocrisie de la doctrine«,[5] der jedes selbständige Denken abwürge.

Mit seinem Vertrauen auf die Macht der Wissenschaft, mit seinem Glauben an Gleichheit und Fortschritt bewahre der Marxismus das veraltete Erbgut des neunzehnten Jahrhunderts, das der veränderten Wirklichkeit der Moderne neu angepaßt werden müsse. Doch die Versuchung durch die Schlagworte und das Unwesen der Ismen habe die marxistische Lehre der Realität entfremdet. Ihre einzige bleibende Wirkung sei, daß sie den Durchschnittlichen die Illusion einer Revolte-Haltung liefere. Diese Erkenntnis macht Gilles bei einer Zusammenkunft der »Révolte«-Gruppe: »Toujours cette basse sédition des médiocres, qui s'attisait sur de vieilles attitudes inventées au XIXᵉ siècle«.[6] Indem der Marxismus eine unverfängliche Terminologie liefere, verleite er im Widerspruch zu seiner revolutionären Lehre zur geistigen Trägheit und verhindere den Aufbruch zu einer neuen Wirklichkeit.

Allerdings glaubt Drieu zu erkennen, daß das Gesetz der Trägheit tief in der marxistischen Theorie selbst verankert ist. Da nach der marxistischen Geschichtsauffassung die Revolution nach notwendigen Gesetzen und ohne menschliches Zutun heraufkommt, genüge es, auf die große Stunde in Geduld zu warten. Als Galant Gilles mahnt, er müsse auf den richtigen geschichtlichen Augenblick warten, ruft ihm dieser verächtlich zu: »Le moment historique ... Oh! ce jargon. Je me demande ce que serait un moment qui ne serait pas historique«.[7] Und er fährt fort: »De moment en moment, les siècles passeront et tu attendras encore

---

[4] Gilles, S. 381
[5] Gilles, S. 382

[6] Gilles, S. 422
[7] Gilles, S. 183

ta révolution. C'est commode«.[8] Nachdem Gilles in den Volksfront-Unruhen des Jahres 1936 endlich den Umsturz der Gesellschaft gekommen sieht und atemlos Galant telephoniert, antwortet ihm eine dünne Stimme »que seul le prolétariat pouvait faire une révolution et qu'il la ferait à son heure«.[9] Die Ideologie erscheint als das größte Hindernis auf dem Wege zur revolutionären Aktion.

An Drieus Marxismus-Kritik ist vor allem zu bemängeln, daß er den entscheidenden Aspekt in Marx' Lehre, das Problem des Sozialen, nur beiläufig streift. Der Erzähler des Romans, der über die Motive von Cyrilles marxistischer Wende nachsinnt, legt dar, daß der Kommunismus für Cyrille die gleiche Versuchung bedeutet habe wie für Gilles die Armut. Doch betont er sogleich den grundsätzlichen Unterschied zwischen den beiden Motiven: »Le communisme et la pauvreté, c'étaient deux choses fort différentes«.[10] Galant beispielsweise, der immer arm gewesen war und vergebens davon geträumt hatte, Antoinette zu heiraten, finde im Kommunismus »une nouvelle forme à sa rage conte la pauvreté. Et aussi une nouvelle forme à sa prédilection pour une attitude fanatique«.[11] Der Marxismus erscheint damit letztlich als der Ausdruck der Ressentiment-Haltung der Armen hinsichtlich der Welt der Reichen, die sie umsonst beneiden. Das Gegenbeispiel dazu sei Gilles, der in der Armut eine verlockende Möglichkeit des Suchens nach menschlichem Glück ahnt und sich eine Zeitlang aller seiner Besitztümer entkleidet, um diesen Zustand voll erleben zu können. Der Roman tut nichts, um Gilles' Versuchung in ihrem Illusionscharakter zu entlarven.

Wie schon aus Drieus Argumentationen zum Teil hervorgeht, kritisiert er Marx von einem an Nietzsche angenäherten Standpunkt; ja mehr noch, Nietzsche wird als politische Alternative zu Marx herausgearbeitet. Als »nietzschéen[12]« ist Gilles gegen die marxistische Philosophie des Werdens gefeit; er hat sich Nietzsches »scepticisme pragmatique«[13] zu eigen gemacht und verläßt sich nicht auf einen trügerischen Geschichtsentwurf, sondern versucht nüchtern das geschichtlich Mögliche zu erkennen. Mit der Kategorie des real »Möglichen« – »les fondements durs et cruels du possible«[14] – stößt Drieu mit bewundernswerter Sicherheit auf die ideologogiekritische Bedeutung von Nietzsches entlarvender und demaskierender Philosophie, die den Glauben an politische Ideale zunichte macht. Nietzsche habe das Vertrauen auf Fortschritt und Wissenschaft untergraben und somit die Grundlagen des Marxismus zerstört. Mit Hilfe von Nietzsches Psychologie erkennt Gilles, daß die Prätentionen des Proletariats

[8] Gilles, S. 184
[9] Gilles, S. 438
[10] Gilles, S. 384f.
[11] Gilles, S. 385

[12] Gilles, S. 381
[13] Gilles, S. 381
[14] Gilles, S. 382

nur eine verkappte Form des Willens zur Macht darstellen, der sich mit einer vermeintlich wissenschaftlichen Dogmatik Anerkennung verschaffen will.[15] Daher ist Gilles' Urteil über den Marxismus radikal: er entdeckt in ihm eine Art von Nietzsches »Sklavenmoral«, in der sich die Mittelmäßigkeit rechtfertigt und ein gutes Gewissen erhält. Wenn überhaupt, so habe die ganze Bewegung nur *einen* Sinn: »Il voyait par moments dans le mouvement communiste une chance qui n'était plus attendue de rétablir l'aristocratie dans le monde sur la base indiscutable de la plus extrême et définitive déception populaire«.[16] So hofft Gilles wie die Marxisten auf den Eintritt der Revolution (die von ihm herausgegebene Zeitschrift trägt den vielsagenden Titel »Apocalypse«), die in einer reinigenden Befreiung aber nicht die Herrschaft des Proletariats, sondern die Auferstehung und Wiederbelebung einer Aristokratie herbeiführen soll.

Aus dem »satirischen« Charakter des Romans erklärt sich, daß die Kritik des Marxismus stark vereinfacht und überdies auf die Bedürfnisse der Charakteristik der Romanfiguren, die als Meinungsträger auftreten, zugeschnitten ist. Daher greift Drieu zur Gattung des Essays, um seine Positionen zu nuancieren. Die Abstufung in der Beziehung zwischen Roman und Essay hat der Schriftsteller selbst so gesehen, und er wirft den Rezensenten den Mangel an Einsicht in dieses Verfahren vor: »La liaison entre les romans et les essais se faisait par toute une gradation de tons qui, bien sûr, échappait au critique, lequel ne semble là que pour excuser et aggraver la paresse du lecteur ordinaire«.[17] Die Leistung der Essays – wir beziehen uns hauptsächlich auf »Socialisme fasciste« (1934) und »Notes pour comprendre le siècle« (1941) – besteht darin, daß sie den Begriff des Marxismus modifizieren und vor allem die Beziehung zwischen Marx selbst und dem nach ihm benannten Ismus klarer herausarbeiten. Außerdem wird Nietzsches Anteil an den politischen Bewegungen zwischen den beiden Weltkriegen konkreter als in »Gilles« bestimmt; Nietzsche und Marx stellen nun keine einfache Antithese mehr dar, Nietzsche greift vielmehr in die Geschichte des Marxismus ein und verwandelt ihn zu einem »faschistischen« Sozialismus, der nach Drieu allein der modernen Wirklichkeit angemessen zu sein scheint.

Die essayistischen Schriften postulieren eine Unstimmigkeit zwischen Marx und dem Marxismus, die zum offenen Gegensatz ausschlagen kann: »Ou il y a Marx ou il y a le marxisme«.[18] Der Marxismus sei gewissermaßen die lähmen-

---

[15] Gilles, S. 382
[16] Gilles, S. 382
[17] Gilles, S. 7
[18] Socialisme fasciste, Paris 1934, S. 72

de Entartungsform des Marx'schen Denkens, entwickelt von seinen Nachfahren, die kein Verständnis für die revolutionäre Kraft seiner Philosphie aufbrachten. Die bleierne Schwere des marxistischen Denkens sei die Erbschaft Hegels, dessen Philosophie Drieu als »tentation énorme offerte au fatalisme et au relâchement«[19] kritisiert. Doch fügt er mildernd hinzu, daß weniger Hegel als vielmehr seine Schüler für die fatalistische Ausdeutung seiner Geschichtsphilosophie verantwortlich sind. Im Gegensatz zum Marxismus sei es Marx' positive Bedeutung, den Sinn für die konkrete Wirklichkeit geschärft und damit auch die Philosophie erneuert zu haben. In einer Front mit Nietzsche und Darwin habe Marx gegen den überkommenen deutschen Idealismus und den ausgedörrten französischen Rationalismus angekämpft und sich auf die realen Kräfte des Menschen zurückbesonnen.[20] Mit realistischem Blick erkenne Marx die Gebundenheit des Menschen an die Materie, an Produktionskräfte und Produktionsverhältnisse. Ohne sich recht darüber im klaren zu sein, gelange Marx mit seinem Willen zum »Realismus«[21] zu einer »Mystik«: seine Entdeckung des konkreten Menschen ende in einer Verherrlichung der Leiblichkeit.[22] Marx entfeßle die Energien, die im von Maschinendampf und großstädtischem Lebem angekränkelten Proletariat schlummern, und er helfe ihm zur Selbstbefreiung. So sei er ein Vorbereiter jenes »courant de réalisme et de violence«,[23] der im modernen Denken zum Ausbruch kommt. Den echten und großen Marx findet Drieu weniger in den verbreiteten programmatischen Schriften, dem »Manifest« und dem »Kapital«, als in den kaum bekannten Arbeiten »pragmatischen« Charakters, in den Abhandlungen und Aufsätzen zur Zeitgeschichte, in denen nicht der Dogmatiker das Wort hat, sondern der Taktiker des Klassenkampfs, der feurige Revolutionär, der kühne Visionär des proletarischen Siegs, der Mann, der »élan« und »énergie« ausstrahlt. Diese Seite an Marx steht mit dem Marxismus in vollkommenem Widerspruch:

> Si Marx est aussi souple, aussi pragmatique que nous en assurent certains rares exégètes, alors le marxisme qui est un système de l'histoire, une prophétie organisée du sens prolétarien de l'histoire n'existe pas. Ou bien le marxisme existe, et le Marx agile et répondant à tout, que nous goûtons dans certains écrits de circonstance, s'évanouit derrière le solide schéma historique qu'on a exigé et obtenu de lui, par ailleurs.[24]

[19] Socialisme fasciste, S. 72
[20] Notes pour comprendre le siècle, Paris 1941, S. 142
[21] Notes, S. 142
[22] Notes, S. 142
[23] Notes, S. 142
[24] Socialisme fasciste, S. 73

Immer wieder beschwört Drieu jenen unbekannten Marx, »ce Marx vigilant
et secret qui, à la fin de sa vie, niait le marxisme – comme sans doute le Christ
aurait nié le christianisme – mais que n'ont pas voulu suivre des apôtres con-
scients de leur médiocrité et qui avaient besoin d'un système arrêté«.[25] Drieu bewundert »sa puissance de visionnaire, d'exhortateur, ... sa vivacité d'intuition
littéraire dans les domaines historique, philosophique, économique«.[26]

Freilich unterschlägt Drieu auch Marx' Schattenseiten nicht: er erkennt, daß
besonders der reife Marx einem »rationalisme déterministe« huldigt und eine
Geschichtsmetaphysik entwickelt, auf der die »horloge théologique«[27] des
Marxismus gründet.

So sehr Drieu auch einer Neubewertung von Marx das Wort redet, so unbestreitbar bleibt, daß er sich vor allem mit dem konventionellen Marx-Verständnis auseinandersetzt und aus dem »Kommunistischen Manifest« und dem
»Kapital« zitiert, anstatt die berühmten pragmatischen Schriften heranzuziehen, von denen eine Neuinterpretation von Marx ausgehen sollte. Im Anklang an das Marx-Bild von Gilles versucht Drieu in der Abhandlung »Socialisme fasciste« die Unhaltbarkeit von Marx' »Mythologien« des Klassenkampfs,
der Diktatur des Proletariats, der Machtablösung einer Gesellschaftsklasse
durch eine andere möglichst wissenschaftlich nachzuweisen. Den Marx'schen
Kernbegriff der herrschenden Klasse zweifelt Drieu an, weil seiner Meinung
nach eine einzelne Gesellschaftsklasse viel zu uneinheitlich ist, als daß sie ihre
Machtstellung wirklich wahrnehmen könnte. Die Herrschaft liege vielmehr
unabhängig von der Staatsform eines Landes in den Händen einer kleinen
»Elite«,[28] die mit Hilfe der einen oder anderen Klasse regiere. In der Zusammen-
setzung der Elite spiegle sich das gesellschaftliche Gefüge nicht wider, denn
die Elite sei nicht gesellschaftlich determiniert: weder Lenin noch Stalin gehörten dem Arbeiterstand an; in der französischen Revolution hätten Aristokraten und Kleriker wie Mirabeau, Talleyrand, Sieyès, Robespierre oder
Fouché bedeutsamen Einfluß gehabt. Die Herrschaft werde immer von den
»éléments d'élite«[29] ausgeübt. Im Hinblick auf Gobineaus »Otar Jarl«[30] stellt
Drieu die Frage nach dem Wechsel der Eliten und kommt zu dem Schluß, daß
sich die Eliten ständig innerlich erneuern, ohne je ganz vom politischen Schau-
platz zu verschwinden oder von einer neuen Führungsschicht verdrängt zu
werden. Auch im parlamentarischen Staate werde die Macht nicht vom Volk,
sondern von jener besonders befähigten Elite ausgeübt, die auch in den Mo-

---

[25] Socialisme fasciste, S. 66
[26] Socialisme fasciste, S. 67
[27] Notes, S. 142

[28] Socialisme fasciste, S. 15
[29] Socialisme fasciste, S. 15
[30] Socialisme fasciste, S. 36

narchien oder Diktaturen an der Spitze des Staates stehe. Die Gesellschafts-klassen seien die Instrumente, mit denen die Elite regiere; ihren Wechsel stellt Drieu nicht in Frage. Von einem Klassenkampf könne man jedoch kaum spre-chen, da die Klassen selbst nicht an der Staatsmacht beteiligt seien. Mit dieser Theorie der Elite glaubt Drieu die Grundlage von Marx' Gesellschaftslehre widerlegt zu haben.

Als Quelle für Drieus Überlegungen zur Funktion der Elite in der Gesell-schaft ist wohl Pareto heranzuziehen, aus dessen Werk »Systèmes socialistes«, das 1926 in Paris in der zweiten Auflage erschien, Drieu manche Anregung be-zogen hat. Schon äußerlich fällt auf, daß Drieu gleich Pareto als Ausweis einer »wertfreien« Gesellschaftslehre die Bezifferung der einzelnen Klassen mit A, B, C... vornimmt, um die Begriffe Proletariat oder Bourgeoisie zu vermei-den. Im Gefolge von Pareto arbeitet Drieu eine Theorie der reinen Macht aus, deren Ausübung nicht mehr gesellschaftsgebunden ist, also keinen klassen-kämpferischen oder moralischen Sinn mehr hat. Durch die Einführung des Elite-Begriffs werde eine Vorstellung von Revolution möglich, die unabhängig von den Interessen einer Klasse das Ziel hat, besonders befähigten Machtmenschen zur Herrschaft zu verhelfen. Solche Machtmenschen sieht Drieu im »homme totalitaire«, im »fasciste«, im »hitlérien« oder »stalinien«, von denen er einen Augenblick lang annimmt, daß sie die von Gilles erträumte aristokratische Revolution verwirklichen können. In Lenin habe der Marxismus einen Politiker hervorgebracht, der den Schritt von Marx' wissenschaftsgläubiger Doktrin zu einem auf der Macht gründenden Eroberertum gehen könne und Marx' Lehre den Erfordernissen einer veränderten Wirklichkeit anpasse. So ist auf dem Weg von Marx zu Nietzsche in Drieus Augen Lenin die wichtigste Zwischen-stufe.

In Lenin bewundert Drieu den genialen Praktiker der Macht, den Strategen der Revolution, den asiatischen Übermenschen mit unvollstellbaren Willensre-serven. Lenin habe Marx' Lehre vereinfacht und als Instrument der Politik ge-schmeidig gemacht. »Accommoder les thèmes talmudiques de Marx aux besoins sommaires d'un conquérant tartare«[31] ist die Aufgabe, die er erkannt und ge-meistert hat. »Si Lénine et Trotzky ont porté si allègrement le fardeau marxiste, c'est qu'ils avaient dû en jeter en route la plus grosse part«.[32] Drieu neigt dazu, Lenin in unmittelbarem Gegensatz zum Marxismus zu sehen. Die Revolution von 1917 in Rußland sei nicht marxistisch, sondern leninistisch. Ja mehr noch: »Lénine a agi en dehors du marxisme«.[33] Was Lenin hingegen Marx

[31] Notes, S. 125
[32] Socialisme fasciste, S. 73
[33] Socialisme fasciste, S. 72

verdanke, sei gewiß nicht seine deterministische Geschichtsmetaphysik, sondern die dialektische Wendigkeit, den pragmatischen, der Situation angepaßten Geist des Verfassers der politischen Schriften. Drieu wendet den Unterschied zwischen Marx und dem Marxismus auf Lenin an und erklärt dessen Marx-Rezeption als Rückgang über den Marxismus hinweg auf Marx selbst.[34] In seinen ideologisch gehaltenen Schriften wolle Lenin zwar den Eindruck erwecken, als bewege er sich auf der Linie des offiziell anerkannten Marxismus; in Wahrheit entferne er sich davon beträchtlich. Die Abkehr erfolge jedoch auf den Spuren des eigentlichen Marx, von dem Lenin nur bewahrt habe, was sich von einer geschichtlichen Epoche auf die andere übertragen läßt: die »conseils pratiques et l'élan«.[35] Der »rationalisme déterministe«[36] des reifen Marx werde ersetzt durch den von Drieu so hochgeschätzten pragmatischen »relativisme«, der auf die Gegebenheiten der geschichtlichen Stunde achtet und sich nur einer Notwendigkeit unterwirft, der »nécessité du possible«.[37] So skizziert Drieu das großzügige Fresko eines Lenin, der sich die philosophischen Leistungen des neunzehnten Jahrhunderts zu eigen macht und sich dennoch den Erfordernissen der Moderne anpaßt:

> Lénine, autodidacte en philosophie tout comme Mussolini, a donné à fond, pourrait-on croire, dans la défense rationaliste et déterministe héritée comme mot d'ordre de Marx et Engels par les socialistes et communistes russes et continué tant bien que mal par eux contre les tendances néo-criticistes, antirationalistes qui se faisaient jour partout vers la fin du siècle dernier et jusque dans leurs rangs. Oui, quand il gribouille son compendium philosophique *Matérialisme et Empirio-criticisme*, il en semble ainsi... Et est-ce que le génie de Lénine, tout tactique, tout à l'aise dans ses écrits de combat, n'est pas imprégné de quelque chose qui ressemble à cette philosophie de la mobilité et de l'action, qui était propagée à ce moment à la fois par Vilfredo Pareto et Georges Sorel dans la philosophie, par Poincaré dans la science – et qui allait déboucher dans les arts sous les espèces du futurisme, du cubisme, du surréalisme, toutes doctrines fondées sur la négation de la raison et de l'être, sur un phénomène idéaliste, commandant une morale pragmatique?[38]

Angesichts der politischen Bedeutung von Nietzsches Machtphilosophie fragt sich Drieu, ob auch Lenin von Nietzsche beeinflußt worden ist. »Nietzsche a déterminé Mussolini, nous le savons. Mais n'a-t-il pas eu une influence sur Lénine?«[39] Daß Trotzkij Nietzsche gekannt und verehrt hat, erscheint Drieu außer jedem Zweifel.[40] Im Falle Lenins sei jedoch die Beweisführung schwie-

---

[34] Socialisme fasciste, S. 66f.
[35] Socialisme fasciste, S. 66f.
[36] Socialisme fasciste, S. 66f.
[37] Socialisme fasciste, S. 66f.
[38] Socialisme fasciste, S. 66
[39] Socialisme fasciste, S. 63
[40] Socialisme fasciste, S. 64

riger. Um die nicht klar zu beantwortende Frage des direkten Einflusses zu vermeiden, geht Drieu vom mittelbaren Einfluß der Ismen aus. »Les influences sont littéralement l'air qu'on respire«.[41] Die Schweiz vor 1914 sei der Raum, in dem die Durchdringung von Nietzsche und Marx stattfindet. Pareto lehrt in Lausanne, Sorel schreibt im benachbarten Genf; von ihnen gehe die für den Ausgang des neunzehnten Jahrhunderts so bezeichnende Philosophie der Macht aus, deren Wegbereiter Nietzsche sei, jene »philosophie de critique de la raison, philosophie de l'irrationnel; philosophie de l'action, philosophie pragmatique. La pensée de Nietzsche est l'agent principal de cette philosophie«.[42] In diese geistige Landschaft sei der junge Marxist Mussolini eingetreten und habe den Marxismus zum Faschismus weiterentwickelt, der nach Drieu Lenins Bolschewismus recht nahe kommt. Über Pareto und Sorel dringe Nietzsches Philosophie bis zu Lenin vor, der sich jahrelang in Zürich aufgehalten hat. Von einer solchen Beeinflussung kann natürlich in Wirklichkeit nicht die Rede sein; nicht nur Nietzsche, selbst Sorel wird kein einziges Mal in Lenins Schriften erwähnt. Doch erhält Drieu durch dieses großangelegte geistesgeschichtliche Gemälde die Möglichkeit, Lenins Denken als das Drama der Auseinandersetzung von Nietzsche und Marx zu betrachten, als jenes welthistorische Ereignis, das allen modernen Revolutionen zugrundeliegt.

Für Drieu ist Nietzsches Bedeutung als politischer Denker der von Marx zumindest ebenbürtig. Nietzsche sei neben Marx derjenige Denker, der mit den Abstraktionen des rationalistischen Denkens gewaltsam breche; er stelle die in der Philosophie des achtzehnten und neunzehnten Jahrhunderts verlorengegangene Einheit von Denken und Tun wieder her und vollende damit die von Kant und Hegel eingeleitete Revolution des Denkens. Seine Maxime sei: »Point de pensée sans action. On ne pense que dans la mesure où agissant sa pensée, on l'éprouve, on l'adapte, on lui assure un échelon solide pour monter plus haut«.[43] Der Überbetonung des Geistes setze Nietzsche Kraft und Schönheit des Leibes entgegen. Er entlarve die fadenscheinigen Werte der spätchristlichen Gesellschaft und verkünde einen »humanisme athée«,[44] der sich auf Zucht, Ordnung und Askese als die bleibenden Werte eines höheren Menschentums bezieht. Nietzsche habe die meisten politischen Ereignisse des zwanzigsten Jahrhunderts vorausgesehen und das umfassendste Krankheitsbild der Epoche geliefert; er ist der »prophète du XXe siècle«,[45] der Heilige, der den Übermenschen ankündigt.

---

[41] Socialisme fasciste, S. 64
[42] Socialisme fasciste, S. 64
[43] Notes, S. 155
[44] Notes, S. 144
[45] Notes, S. 144f.

Nietzsche n'est pas un écrivain ni un artiste, n'est pas un intellectuel – c'est un saint, un voyant, un prophète comme l'Europe n'en avait pas eu depuis Calvin et Luther et saint Ignace de Loyola et saint François d'Assise – pour le moins.[46]

Nietzsche und Marx gehörten zwei aufeinanderfolgenden Generationen an, die den revolutionären Bruch im Denken des neunzehnten Jahrhunderts bewirkten. Nietzsche als Vertreter der späteren Generation gehe mit der Überlieferung stärker ins Gericht denn Marx: »Nietzsche a été beaucoup plus loin dans la destruction; Marx est resté accroché à l'un des concepts, à celui de la cause«.[47] Die Gemeinsamkeiten von Nietzsche und Marx seien in ihrem Verhältnis zur philosophischen Tradition begründet. Ihre Gegensätze seien freilich unübersehbar, nur mache die Zwiespältigkeit der Philosophie von Marx eine klare Gegenüberstellung unmöglich. Halte man den Willen zur Macht gegen den Determinismus des reifen Marx, so erscheine Nietzsche als der »antimarxiste par excellence«.[48] Die Vielschichtigkeit beider Denker lasse aber auch andere als nur antithetische Deutungen zu, nämlich Nietzsche als Nachfolger und Vollender von Marx und »Nietzsche véritable prophète et inspirateur des révolutions d'après-guerre«.[49] Diese Interpretationen entwickelt ein bemerkenswertes Kapitel im Band »Socialisme fasciste«.[50]

Als Textbeispiel zur Erläuterung der Beziehung zwischen Nietzsche und Marx führt Drieu eine Stelle aus Nietzsches »Wille zur Macht« an: »L'homme est un accident dans un monde d'accidents. Le monde n'a pas de sens général. Il n'a de sens que celui que nous lui donnons, un moment, pour le développement de notre passion, de notre action«.[51] Aus diesem Beleg leitet Drieu drei Folgerungen für das Verhältnis von Nietzsche und Marx ab. Nietzsches irrationalistische Philosophie zerbreche das rationalistisch-deterministische System von Marx' Denken (1); Nietzsches Philosophie schaffe im Gegensatz zum Marxismus die Voraussetzung für die große politische Aktion (2); Nietzsche betone gegenüber Marx die Bedeutung des Individuums für den revolutionären Prozeß (3). Aus dem Zusammenhang von Drieus Denken werden diese drei Sätze unschwer deutlich.

Das erste Postulat lautet: »Le principe nietzschéen ... a préparé les esprits à briser l'horizon déterminé dans lequel les marxistes avaient cru les enfermer«.[52] Drieu erkennt, daß Nietzsches Philosophie der hegelianisch-marxistischen Geschichtskonzeption mit ihrer logischen Verquickung aller Vorgänge in einem

---

[46] Notes, S. 144f.
[47] Socialisme fasciste, S. 68f.
[48] Socialisme fasciste, S. 68f.
[49] Socialisme fasciste, S. 68f.
[50] Socialisme fasciste, S. 70–75
[51] Socialisme fasciste, S. 70
[52] Socialisme fasciste, S. 70

einheitlichen und durchsichtigen Prozeß, mit ihrem geradlinigen Fortschreiten zum Bewußtsein immer größerer Freiheit diametral entgegengesetzt ist. Nach Nietzsche ist das menschliche Tun nicht von der fatalistischen Gesetzlichkeit des Geschichtsprozesses abhängig; menschliche Größe ist in jedem Augenblick möglich; der Gedanke des Fortschritts ist sinnlos, da die Welt ein Chaos ist, eine Folge göttlicher Zufälle ohne Gesamtsinn. Der Mensch muß sich in einer in Zufälle zerfallenden nichtigen Welt selbst das größte Schwergewicht geben; er muß sich selbst erschaffen. Damit zerbricht Nietzsche die starre Kausalkette von Marx' Geschichtsverständnis und schafft die Voraussetzung zur großen Tat.

Das zweite Postulat betrifft die historische Aktion. Die Folge von Nietzsches Philosophie ist »la croyance dans l'action quelle qu'elle soit, dans la vertu de l'action«.[53] Der marxistische Fatalismus hatte eine jede Handlung von determinierenden Faktoren abhängig gemacht, die der Marxist berechnen muß, bevor er im Sinne der Parteiideologie tätig werden kann. Nietzsches Zerstörung des marxistischen Geschichtsbildes erlaubt, das Verhältnis von Denken und Tun neu zu bestimmen. Die durch das Übermaß von Theorie hervorgerufene Stagnation des Willens wird durch die Bejahung der Aktion überwunden.

Das dritte Postulat betrifft die Einschätzung des Individuellen. »La cellule de l'énergie humaine, du mouvement social, c'est l'individu capable du maximum d'action, l'individu d'élite, le maître«.[54] Nach der Beseitigung der geschichtsfatalistischen Elemente des Marxismus ist es möglich, die Revolution nicht aus einer bestimmten gesellschaftlichen, transindividuellen Situation zu interpretieren, sondern ihren Ablauf und ihr Gelingen von der freien Willenstat des großen Individuums abhängig zu machen. Die revolutionäre Aktion beruht nach Drieu auf der »autonomie de l'homme au milieu de l'univers«,[55] nicht auf seiner Gebundenheit an den gesellschaftlichen Unterbau. Gleichbedeutend mit der Autonomie des großen Individuums ist die »autonomie de l'action de l'homme«,[56] die wissenschaftlich nicht vorauszusehen ist und von welcher der Gang der Geschichte einzig abhängt. Nietzsches Verdienst ist es, gegenüber Marx auf die Bedeutung des großen Individuums hingewiesen zu haben.

Geschichte ist also nicht durch verschiedene Determinanten vorausbestimmt, sondern sie ist der Aktion des großen Individuums anvertraut. Nietzsches entschlossener Irrationalismus, sein Sinn für »pragmatisme« und »relativisme« haben den kühlen Determinismus marxistischer Herkunft besiegt. So ist nach Drieu Nietzsches Philosophie geschichtsträchtiger als die Hegels oder Marx'.

---

[53] Socialisme fasciste, S. 70
[54] Socialisme fasciste, S. 71
[55] Socialisme fasciste, S. 71
[56] Socialisme fasciste, S. 71

Von Marx ausgehend seien Lenin und Mussolini mittelbar oder unmittelbar durch die Schule Nietzsches gegangen und haben eine neue Lehre entwickelt, die in der Verherrlichung der Aktion und des großen Individuums gipfelt. In Anlehnung an die Hegel-Nachfolge spricht Drieu von einem Links- und Rechts-Nietzscheismus, dessen politische Zentren Moskau und Rom sind.[57] Lenins Bolschewismus und Mussolinis Faschismus seien die konsequenten Fortsetzungen von Nietzsches politischer Lehre; in ihnen sieht Drieu jene revolutionären Bewegungen, die nicht das Volk, sondern eine Elite von Herrenmenschen an die Macht bringen. Freilich ist Drieu hellsichtig genug, um schon 1934 die fragwürdigen Seiten in Hitlers Programm zu erkennen, »son conservatisme eugénique, sa volonté de définir l'esprit allemand qui le menace de le fixer«.[58] Nietzsches Verherrlichung der Manu-Gesetzgebung, eine der dunkelsten Seiten seiner Philosophie, nehme Hitler neu auf. Doch hat diese Erkenntnis Drieus Gesamteinstellung wenig geändert.

Abgesehen davon, daß sich Drieu über den wirklichen Charakter der von ihm begrüßten politischen Bewegungen verhängnisvollen Täuschungen hingab, ist ihm am meisten vorzuwerfen, daß er das Problem des Sozialen überhaupt nicht in seine Überlegungen zu Nietzsche und Marx hereinnimmt und daß sein »faschistischer« Sozialismus aus Marx' Lehre gerade den sozialen Aspekt ausklammert. Der aus großbürgerlichen Verhältnissen stammende Drieu la Rochelle befürwortet eine Revolution, die nicht aus sozialen Motiven erfolgt, sondern die das Ziel hat, die von ihm verachteten Massen, die Menschen des »ressentiment« zugunsten einer Gruppe von Aristokraten aus der Politik zu verbannen. Diese Aristokraten sieht er durch die Trägheit der Bourgeoisie, die vor der politischen Aktion zurückschreckt und ängstlich am Althergebrachten festhält, in ihrer Entwicklung ernsthaft behindert: als unerbittlicher Kritiker seiner eigenen Klasse wird Drieu daher zum Fürsprecher der totalitären Richtungen, die sich auf Energie und Elan stützen. Da jedoch vom Gesichtspunkt der Dynamik allein das Wesen der modernen Gesellschaft nicht verständlich wird, waren Fehlurteile bei Drieus Betrachtung nicht zu vermeiden. Für Drieus Nietzsche-Bild ist charakteristisch, daß er zwar ein feines Gefühl für Nietzsches Begriff des Vornehmen, seine Entlarvung falscher Ideale, seine ideologiekritische Bedeutung hatte, daß ihm aber das Problem des menschlichen Schmerzes, der Erniedrigung und damit überhaupt der menschlichen Würde verborgen blieb, so daß er nicht die Stufe der Nietzsche-Reflexion erreichte, die Malraux' Roman »La Condition Humaine« auszeichnet.

[57] Socialisme fasciste, S. 73
[58] Socialisme fasciste, S. 74f.

Wenn Malraux auch nie der Versuchung eines »faschistischen« Sozialismus verfallen ist, so erweist sich die Gegenüberstellung mit Drieu doch für sein Verhältnis zu Nietzsche und Marx besonders in seiner ersten Schaffensphase als außerordentlich aufschlußreich. Seine Urteile über Marx stimmen in den wesentlichen Punkten mit denen Drieus überein. Beide werfen Marx' Lehre ihre »Wissenschaftlichkeit« vor, die Immobilität ihres Systemcharakters, die eine jede revolutionäre Tätigkeit erschweren. Für die politischen Anschauungen Drieus wie für die Malraux' ist es außerdem kennzeichnend, daß sie Lenin eine so beherrschende Stellung zuerkennen. Lenin korrigiert in ihren Augen die Unbeweglichkeit von Marx' Lehre und macht sie für die Anforderungen des zwanzigsten Jahrhunderts geschmeidig. Noch deutlicher als bei Malraux läßt sich bei Drieu erkennen, wie sehr Lenin gerade mit Nietzsche innerlich zusammenhängt und wie sehr sich ihre Einflußbereiche durchdringen. Nietzsche wird auf dem Hintergrund von Lenins russischer Revolution zum eigentlichen Theoretiker der revolutionären »Aktion« und des großen schöpferischen Individuums. Hierin zeigt sich die Verwandlung, die seine Lehren vom Willen zur Macht und vom Übermenschen unter der Einwirkung des politischen Denkens erfahren haben. Allerdings läßt sich bei Malraux wie bei Drieu die Zuordnung von Nietzsche und von Lenin nur aus der mangelnden Kenntnis von Marx und mehr noch aus der merkwürdigen Verkennung der politischen Wirklichkeit erklären, in der Lenin in eine mythische philosophisch-politische Rolle hineinwuchs. Daß sich jedoch der Begriff der »Aktion« gleichzeitig und voneinander unabhängig bei Malraux wie bei Drieu findet, beweist die Mächtigkeit der Einflußkonstellation Nietzsche-Marx, ohne die ein wichtiger Themenkreis der französischen Literatur zwischen den beiden Weltkriegen unverständlich bleibt.

II

Albert Camus. Nietzsche und Marx oder der Verrat des nordischen Denkens am mediterranen Sein

Die politische Wirklichkeit, mit der sich Malraux und Drieu auseindergesetzt haben, veranlaßt Camus zu einer eindringlichen Reflexion, doch hat sich bei diesem Vertreter der folgenden Generation der Blickwinkel der Betrachtung wesentlich geändert. Waren für die Schriftsteller, die in den zwanziger Jahren zu schreiben begannen, die russische Revolution und die Krise der westlichen Demokratien nach dem ersten Weltkrieg die einschneidenden Erfahrungen, an die sie ihre Hoffnungen und ihre Befürchtungen knüpften, so erlebt Camus im nächsten Jahrzehnt die große Ernüchterung, in welcher der hochgespannte Versuch der Erneuerung des Menschen endet. Die Heraufkunft des Faschismus in Deutschland und Italien, die Entartung des russischen Kommunismus unter der Herrschaft Stalins, schließlich der zweite Weltkrieg und der diesen fortsetzende »kalte« Krieg sind die zeitpolitischen Ereignisse, die Camus' tiefe Skepsis gegenüber den weltanschaulichen Bewegungen verstärken, die den Wandel der Weltlage herbeigeführt haben.

Camus' im »Combat« veröffentlichte Artikelserie »Ni victimes ni bourreaux«[1] geht von der Erkenntnis aus, daß wir uns in einem »Jahrhundert der Furcht« befinden, das durch den totalitären Anspruch der einander feindlich gegenüberstehenden Ideologen in seinem Charakter bestimmt ist. In Erinnerung an das Wort Nietzsches, daß es besser sei zu sterben als zu hassen und zu fürchten,[2] erkennt Camus die Aufgabe des Schriftstellers darin, nicht wie etwa Sartre in diesem weltanschaulichen Ringen für eine der sich bekämpfenden Ideologien Partei zu ergreifen und dadurch letztlich nur die »Furcht« zu erhöhen, sondern umgekehrt vom Standpunkt des Moralisten aus die Möglichkeit zu überprüfen, in welcher Weise jenseits der Ideologien Freiheit und Würde des Menschen wiederhergestellt werden können. Diesem Versuch geht in Camus' Werk eine fortgesetzte Meditation über die das Zeitalter erfüllende »Furcht« und die philosophischen Grundlagen voraus, von denen her sich die Ausübung des Schreckens legitimiert. Die Schrift »L'Homme révolté« (1951) ist die gründlichste und geschlossenste Darstellung von Camus' in vielerlei Aufsätzen entwickelten Diagnose des totalitären Zeitalters.

Die Philosophien von Nietzsche, Marx und Hegel werden in diesem Werk als die geistigen Kräfte beschrieben, welche die europäische Krise heraufbeschworen haben. »Les mauvais génies de l'Europe d'aujourd'hui portent des noms de philosophes: ils s'appellent Hegel, Marx et Nietzsche ... Nous vivons dans leur Europe, l'Europe qu'ils ont faite«.[3] Diesen drei Denkern ist zuzuschreiben, daß wir in eine philosophische Epoche eingetreten sind, in der auch der Mord philosophisch begründet wird. Von ihrer Staatslehre führt der Weg zum Terror. »Le rêve prophétique de Marx et les puissantes anticipations de Hegel ou de Nietzsche ont fini par susciter, après que la cité de Dieu eut été rasée, un Etat

---

[1] Albert Camus, Essais, textes établis et annotés par R. Quillot et L. Faucon, Bibl. Pléiade Bd. 183, Paris 1965, S. 331–52
[2] Essais, S. 249 (Leitwort zu »Actuelles I«)
[3] Essais, S. 1341 (Interview mit G. d'Ambarède vom 10. 5. 1951)

rationnel ou irrationnel, mais dans les deux cas terroriste«.[4] Gewiß liegt Camus die Absicht fern, diese drei Philosophen für die Verbrechen im Europa des zwanzigsten Jahrhunderts verantwortlich zu machen; ja er betont, daß kein Werk in der Geschichte so mißbraucht worden sei wie das von Nietzsche oder von Marx und daß wir deshalb ewig in der Schuld der beiden Denker stünden.[5] Doch dieses Zugeständnis hindert Camus nicht daran, in ihrer Philosophie die Wurzel zu den späteren Mißdeutungen zu erkennen und daher die Mitverantwortung der Denker an der Art ihres Mißbrauchs festzuhalten. »Si Nietzsche et Hegel servent d'alibis aux maîtres de Dachau et de Karaganda, cela ne condamne pas toute leur philosophie. Mais cela laisse soupçonner qu'un aspect de leurs pensées, ou de leur logique, pouvait mener à ces terribles confins«.[6] Die Methode, mit der also Camus die Philosophien von Nietzsche und Marx in ihrer Verwandtschaft aufweist, läßt sich als Interpretation am Maßstab ihrer Wirkungsgeschichte bezeichnen. Die Problematik dieses Verfahrens stellt die Verbindlichkeit von Camus' philosophischen Aussagen von vornherein in Frage, da in der Wirkungsgeschichte immer nur ein begrenzter Aspekt des Werks zum Tragen kommt.

Die Leitfrage, von der Camus bei seinen Untersuchungen ausgeht und die er mit bemerkenswerter Strenge bis zum Ende durchhält, ist die nach dem Wesen der Revolte. Die Revolte gliedert Camus in die Teilbereiche der »metaphysischen« und der »historischen« Revolte unter, die er in ihrer geschichtlichen Entwicklung seit dem achtzehnten Jahrhundert verfolgt. Der Charakter der Revolte wird vor allem durch die Gegenüberstellung mit dem Begriff der Revolution deutlich; den Gegensatz Revolte-Revolution formuliert Camus im Laufe seiner Abhandlung immer wieder neu. Während die Revolte eine auf das Individuum begrenzte Erhebung gegen die Schöpfung ist, tritt die Revolution mit dem Anspruch auf Totalität auf und bezieht die gesamte Menschheit ein. Die Revolution ist »l'insertion de l'idée dans l'expérience historique quand la révolte est seulement le mouvement qui mène de l'expérience individuelle à l'idée«.[7] Der Mensch in der Revolte ist für seine Tat verantwortlich und bezahlt sie mit dem Tode; der Revolutionär entzieht sich der Verantwortung, indem er sich auf die Allgemeingültigkeit seiner Prinzipien beruft, die in ihrer Abstraktheit alle Opfer rechtfertigen. Die Revolution ist in ihrer Forderung absolut; genau genommen könnte es nur eine einzige Revolution in der Geschichte geben. Die Revolte bewahrt das Maß; die Revolution ist in ihrer Zielsetzung maßlos, weil totalitär. Auf Nietzsche und Marx angewendet bedeutet dieser

---

[4] Essais, S. 583
[5] Essais, S. 485

[6] Essais, S. 544f.
[7] Essais, S. 516

Gegensatz, daß beide Denker in der individuellen Revolte ihren Anfang nehmen, doch im Laufe ihrer philosophischen Entwicklung zu einer revolutionären
Theorie weiterzuführen, die in ihrem Totalitätsanspruch den ursprünglichen Re-
volte-Ansatz aufhebt und in ihrer Ausschließlichkeit zur Grundlage der ideologischen Revolutionen des zwanzigsten Jahrhunderts wird. Camus' Einzel-
interpretationen von Nietzsche und Marx sind von der Absicht geleitet, diesen
verhängnisvollen Schritt aus der innersten Gesetzlichkeit ihres Denkens in
seiner Notwendigkeit aufzuzeigen.

Das Nietzsche-Kapitel nimmt innerhalb des »L'Homme révolté« einen zentralen
Platz ein; es läßt nicht nur den kaum abzuschätzenden Einfluß erkennen, den
der Philosoph des »Zarathustra« auf Camus ausgeübt hat, sondern zeigt hauptsächlich, wie sehr die Fragestellungen der Abhandlung von Nietzsche abhängig
sind. Allerdings wäre es verfehlt, den Abschnitt allein auf die Richtigkeit von
Camus' Nietzsche-Bild hin zu untersuchen; er ist nicht allein als Nietzsche-
Interpretation gedacht, sondern läßt sich nur aus der übergeordneten Problematik des Werkes heraus ganz verstehen. Nietzsche wird nach Beweisgründen
für die Hauptthese des Werkes hin untersucht. Aus diesem Sachverhalt erklären sich verschiedene Widersprüche der Nietzsche-Deutung. Camus stützt sich
auf der einen Seite bei der Darstellung wesentlicher Grundtatsachen der Metaphysik der Revolte und der Psychologie des Zeitalters entscheidend auf Nietzsche, doch versucht er andererseits gemäß der eigentlichen Absicht der Schrift,
Nietzsches Rolle für die Herausbildung der Ideologie des totalen Herrschafts-
systems aus den Prämissen seines Philosophierens als notwendige Folge abzu-
leiten und damit Nietzsche von einem Standpunkt aus zu kritisieren, der seinerseits wiederum wesentlich von Nietzsche bestimmt ist. Da außerdem Nietzsches
Bedeutung für Camus sehr viel größer ist, als es aus der Kritik des »L'Homme
révolté« hervorgeht, verwundert es nicht, daß gewisse in der Schrift vertre-
tene Auffassungen sich im Gegensatz zu früheren oder selbst gleichzeitigen
Äußerungen Camus' zu Nietzsche befinden und so Licht auf den Prozeß der
Nietzsche-Verzerrung werfen, der durch Camus' Versuch bedingt ist, Nietzsche
mit Marx in seiner Bedeutung für die Psychologie des ideologischen Zeitalters
herauszustellen.

Der erste[8] der drei Teile der Interpretation entwickelt Nietzsches Begriff des
Nihilismus und erarbeitet damit einen der Grundbegriffe der gesamten Schrift,
die ja den nihilistischen Charakter der deutschen Philosophie von Hegel bis

---

[8] Essais, S. 475–79

Nietzsche nachweisen will. Camus bezeichnet Nietzsche als den »Kliniker« des europäischen Nihilismus, der den Tod Gottes konstatiert, jedoch nie davon gesprochen habe, daß Gott erst getötet werden müsse. »Nietzsche n'a pas formé le projet de tuer Dieu. Il l'a trouvé mort dans l'âme de son temps«.[9] Hätte Nietzsche wie etwa Kirillov gefordert, daß Gott erst getötet werden müsse, so wäre er vor allem der Philosoph der Revolte, während er so durch die Feststellung dieses Ereignisses das Stadium der Revolte klar hinter sich läßt. Ein Blick auf die frühere Schrift »Le Mythe de Sisyphe« zeigt indes, daß hier Camus eher geneigt war, Nietzsche mit Kirillov den Denkern aus der Revolte zuzuordnen: »Pour Kirilov comme pour Nietzsche, tuer Dieu, c'est devenir Dieu soi-même – c'est réaliser dès cette terre la vie éternelle dont parle l'Evangile«.[10] Die neue Deutung erlaubt jedoch Camus, einen entscheidenden Unterschied zwischen Nietzsche und den bisherigen Philosophen der Revolte festzuhalten: bestand die Revolte von Sade bis Dostojevskij in der Auflehnung gegen die Gottheit, also letztlich in einer bloßen Blasphemie, so ist Nietzsches Position erst im eigentlichen Sinne atheistisch; Gott ist endgültig tot, und damit sind alle Werte in Frage gestellt, die im Dasein Gottes begründet sind.

Damit wird Nietzsche zum wahren Philosophen des Nihilismus. Seine vorzügliche analytische Leistung sieht Camus darin, daß Nietzsche den nihilistischen Charakter der herrschenden Wertordnung in zwei Bereichen nachgewiesen habe: in der christlichen Moral und im Sozialismus. Während in der Geschichte der Revolte vor Nietzsche das Christentum gerade als Gegenkraft zum Geist der Revolte betrachtet wurde, erkennt Nietzsche als erster den Nihilismus in der christlichen Moral selbst. Sie ist nihilistisch deshalb, weil sie das Leben in seiner dionysischen Fülle am Maßstab eines moralischen Ideals abschätzt und damit entwertet.

> Le christianisme croit lutter contre le nihilisme parce qu'il donne une direction au monde, alors qu'il est nihiliste lui-même dans la mesure où, imposant un sens imaginaire à la vie, il empêche de découvrir son vrai sens (..). La conclusion paradoxale, mais significative, de Nietzsche est que Dieu est mort à cause du christianisme dans la mesure où celui-ci a sécularisé le sacré.[11]

Camus weist auf den von Nietzsche selbst besonders hervorgehobenen Gegensatz zwischen Christus und dem Christentum hin. Das Christentum als nihilistische Bewegung habe Verrat an Christus geübt und dessen Botschaft

---

[9] Essais, S. 477
[10] Essais, S. 184 (»Le Mythe de Sisyphe«)
[11] Essais, S. 478

mißdeutet. Christi Lehre beruhe in der Anerkennung der Welt in ihrem Sosein, in der Ablehnung der Gewalt, selbst wenn es darum gehe, den Mord zu verhüten, in der Bejahung der Glückseligkeit nicht im Jenseits, sondern im Gegenwärtigen, in der Betonung der Werke und nicht des Glaubens. Habe Christus das Leben in seiner reinen Gegenwärtigkeit gutgeheißen, so entwerte es das Christentum, indem es eine säkularisierte Heilslehre entwickle und das Jetzt am Zukünftigen, die Wirklichkeit am Ideal messe. Christus hatte, so folgert Camus aus Nietzsches Kritik, die Natur bejaht; das Christentum setze an deren Stelle die Geschichte. Nietzsches Ablehnung des Sozialismus sei ähnlich begründet wie die des Christentums, habe er doch erkannt, daß der Sozialismus nur eine Entartungserscheinung des Christentums darstelle. Der Sozialismus begehe das gleiche Vergehen am Leben wie das Christentum, weil er es an einem Ideal abwerte. Er sei daher ebenfalls eine Form des Nihilismus, in dem präzisen Sinne, den Nietzsche von nun an dem Begriff gibt: »Le nihiliste n'est pas celui qui ne croit à rien, mais celui qui ne croit pas à ce qui est«.[12]

Diesen Sinn des Nihilismus als der Verleumdung des gegenwärtigen Seins legt Camus seiner gesamten Schrift zugrunde. Mit Nietzsche stimmt er darin überein, daß die Griechen die höchste Achtung vor dem Sein bezeigt haben, indem sie es nicht dem Werden unterwarfen und den europäischen Begriff der Geschichte nicht zu denken versuchten. An Nietzsche angelehnt ist Camus' Verurteilung des Christentums und des Sozialismus, die beide das Sein der Geschichte unterstellen. Erst von dem Augenblick an, da das Christentum in Widerspruch zur eigentlichen Botschaft Christi das Heilsgeschehen in die Begriffe von Buße und Erlösung faßt, werde Geschichte überhaupt denkbar, und damit tauche sogleich der Begriff der Totalität auf. »Dès cet instant, la nature devient histoire, et histoire significative, l'idée de la totalité humaine est née«.[13] Die Grundlage allen geschichtlichen Denkens sei das eschatologische Heilsschema. Der Sozialismus, der die menschliche Glückseligkeit ans Ende der Weltgeschichte verlege, bezeichne nur eine weitere Stufe im Prozeß der Säkularisierung der Botschaft Christi: »L'histoire tout entière finit par signifier récompense et châtiment: de ce jour est né le messianisme collectiviste«.[14] Was für das Christentum Erlösung und Paradies bedeutete, sehe der Sozialismus im Sieg des Proletariats. Christentum und Sozialismus seien zwei Bewegungen mit Totalitätsanspruch, weil sie die Geschichte der ganzen Menschheit in ihrem Ursprung und Ziel deuteten. Dadurch, daß sie die Gegenwart am Zukünftigen mäßen,

[12] Essais, S. 479
[13] Essais, S. 478
[14] Essais, S. 479

stellten sie in ihrem nihilistischen Charakter zwei Formen des Verrats am griechisch-»mediterranen« Sein dar. Das sie Verbindende ist der Begriff der Geschichte, in dem Camus die Quelle alles Nihilismus erkennt. Nietzsches Argumentation liefert Camus die Voraussetzung zu seiner Interpretation von Marx als eines auf Grund seiner Geschichtsphilosophie zutiefst nihilistischen Denkers und überdies die Möglichkeit, Marx zusammen mit dem Christentum in die nihilistische Tradition Europas einzureihen. Zunächst aber wendet sich Camus mit Nietzsches Waffen gegen diesen selbst, um den nihilistischen Inhalt seines Denkens ans Licht zu bringen.

Der zweite Teil[15] von Camus' Nietzsche-Interpretation beschreibt in kritischer Sicht Nietzsches Antwort auf den von ihm als unausweichlich erfahrenen Nihilismus. Camus zeigt, wie Nietzsche in der höchsten Not des Nichts imstande ist, eine Art dialektischen Umschlags zu vollziehen und das unbedingte Nein zu allen bestehenden Werten in ein uneingeschränktes Ja umzukehren. Sind alle Brücken zur Zukunft abgebrochen und alle Ideale entwertet, so bleibt für Nietzsche eine Gewißheit bestehen: die Wahrheit dessen was ist, wenn auch nicht dessen was sein wird. So fordere Nietzsche die unbedingte Treue zur Erde. »Il crie donc que la terre est sa seule vérité, à laquelle il faut être fidèle, sur laquelle il faut vivre et faire son salut«.[16] Die Hingabe an die Erde sei Nietzsches neue Botschaft. »Seule, la terre ›grave et souffrante‹ est vraie. Seule, elle est la divinité«.[17] Damit seien die Formen des Nihilismus in einer neuen Seinsmetaphysik aufgehoben; der christliche Gott, das Mitleiden, der Jenseitsglaube würden als Symptome der Rache am Leben entlarvt und verworfen.

Camus betont jedoch demgegenüber, daß die radikale Umkehr des Nihilismus nicht sogleich seiner Überwindung gleichkommt. Er legt dar, wie Nietzsches grenzenloses Ja zur Preisgabe der menschlichen Würde schlechthin führt. Indem sich der Mensch der Erde anvertraut, erfährt er seine Freiheit nur noch in der äußersten Notwendigkeit. »L'adhésion totale à une nécessité totale, telle est sa définition paradoxale de la liberté«.[18] Sich der »Unschuld des Werdens« zu ergeben, schließe die volle Hinnahme allen Leidens und aller Grausamkeit mit ein. Die Verschmelzung des Menschen mit dem kosmischen Gesetz, die rückhaltlose Bejahung des unerbittlichen Fatums erfordere die Aufgabe der Individualität, die nicht aufrechterhalten werden kann, wenn der Mensch in die Natur »zurückübersetzt« wird. »L'individu se perd ainsi dans le destin de l'espèce et le mouvement éternel des mondes«.[19] Nietzsches Versuch, den

---

15 Essais, S. 479–84
16 Essais, S. 483
17 Essais, S. 483

18 Essais, S. 482
19 Essais, S. 481

Menschen und die Erde ineins zu sehen, führe zur Auflösung des Menschen im Kosmischen. Die Formel »amor fati« besage einzig, daß der Mensch im Einklang mit der kosmischen Bewegung der Welten in seiner Eigenständigkeit zu bestehen aufgehört hat.

Die Zwiespältigkeit von Nietzsches »Ewigem Ja des Seins« zeigt Camus vor allem an Nietzsches Begriff des Schöpferischen. Nietzsches Aufruf zur künstlerischen Schöpfung sei ein Zeichen seiner Bejahung des Lebens. »Le message de Nietzsche se résume dans le mot de création, avec le sens ambigu qu'il a pris«.[20] Camus erkennt jedoch, daß der Künstler im Ja zur Erde die Schöpfung nur nachschafft und daß der künstlerische Akt im Grunde eine »répétition« darstellt. »Aucun jugement ne rend compte du monde, mais l'art peut nous apprendre à le répéter, comme le monde se répète au long des retours éternels«.[21] Das Schaffen des Künstlers gleiche dem Spiel des Weltkindes im »Zarathustra«; es sei wie die ewige Wiederkehr ohne Zweck und Ziel. Daraus folgert Camus, daß in dieser Sinndeutung die Kunst keine Möglichkeit der Revolte mehr bietet, weil sie auf der uneingeschränkten Bejahung des Lebens beruht und dieses nicht mehr in Frage stellen kann. Außerdem mißfällt Camus, daß bei Nietzsche die Betonung des Schöpferischen die Bejahung aller Härte und Grausamkeit um des Werkes willen einschließt, während er selbst immer die humane Bedeutung der Kunst herausgestellt hat.[22] Wenn Camus allerdings die fragwürdige Seite von Nietzsches Schöpfungsbegriff hier besonders herausarbeitet, so steht er damit in Widerspruch zu seinen übrigen Äußerungen zum künstlerischen Schaffen, sie sich fast ausnahmslos auf Nietzsche beziehen. Noch in der gleichen Schrift, im Kapitel »Révolte et art«, in dem Camus die Kunst als die schlechthin exemplarische Form der Revolte beschreibt, die sich gegen die Wirklichkeit erhebt und sie im Kunstwerk überhöht, führt er als Beleg ein Nietzsche-Wort an: »Aucun artiste ne tolère le réel«.[23] Gerade aus dieser Sentenz geht die Revolte-Haltung des Künstlers eindeutig hervor, die Camus in seiner Nietzsche-Interpretation diesem abspricht. Im Essay »Le Mythe de Sisyphe« wird Nietzsche als der Philosoph betrachtet, der die Kunst der Absurdität des Lebens entgegenhält. »L'art et rien que l'art, dit Nietzsche, nous avons l'art pour ne point mourir de la vérité«.[24] Das gleiche Werk bezeichnet Nietzsche als den wahren Philosophen einer absurden Ästhetik: »Nietzsche paraît être le seul artiste à avoir tiré les conséquences extrêmes d'une esthétique

[20] Essais, S. 483
[21] Essais, S. 483
[22] Essais, S. 1092f. (»Discours de Suède«)
[23] Essais, S. 657
[24] Essais, S. 173 (»Le Mythe de Sisyphe«)

de l'Absurde, puisque son ultime message réside dans une lucidité stérile et conquérante et une négation obstinée de toute consolation surnaturelle«.[25] So hat Camus den Revolte-Charakter von Nietzsches Kunstbegriff wohl zu schätzen gewußt und nur in der Nietzsche-Interpretation des »L'Homme révolté« der Ausrichtung des Werkes entsprechend abgeleugnet.

Seine Einwände gegen Nietzsche vertieft Camus im dritten Teil seiner Interpretation,[26] der keineswegs eine Synthese aus den beiden vorhergehenden Abschnitten entwickelt, sondern die Gegensätze in verschärfter Form zusammenfaßt. Camus wiederholt seine These, daß Nietzsche trotz seiner heftigen Kritik am Christentum und am Sozialismus den Verrat am »mediterranen« Sein mitbegehe und somit deren Mängel teile. Nietzsches Treue zur Erde sei nicht gleichbedeutend mit der antiken Seinsvorstellung, zu der er am Ende des Christentums zurückwollte, denn indem er nach dem Tod Gottes den Übermenschen zum Ziel einer neuen Gattung Mensch erhebe, verlege er ebenfalls die Erfüllung der Zeiten ins Zukünftige und entwerte den gegenwärtigen Augenblick.

> Nietzsche, du moins dans sa théorie de la surhumanité, Marx avant lui avec la société sans classes, remplacent tous deux l'au-delà par le plus tard. En cela, Nietzsche trahissait les Grecs et l'enseignement de Jésus qui, selon lui, remplaçaient l'audelà par le tout de suite.[27]

Daraus schließt Camus auf die tiefe Fremdheit, die Nietzsche trotz aller hingebungsvollen Bemühung von den Griechen trennt. »Celui-là même qui a le mieux compris les Grecs, Nietzsche, a compris en même temps sa propre différence. Il y a un contraste insensé entre notre admiration pour les Grecs et notre inaptitude à reproduire leur style et leur vie«.[28] Die Denker der »Deutschen Ideologie« hätten im Grunde nur den griechischen Begriff des Werdens ausgebeutet, und Nietzsche selbst in besonders maßloser Form mit seiner Lehre von der ewigen Wiederkehr. »Avide de soleil, il est venu vivre près des rivages antiques. Mais sur ces sommets, il a toujours tourné le dos à la mer«.[29] Die gesamte »Deutsche Ideologie« sei im Grunde viel weniger aus ihrem Gegensatz zum Christentum als vielmehr aus ihrer Griechenferne zu verstehen. Hatte Nietzsche die »deutsche Philosophie als Ganzes« als die »gründlichste Art Ro-

[25] Essais, S. 210 (»Le Mythe de Sisyphe«)
[26] Essias, S. 484–89
[27] Essais, S. 488
[28] Essais, S. 1658 (Aus dem in der endgültigen Fassung unterdrückten Kapitel »Mesure et démesure«)
[29] Essais, S. 1658

mantik und Heimweh« nach der griechischen Welt bezeichnet,[30] so betrachtet
sie Camus umgekehrt als das Ergebnis der bald zweitausendjährigen Verleumdung des Griechischen durch das Christentum. »L'idéologie allemande est en
ceci une héritière. En elle s'achèvent vingt siècles de vaine calomnie contre la
Grèce, au nom d'un dieu historique d'abord et de l'histoire divinisée ensuite«.[31] Doch widerspricht diesen Äußerungen die Bedeutung, die Nietzsche
in Camus' dichterischem Schaffen für dessen Pathos der Lebensbejahung, für
die Verschmelzung von Mensch und Natur zukommt; eine Interpretation
des Frühwerks »Noces« würde zeigen, wie sehr Camus' lyrischer Ton bis in die
sprachliche Formulierung hinein von Nietzsche abhängig ist. Doch erweist sich
in diesem Gegensatz allgemein, welcher Unterschied zwischen dem vom Dichter objektiv erlittenen Einfluß und der subjektiven Beurteilung des Einflusses
durch den Dichter selbst besteht.

Nietzsches »Verrat« am mittelmeerischen Seinsbegriff kann Camus letztlich
nur dadurch begründen, daß er den Übermenschen als historisch zu erreichendes
Ziel an das Ende der Geschichte verlegt. Camus rückt Nietzsches Begriff des
»Werdens« in die Nähe des Historischen und versucht einen tiefgreifenden Unterschied zwischen Nietzsches Begriffen des »Werdens« und des »Seins« aufzuweisen. Mit dieser geschichtlichen Deutung von Nietzsches Philosophie des
»Werdens« schafft Camus die Grundlagen zu seiner beabsichtigten Annäherung
von Nietzsche an Hegel und Marx. Der Übermensch nähme bei Nietzsche die
gleiche Stellung ein wie die klassenlose Gesellschaft bei Marx. Wenn Camus
indes bei Nietzsche »Werden« und »Sein« entgegensetzt, so verkennt er dessen
gespannten Willen, »dem Werden den Charakter des Seins aufzuprägen«.[32]
Nietzsche selbst weist mit Nachdruck auf die Ungeschichtlichkeit seines Wer-
dens-Begriffs hin: »Das Werden soll erklärt werden, *ohne* zu solchen finalen
Absichten Zuflucht zu nehmen: das Werden muß gerechtfertigt erscheinen in
jedem Augenblick (oder *unabwertbar:* was auf eins hinausläuft); es darf also
nicht das Gegenwärtige um eines Zukünftigen willen gerechtfertigt werden«.[33]
Nur so kann es Nietzsche wagen, die antike Geschichtslosigkeit auf der Spitze
der Modernität zurückzuholen. Das Werden ist bei Nietzsche nicht eine lineare
Bewegung auf ein gegebenes Ziel hin wie die säkularisierte christliche Konzeption der Geschichte; es handelt sich im Gegenteil um die der ewigen Wiederkehr eigene ständige Veränderung, die sich dennoch gleichbleibt und deren
Symbol der Kreis ist. Camus' Interpretation des Übermenschen als des histo-

[30] Friedrich Nietzsche, W III, S. 464
[31] Essais, S. 1658

[32] Friedrich Nietzsche, W III, S. 684
[33] Friedrich Nietzsche, W III, S. 684

rischen Endzustands geht darin fehl, daß sie ihn als Finalität anthropologisch und nicht metaphysisch als die nach dem Tode Gottes einzige Möglichkeit des Menschseins auffaßt. Gewiß besteht zwischen dem Gedanken des Übermenschen oder genauer des Willens zur Macht und dem der ewigen Wiederkehr ein unlösbarer Widerspruch, da das Kreisen der ewigen Wiederkehr nicht mit dem linearen und zielgerichteten Willen zur Macht vereinbar ist. Wäre Camus von diesem Zwiespalt ausgegangen, so hätte er die verschiedenen Aspekte in Nietzsches Denken nebeneinander bestehen lassen können; indem er aber Nietzsches Philosophie in ihrer Einheit als eine Entwicklung von unheimlicher Konsequenz herausstellt, ist es ihm viel eher möglich, den verhängnisvollen Charakter dieses Denkens zu unterstreichen.[34]

[34] Camus' Nietzsche-Kritik erklären wir uns in vielen Einzelzügen durch den Einfluß von Tierry Maulnier (Nietzsche, Paris 1933) bedingt (nach den Ermittlungen von R. Quillot [Essais, S. 1625] hat Camus bei den Vorarbeiten zu seiner Nietzsche-Interpretation Werke von Maulnier, de Lasserre, de Gaultier, Carrouges, Groethuysen und Podach herangezogen).
Malunier hatte im Sinne der antiromantischen Nietzsche-Kritik, jedoch mit unvergleichbar feinerem Verständnis für die metaphysische Problematik von Nietzsches Denken, dessen Werk in seiner Mittelmeerferne als echt »*deutsches*« Ereignis gedeutet. »On a déjà remarqué combien tout ceci est allemand, comme est allemand tout ce qui déséquilibre vers la synthèse deux expériences inconciliables. Comme Goethe, comme Hölderlin, comme Novalis, Nietzsche sombre dans la tentation panthéiste« (S. 267). Maulnier weist ebenso auf Nietzsches *Griechenferne* hin. »Dans la Grèce à laquelle il recourt, c'est le germanisme grec qu'il découvre: non la Grèce, mais cette colonie allemande que les peintres, les philosophes, les poètes de son pays ont établie en Grèce, et dont le territoire, laissant Athènes et Platon, va de Delphes à Eleusis« (S. 277). Das Mittelmeerische zeige sich im Sinn für die reine Gegenwärtigkeit, während Nietzsche das Sein nur als Moment des *Werdens* denken könne. »Le sens de l'instant est proprement méditerranéen, le pouvoir de saisir dans le temps une présence immédiate, une amitié . . . Pour une philosophie des métamorphoses, le présent n'est qu'une abstraction, un point du temps, 'un pont et un passage' du passé à l'avenir: pour nous, présent est la réalité la plus réelle« (S. 283). Nietzsches Umkehrung des Nihilismus in ein »ewiges Ja des Seins« sei des Menschen unwürdig, weil sie ihn nur als Teil des kosmischen Prozesses denken könne und ihm seine *Autonomie* nehme. »Ainsi la philosophie de la puissance se trouve conduite à la négation d'un pouvoir humain propre et différent des forces naturelles, d'une liberté de choisir, de peser et de refuser« (S. 249). Nietzsches Aufgabe hätte sein sollen, das Tragische als humanes Phänomen vom Kosmischen abzutrennen, »de réunir en faisceau les forces ennemies du destin et de l'homme, pour le combat tragique magistralement opposées« (S. 249). Indem er aber beide Kräfte zusammensieht, öffnet er dem Naturhaften und *Instinktiven* Eingang in die Kultur. »Ainsi, l'image du grand civilisé de type césarien tend, dans les derniers ouvrages de Nietzsche, à s'effacer devant celle de l'instinctif barbare« (S. 249). Camus stimmt

Nachdem Camus Nietzsches Konzeption des Übermenschen und sein Pathos des »Werdens« in ihrer Geschichtlichkeit ausgelegt hat, ist es ihm möglich, auch Nietzsches Vision der Zukunft als konkrete geschichtliche Prophetie ernstzunehmen. Nachdem schon die Deutung von Nietzsches »Werden« als Geschichte vom Gedanken der Verwandtschaft zwischen Nietzsche und Marx bestimmt war, verringert die streng zeitpolitische Auffassung von Nietzsches Vorhersagen den Abstand zwischen den Denkern noch weiter. Nietzsches Übermensch ist nach Camus aufgerufen, die Herrschaft der Erde anzutreten und das Schicksal der Menschheit in seine Hände zu nehmen. »Puisque le monde n'a pas de direction, l'homme, à partir du moment où il l'accepte, doit lui en donner une, qui aboutisse à une humanité supérieure. Nietzsche revendiquait la direction de l'avenir humain«.[35] Da sein Nihilismus total sei, könne auch die »Erdherrschaft« nur total sein und müsse die ganze Menschheit ohne Ausnahme betreffen. »Le nietzschéisme, théorie de la volonté de puissance individuelle, était condamné à s'inscrire dans une volonté de puissance totale«.[36] Camus kann nicht umhin, den Weitblick zu bewundern, mit dem Nietzsche das zwanzigste Jahrhundert als das der ideologischen Kämpfe voraussieht. Er erwähnt Nietzsches Wort, daß der Kampf um die »Erdherrschaft« nur »im Namen philosophischer Grundlehren« geführt werden könne. Doch bereitet seiner Meinung nach Nietzsche auch im Schlechten den Boden für diese Epoche vor. Gewiß hätte Nietzsche einen römischen Cäsar mit der Seele Christi gefordert, aber seine Nachfolger hielten sich weniger an die Tugenden als an den Freibrief zum Mord. Nietzsche erkenne im Bösen eine Notwendigkeit zum Bau der Zukunft. »Lui-même pourtant avait imaginé un système où le crime ne pouvait plus servir d'argument contre rien et où la seule valeur résidait dans la divinité de l'homme. Cette initiative grandiose demandait aussi d'être utilisée«.[37] Nietzsches Verantwortung sei um so größer, da er selbst den totalen Charakter der »Erdherrschaft« betone und nur noch eine höchste Notwendigkeit, keine individuelle Freiheit mehr zulasse. Indem er die Transzendenzlosigkeit der Welt nach dem Tode Gottes hinnehme, mache er das Verbrechen am Menschen für den Übermenschen der Zukunft geradezu unabwendbar.

Diese historisch-politische Zurechtlegung von Nietzsches Philosophie zeigt unmißverständlich, wie sehr Camus Nietzsche auf Marx hin ausdeutet. Camus

---

nicht nur in der Beurteilung von Nietzsches Griechen-Kult und seiner Mittelmeer-Fremdheit mit Maulnier überein, sondern er versucht ebenfalls, den humanitätsfeindlichen Aspekt bei Nietzsche noch klarer aufzuzeigen.

[35] Essais, S. 487
[36] Essais, S. 487
[37] Essais, S. 486

wiederholt, daß Nietzsches Begriff des Werdens die Brücke zur Philosophie der Geschichte darstellt. »Il faut dire oui au devenir... L'histoire recommence alors et, dans l'histoire, il faut chercher la liberté; à l'histoire, il faut dire oui«.[38] Doch dann bemüht sich Camus wiederum, den Unterschied zwischen Nietzsche und Marx nicht völlig aus dem Auge zu verlieren. »La différence capitale est que Nietzsche proposait de dire oui à ce qui est et Marx à ce qui devient«.[39] Wenn Nietzsche aber das Sein und nicht das Werden bejaht, wie läßt sich dann erklären, daß er gleichzeitig historisch, also in Zukunftsperspektiven denkt? Charakteristisch für Camus' merkwürdiges Zögern bei der Zuordnung von Nietzsche und Marx ist die Veränderung des zitierten Satzes in der endgültigen Fassung des »L'Homme révolté«. Hier lesen wir: »La différence, capitale, est que Nietzsche, en attendant le surhomme, proposait de dire oui à ce qui est et Marx à ce qui devient«.[40] Der Zusatz »en attendant le surhomme« läßt sich wohl nur so verstehen, daß Nietzsche zwar in der Erwartung des Übermenschen wie Marx historisch-eschatologisch orientiert sei, da sich der Übermensch und das Ende des Klassenkampfs als geschichtliche Endstufen formal gleich sind, daß aber innerhalb dieses geschichtlichen Denkens Nietzsche das Sein und Marx das Werden bejahe. Diese Differenzierung hebt sich aber notwendig gegenseitig auf. Entweder ist Nietzsche wie Marx der Philosoph des »Werdens« und damit der Geschichte, oder aber es beginnt mit Nietzsche ein neues Denken der Seinsgewißheit, das der Geschichtlichkeit von Marx' philosophischem Entwurf feind ist. Hier liegt die grundsätzliche Schwierigkeit von Camus' Nietzsche-Interpretation verborgen.

Dieser Engpaß ist für Camus unausweichlich, weil seine Nietzsche-Deutung von Anfang an von der Absicht bestimmt ist, den verheerenden Einfluß von Nietzsche wie von Marx auf die neuere Geschichte aus der Verwandtschaft ihrer philosophischen Konzeption zu erklären. Der Schluß der Interpretation weist noch einmal darauf hin, daß die Unbedingtheit, mit der Nietzsche alle erdenklichen Opfer für den Übermenschen der Zukunft forderte und selbst das Verbrechen bejahte, erst in der Geschichte des Marxismus zum vollen Austrag komme. »Le marxisme-léninisme a pris réellement en charge la volonté de Nietzsche, moyennant l'ignorance de quelques vertus nietzschéennes«.[41] Nietzsches und Marx' Philosophien verbänden sich hier zu einer geschichtlich wirksamen Kraft. »Leurs deux révoltes qui finissent également par l'adhésion à un

---

[38] Essais, S. 487
[39] Essais, S. 1640 (Der Satz entstammt dem Manuskript, das Camus seinem Freund René Char vermacht hat).
[40] Essais, S. 488
[41] Essais, S. 489

certain aspect de la réalité vont se fondre dans le marxisme-léninisme et s'incarner dans cette caste, dont parlait déjà Nietzsche, qui devait ›remplacer le prêtre, l'éducateur, le médecin‹«.[42] Nietzsche und Marx endeten damit, daß sie nach dem Tode Gottes den Menschen in ein Gefängnis des Grauens einsperrten, aus dem es kein Entrinnen mehr gäbe. Damit seien sie die Vollender der nach Totalität strebenden deutschen Philosophie des neunzehnten Jahrhunderts, die in ihrer christlichen Tradition und in ihrer Griechenfremdheit ihren Haß gegen den Menschen in einer inhumanen Utopie konkretisierte.

Blicken wir nun auf den Gang der Überlegungen zurück, so erkennen wir erst in vollem Ausmaß den Grad der wechselseitigen Erhellung von Nietzsche und Marx im Ganzen von Camus' Interpretation. Von Nietzsche übernimmt Camus vor allem die Erkenntnis, daß die geschichtliche Betrachtungsweise im tiefsten Sinne nihilistisch ist, weil sie zur Verehrung des rein Gegenwärtigen nicht fähig ist und das Hier und Jetzt am Zukünftigen abwertet. Am Beispiel des Sozialismus hatte Nietzsche den dem Christentum verwandten nihilistischen Kern aufgezeigt. Aus dieser Sicht weist nun Camus den nihilistischen Grundcharakter von Marx' der Geschichte verpflichteter Philosophie auf. Sodann wendet sich Camus von Marx aus wieder zu Nietzsche zurück und versucht jetzt auch bei diesem die nihilistische Grundlage seines Denkens nachzuweisen. Das gelingt Camus nur dadurch, daß er Nietzsches »Werden« als Geschichtlichkeit auffaßt und die Lehre vom Übermenschen als eschatologischen Entwurf darstellt. Damit sind Nietzsche und Marx als Philosophen des Nihilismus entlarvt. Vor allem Nietzsche gegenüber befindet sich Camus im Unrecht, weil er diesem die Erkenntnis der Bedeutung des Seins und der Treue zur Erde in ihrer Gegensätzlichkeit zum geschichtlichen Werden verdankt. Nietzsches Seinsverherrlichung widerlegt Camus jedoch anhand seines eigenen, griechisch-»mediterranen« Seinsbegriffs, einer der philosophischen Spekulation im Grunde nicht zugänglichen, mythischen Größe. Daher ist der philosophische Charakter der Schrift »L'Homme révolté« nur vordergründig. Das Zentrum von Camus' gesamter Reflexion ist dem denkerischen Zugriff entzogen und liegt im Bereich des rational nicht zu fundierenden Mythos. Camus ist vom Erlebnis des Mittelmeerischen getragen und versucht, Nietzsche und Marx als nordische, in der Tradition des Christentums stehende Denker vom griechisch-»mediterranen« Geist her zu widerlegen. Aufgabe der philosophisch-literarischen Interpretation ist jedoch, im Bereich des Spekulativen die Widersprüchlichkeit von Camus' Denken aufzuzeigen und sie in ihrer Bedingtheit von ihrem mythischen Zentrum nachzuweisen.

[42] Essais, S. 488

Camus' Darstellung von Hegel und Marx sowie des Vollstreckers der marxistischen Philosophie, Lenins, nuanciert das bereits in der Nietzsche-Interpretation in seinen wesentlichen Zügen enthaltene Bild. In Hegel sieht Camus die Grundlage zu Marx' Philosophie der Totalität. Obwohl Camus Hegel besser gekannt hat als nahezu alle früheren französischen Schriftsteller, obwohl er die »Phänomenologie des Geistes« aufmerksam gelesen und mit Randbemerkungen versehen hat, ist sein Urteil über diesen Denker geradezu vernichtend. Hegels Universalität des Geistes, die Kraft seines versöhnenden Denkens, sein Wissen um die Freiheit mildern Camus' Urteil nicht ab. So beschränkt sich Camus etwa nach der Darstellung der Herr-Knecht-Dialektik auf die Folgerung: »On ne s'étonnera pas que le marxisme-léninisme ait tiré de cette dialectique l'idéal contemporain du soldat ouvrier«.[43] Hegels Geschichtsphilosophie wirft er vor, sie sehe im Siegreichen und Mächtigen das allein Wahre, ohne freilich Hegels Prämisse zu erwägen, daß das Wirkliche auch das Vernünftige sei. Wenn Hegel nacheinander in Napoléon und im preußischen Staat die Erfüllung der Geschichte sehe, so ergebe sich daraus nur, daß auch die Philosophie ihr Waterloo erlebe.[44] Hegels Bejahung des allein Siegreichen verrate die opportunistische Seite seiner Philosophie. Camus weist darauf hin, daß gerade diese Eigenschaft auf die Entwicklung des revolutionären Denkens im zwanzigsten Jahrhundert verhängnisvolle Auswirkungen gehabt hat. »On ne comprend pas en tout cas la pensée révolutionnaire du XXᵉ siècle si on néglige le fait que, par une fortune malheureuse, elle a puisé une grande partie de son inspiration dans une philosophie du conformisme et de l'opportunisme«.[45] Hegels Fortschritt gegenüber Kant und Rousseau, nämlich die formalen Denkkategorien in eine dialektische Entwicklungsreihe aufgespalten und in ihrem historischen Werden expliziert zu haben, bedeutet nach Camus die Verdrängung des Ethischen, da nun Gewalt und Grausamkeit als negatives Moment des historischen Prozesses im Hinblick auf die versöhnende Synthese ihre volle Berechtigung erhielten. Für die Philosophie der Revolution ergebe sich daraus, daß einerseits die Negation, also der Mord, die Gewalt, das Immoralistische, eine dialektische Notwendigkeit habe, und auf der anderen Seite nur der Erfolg entscheide, da allein das Wirkliche und Mächtige wahr sei. Bei einer solchen Betrachtungsweise werde der Mensch das Opfer der Geschichte; ihr Nihilismus sei dem Nietzsches verwandt. So ist es nach Camus' Auffassung letztlich Hegels Verschulden, daß die Revolution, die vor ihm nur eine Form der Revolte war, nach ihm jenen immoralistischen Charakter annimmt.

---

[43] Essais, S. 549
[44] Essais, S. 555
[45] Essais, S. 554

L'immoralisme, le matérialisme scientifique et l'athéisme remplaçant définitivement l'antithéisme des anciens révoltés, ont fait corps, sous l'influence paradoxale de Hegel, avec un mouvement révolutionnaire qui, jusqu'à lui, ne s'était jamais séparé réellement de ses origines morales, évangéliques et idéalistes.[46]

Im anschließenden Kapitel zeigt Camus, wie Marx das von Hegel ausgebildete historisch-dialektische Denkschema übernimmt. Camus ist jedoch weit davon entfernt, in diesem Übergang eine philosophische Bereicherung zu erblicken. Der Schritt von Hegel zu Marx bedeutet für ihn nicht die Wendung vom rein spekulativen Denken zu einem Denken der Praxis, vom in sich abgeschlossenen und die Welt im Begriff aufhebenden philosophischen System zur Frage des Verhältnisses von Denken und Wirklichkeit. In dieser Hinsicht erkennt Camus vielmehr keinerlei Unterschied zwischen Hegel und Marx, da beide die Philosophen der historischen Realität sind; es ist erst von zweitrangiger Bedeutung, daß Hegel das Bewegende der Geschichte im Geistigen, Marx im Ökonomischen sieht. Das Neue, das in Marx' Werk in voller Klarheit zur Darstellung gelangt, nämlich die Theorie-Praxis-Relation mit der doppelten Möglichkeit der Veränderung der Wirklichkeit durch das Denken und gleichzeitig des Denkens durch die Wirklichkeit,[47] bleibt daher Camus notwendig verborgen. Camus' Marx-Interpretation verharrt vielmehr in den Bahnen der konservativen Marx-Kritik, indem sie ihn auf die Theorie der ökonomischen Determiniertheit des Geistigen festlegt. »La position de Marx serait plus justement appelée un déterminisme historique. Il ne nie pas la pensée, il la suppose absolument déterminée par la réalité extérieure«.[48] Nachdem Camus Marx auf diese Weise vereinfacht hat, ist es ihm ein leichtes, die Fragwürdigkeit dieser Anschauung hervorzuheben. »On peut admettre que la détermination économique joue un rôle capital dans la genèse des actions et des pensées humaines sans conclure pour cela, comme le fait Marx, que la révolte des Allemands contre Napoléon s'explique seulement par la pénurie du sucre et du café.«[49] Der Schritt von Hegel zu Marx stellt sich nun so dar, als habe Marx Hegel zu einem materialistischen Determinismus zurechtgestutzt und Hegels philosophische Höhe nicht gehalten. Camus schreibt dieses Absinken dem Geist des »wissenschaftlichen« und »bürgerlichen« neunzehnten Jahrhunderts zu: »Marx avait la philosophie courte de son siècle«.[50]

---

[46] Essais, S. 550
[47] Siehe zum Problem der Marx-Deutungen Alfred Schmidt, Nachwort zu Henri Lefèbvre, Probleme des Marxismus, heute, Frankfurt/M. 1965, S. 135–45
[48] Essais, S. 603
[49] Essais, S. 604
[50] Essais, S. 603

Camus' verständlicher Voreingenommenheit gegen den damals noch stalinistischen Marxismus ist es zuzuschreiben, daß seine Marx-Kritik trotz der umfangreichen fünf Kapitel[51] nicht die Tiefe und den Reichtum erreicht, die seine sehr viel kürzere Nietzsche-Interpretation auszeichnen. In Abkehr von einer eigentlich philosophischen Kritik versucht Camus hauptsächlich, die Marx' Werk zugrundeliegenden Mythen herauszuarbeiten, um mit ihnen dessen Philosophie selbst zu widerlegen. Einer dieser Mythen ist die »bürgerliche Prophetie«, die Marx mit Renan, Comte und de Maistre teilt und die Marx als Philosophen des neunzehnten Jahrhunderts ausweist. Mit Renan habe Marx den Glauben an den unbegrenzten Fortschritt der Menschheit gemeinsam, der durch die Wissenschaft gewährleistet sein soll. Der Fortschrittsglaube verkenne aber die Bedeutung, die der Schmerz immer für den Menschen hat und auf den gerade Nietzsche mit Nachdruck aufmerksam macht.[52] Gleich Comte verkünde Marx am Ende des neunzehnten Jahrhunderts eine Religion des Menschen, die an die Stelle des christlichen Glaubens tritt. Klarer als Comte habe Marx jedoch gesehen, daß eine solche Religion nur mit den härtesten Opfern erkauft werden kann. »La religion de l'humanité sera fondée, effectivement, mais sur le sang et la douleur de l'homme«.[53] Der Vergleich mit de Maistre zeigt Camus noch einmal, daß Marx' Lehre nur eine säkularisierte Heilslehre ist, die bis in Einzelheiten mit dem theologischen Denken übereinstimmt.

Nachdem Camus die »bürgerlichen« Grundlagen von Marx' Lehre aufgedeckt hat, kann er auch die »revolutionäre« Prophetie in ihrem mythischen Charakter enthüllen. Camus legt dar, daß Marx die historische Aufgabe des Proletariats überschätzt und nicht mit den gesellschaftlichen Veränderungen gerechnet hat, die im hochtechnisierten Zeitalter den Klassenbegriff überhaupt in Frage stellen. Die revolutionäre Hoffnung auf den Sieg des Proletariats vergleicht er der christlichen Parusie. Zu Marx' geschichtlichen Irrtümern gehöre auch, daß er die nationalen Schranken nicht ausreichend berücksichtigt hat; sie hätten die Vereinigung des Proletariats sehr behindert. Schwerwiegender betrachtet Camus jedoch die Mängel, die in Marx' revolutionärer Methode selbst begründet sind. Marx' geschichtsfatalistisches System erfordere eine sich dialektisch vollziehende Entwicklung, bei der dem Sieg des Proletariats erst dessen tiefste Erniedrigung vorausgehe. »Telle est la mission du prolétariat: faire surgir la suprême dignité de la suprême humiliation. Par ses douleurs et ses luttes, il est le Christ humain qui rachète le péché collectif de l'aliénation.«[54]

[51] Essais, S. 593–648
[52] Siehe Essais, S. 1117, 1202, 1338
[53] Essais, S. 601
[54] Essais, S. 610

Erst nachdem die volle Negation erreicht sei, erfolge der dialektische Umschlag. So sei es nur folgerichtig für den Sieg des Proletariats, den Kapitalismus nach Kräften zu unterstützen und die Katastrophe des Proletariats zu beschleunigen, da lindernde Reformen nur den Ausbruch der Revolution gefährden würden.

> Le fatalisme exclut toutes réformes, dans la mesure où elles risqueraient d'atténuer l'aspect catastrophique de l'évolution et, par conséquent, de retarder l'inévitable issue. La logique d'une pareille attitude voudrait qu'on approuvât ce qui peut accroître la misère ouvrière. Il ne faut rien donner à l'ouvrier pour qu'il puisse un jour avoir tout.[55]

Indem Camus Marx' Lehre auf die fragwürdige dialektische Kehre hin zuspitzt, stellt er die Beziehung zu Nietzsche her, dessen Umschlag vom absoluten Nihilismus zum »ewigen Ja des Seins« dem gleichen gedanklichen Schema folge.

Die philosophischen Entwürfe Nietzsches, Hegels und Marx' finden nach Camus in Lenin ihre freilich unerwartete Verwirklichung. Lenin vereinfachte Marx in der gleichen Weise, wie schon Marx Hegel vereinfacht habe. »Lui est Russe, sa tâche est de faire la révolution russe. Il jette par-dessus bord le fatalisme économique et se met à l'action.«[56] Camus ist nicht der Meinung, daß Lenin mit der Schaffung des Berufsrevolutionärs und mit der Errichtung einer Art Staatssozialismus Marx' wirklichkeitsfremde Theorie durch eine kluge Politik des real Möglichen ersetze. Lenin führe im Gegenteil Marx' Utopie noch eine Stufe weiter, indem er sie in eine Herrschaft der bloßen Gewalt verwandle, die sich selbst um die revolutionäre Theorie nicht mehr kümmert. Lenins Broschüre »Der ›linke Radikalismus‹, die Kinderkrankheit im Kommunismus« enthalte den Keim zu einer ganz anderen Krankheit, nämlich der revolutionären »Taktik«, die bald zu einer Rechtfertigung jeder Gewalttat ausarte.[57] Lenin errichte das, wovon Nietzsche und Marx nur geträumt hätten, »l'impérialisme de la justice«.[58] Die »revolutionäre« Prophetie erstrebe mit unsäglicher Grausamkeit eine am Ziel der Geschichte verwirklichte Gerechtigkeit.

> Pour une justice lointaine, elle légitime l'injustice pendant tout le temps de l'histoire, elle devient cette mystification que Lénine détestait plus que tout au monde (..). La mystification révolutionnaire a maintenant sa formule: il faut tuer toute liberté pour conquérir l'Empire et l'Empire un jour sera la liberté. Le chemin de l'unité passe alors par sa totalité.[59]

---

[55] Essais, S. 610
[56] Essais, S. 631
[57] Essais, S. 788 (»Actuelles II«)
[58] Essais, S. 636
[59] Essais, S. 636

Das Gefängnis der Geschichte, das die »Deutsche Ideologie« des neunzehnten Jahrhunderts vorbereitet habe, schließe sich über dem bolschewistischen Rußland.

Camus' Urteil über die analysierten philosophisch-politischen Lehren kommt am besten in seiner Verwendung des Begriffes »Mystifikation« zum Ausdruck, den Marx in seinen Frühschriften gebraucht hatte und den Camus nun gegen Marx selbst ins Feld führt. Schon 1946 spricht Camus von der marxistischen Theorie als einem »socialisme mystifié«.[60] Marx' Lehre sei deshalb eine »Mystifikation«, weil sie unter dem Vorwand, die Interessen des Proletariats zu schützen, Ungerechtigkeit und Gewalt legitimiere und so den tiefsten Bedürfnissen des Proletariats zuwider handle. Diese »Mystifikation« versucht Camus zu bekämpfen, indem er nicht die Revolution, sondern die Reform als das einzig sinnvolle Ziel der Revolte bezeichnet. Die Reform verzichte auf die Herstellung der absoluten Freiheit, die in Wirklichkeit nur absolute Knechtschaft bedeutet; sie wende Gewalt nur dann an, wenn sie unbedingt notwendig ist; sie unterwerfe den Menschen nicht unverantwortlichen Opfern im Kampf für ein illusionäres historisches Ziel. Der Wille zur Reform und nicht zur Revolution beherrsche den französischen Sozialismus im Gefolge von Proudhon und Saint-Simon, den Camus deshalb vorteilhaft vom »cäsarischen« und »autoritären« deutschen Sozialismus nach Marx abhebt.[61] Während der Reformsozialismus die Lebensinteressen der Arbeiterschaft im Auge habe, nehme der »mystifizierte« marxistische Sozialismus zum Proletariat im Grunde die gleiche Haltung ein wie die Kapitalisten.

Der Grund der »Mystifikation« sei letzten Endes im Charakter der Ideologie selbst zu suchen. In der politischen Rolle der Ideologie sieht Camus die Ursache schlechthin für die moderne Verknechtung des Menschen.[62] Demnach ist die Schrift »L'Homme révolté« vorwiegend als Ideologie-Kritik aufzufassen, die durch die Beseitigung der ideologischen »Mystifikation« dem Menschen zu größerer Freiheit verhelfen soll. Bemerkenswert ist im Vergleich zu Malraux oder Drieu la Rochelle vor allem, daß sich Camus' Ideologie-Kritik nicht auf Nietzsche beruft, sondern diesen in einer Linie mit Marx und Hegel den Ideologen zurechnet. Freilich läßt sich aus Camus' Nietzsche-Interpretation nicht die volle Bedeutung ablesen, die Nietzsches decouvrierender Psychologie mög-

---

[60] Essais, S. 336 (»Actuelles I«)
[61] Über Camus' politische Auffassungen siehe M. Codaccini, La pensée politique d'Albert Camus, Aix en Provence 1966
[62] Brief an Sartre vom 30. 6. 1952 (»Actuelles II«)

licherweise doch für Camus' ideologiekritische Haltung zukommt. Schenkt man jedoch der Schrift »L'Homme révolté« Glauben, so fördert Nietzsches Philosophie nicht die konkrete Einschätzung des Möglichen, den »relativisme«, den »pragmatisme« der Politik, sondern sie führt wie die von Hegel und Marx zu einem totalen System, das der realen Wirklichkeit keinen Einfluß mehr auf die Theorie überläßt. Als ideologiekritische Kraft bezeichnet Camus vielmehr die Anschauung der französischen Syndikalisten, in denen die mittelmeerische Tradition ihren stärksten Ausdruck finde.

Die Gegenüberstellung der von Camus entwickelten Gedanken mit den Auffassungen von Malraux ist deshalb schwierig, weil die Probleme im »L'Homme révolté« einen Grad der philosophischen Durchdringung erlangen, der Malraux' Werken fremd ist. Dennoch läßt sich in der Beurteilung der wesentlichen geistigen Kräfte eine bemerkenswerte Übereinstimmung erkennen. So ist auffallend, daß Camus Hegel ebenso entschieden ablehnt wie Malraux, obwohl er sich viel eindringlicher als jener mit seinen Schriften befaßt hat, so daß sich daraus, zieht man noch als Parallele Drieus oder Guéhennos Abneigung gegen Hegel heran, die merkwürdige Hegel-Fremdheit weiter französischer Kreise in der ersten Hälfte des zwanzigsten Jahrhunderts ableiten läßt. In der Beurteilung von Marx weichen Camus und Malraux voneinander ab, doch läßt sich bei beiden das Bestreben erkennen, die Geschlossenheit des von Marx entworfenen »wissenschaftlichen« Systems abzulehnen und nur den humanistischen Kern davon auszunehmen. In der Stellung von Camus und Malraux zu Marx macht sich freilich der Generationsunterschied deutlich; Camus lehnt Marx ebenso klar ab wie Malraux nach 1940; Malraux' kommunismusfreundliche Phase in den dreißiger Jahren hat zwar bei Camus eine Entsprechung, doch begann zu jener Zeit erst Camus' schriftstellerische Laufbahn. Der Generationsunterschied gilt auch für die Beurteilung Lenins, in dem Camus unter dem desillusionierenden Eindruck der stalinistischen Ära nur noch einen machiavellistischen Gewaltherrscher zu sehen vermag. Merkwürdig ist dennoch, daß auch Camus wie schon Malraux und Drieu Lenin in Beziehung zu Nietzsche sieht; in Lenin erkennt Camus den freilich unerwarteten Vollstrecker eines Teiles von Nietzsches Voraussagen. Was Nietzsche selbst angeht, so zeichnet sich Camus wie schon Malraux durch sein feines Verständnis der metaphysischen Grundspannungen in Nietzsches Werk aus. Gleich Malraux in »Les Conquérants« nimmt Camus im »L'Homme révolté« Nietzsches Satz »Bleibt der Erde treu« als Ausgangspunkt seiner Überlegungen. Besonders die frühe Abhandlung »Le Mythe de Sisyphe« läßt erkennen, daß Camus wie schon Malraux Nietzsche als den wichtigsten Vorläufer einer »absurden« Philosophie betrachtet; nur kommt in der Schrift »L'Homme révolté« dieser Ansatz nicht mehr voll zur

Geltung, so daß dieser Aspekt der Beziehung zwischen Camus und Malraux allein auf dem Hintergrund des Gesamtwerks der beiden Autoren abgehandelt werden könnte. Das Verhältnis zwischen Nietzsche und Marx erscheint in der Schrift über die Revolte auf Grund der einseitigen Perspektive nicht in der Vielfalt der möglichen Verbindungen, die in Malraux' Werk bestehen; Camus vermag die Verwandtschaft zwischen Nietzsche und Marx nur in ihrer Gegnerschaft zum Mittelmeerischen zu sehen. Ein Blick auf Camus' gesamtes schriftstellerisches Schaffen würde vielleicht auch hier ein nuanciertes Bild ergeben.

Literaturverzeichnis

Zur Frage einer Malraux-Bibliographie

Boak, Denis: Malraux. A Note on Editions. In: Journal of the Australien Universities' Language and Literature Association Nr. 21, 1961, S. 79–83.

Essai de bibliographie des œuvres de Malraux. In: Livres de France 9, 2. Februar 1958, S. 8f.

Oeuvre romanesque d'André Malraux. Journal d'une fabrication. Paris 1962 (publiée par la Nouvelle Librairie de France, par Henri Jadoux).

Roedig, Charles F.: A Bibliographic Note on Malraux' Art Critcism. In: Yale French Studies, 1957.

Die bisher vollständigsten Malraux-Bibliographien finden sich bei:

Vandegans, André: La jeunesse littéraire d'André Malraux. Essai sur l'inspiration farfelue. Paris 1964 (bis gegen 1930).

Hoffmann, Joseph: L'humanisme de Malraux. Paris 1964 (bis zum Jahr 1957).

Langlois, Walter G.: André Malraux. The Indochina Adventure. New York 1966 (über die Indochina-Epoche 1923–25).

Zur Malraux-Literatur

Bernard, M.: L'œuvre romanesque de Malraux vue à travers la presse de l'entre-deux guerre. In: Revue de l'Institut de Sociologie de Bruxelles 1963, S. 393–429.

Fitch, Br. T.: A propos de quelques études sur Malraux. In: Bulletin des jeunes Romanistes, 9. Juni 1964, S. 26–31.

Hoffmann, Joseph: A propos de quelques études sur Malraux. In: Bulletin des jeunes Romanistes. 4. Dezember 1961, S. 40–46.

Zur Frage einer Malraux-Biographie

Brincourt, André: André Malraux, ou Le temps du silence. Paris 1966 (über Malraux' Ministertätigkeit).

Langlois, Walter G.: The Debut of André Malraux, Editor (Kra, 1920–22). In: PMLA LXXX, März 1965, S. 111ff.

– André Malraux. The Indochina Adventure. New York 1966.

Malraux, Clara: Apprendre à vivre. Paris 1963 (Kindheitserinnerungen bis zu ihrer ersten Begegnung mit Malraux 1920).

- Nos vingt ans. Paris 1966 (umfaßt den Zeitraum zwischen 1921 und dem Beginn der zweiten Indochina-Reise 1925).
Nouet, Noel: André Malraux à Tokyo. In: Nouvelles littéraires, 3. März 1960, S. 7.
Olivier, Jacques: Avec André Malraux en Amérique latine. In: Nouvelles littéraires, 1. Oktober 1959, S. 6.
Vandegans, André: Malraux a-t-il fréquenté les grandes écoles? In: Revue des Langues vivantes XXVI, 1960, S. 336–40.
- La jeunesse littéraire d'André Malraux. Essai sur l'inspiration farfelue. Paris 1964.

Zu Malraux' literarischem Werk (in Auswahl)

Alberes, René Marill: André Malraux et la dignité humaine. In: La révolte des écrivains d'aujourd'hui. Paris 1949, S. 27–62.
Arland, Marcel: André Malraux. In: Accords, Oktober–November 1924.
- André Malraux et »L'Espoir«. In: Essais et nouveaux essais. Paris 1952, S. 271–80.
Aubyn, F.C. St.: The Syntax of Greatness. In: The French Review 34, 1960/61, S. 140–41.
Béguin, Albert: Interrogation à Malraux. In: Esprit. Sondernummer Oktober 1948. S. 449–52.
Bespaloff, Rachel: Cheminements et carrefours. Julien Green, André Malraux, Gabriel Marcel, Kierkegaard, Chestov devant Nietzsche. Paris 1938.
Blanchot, Maurice: Note sur Malraux. In: La part du feu. Paris 1949, S. 212–15.
Blend, Charles D.: André Malraux. Tragic Humanist. Columbus 1963.
Blöcker, Günter: André Malraux. In: Die neuen Wirklichkeiten. Berlin 1957, S. 258–66.
Blumenthal, Gerda: André Malraux. The Conquest of Dread. Baltimore 1960.
Boisdeffre, Pierre de: Situation d'André Malraux. Les étapes d'une révolution. In: Des vivants et des morts. Témoignages 1948–53. Paris 1953, S. 145–164.
- André Malraux. Nouvelle édition remaniée et augmentée avec deux textes d'André Malraux. Paris Bruxelles 1954.
- André Malraux. In: Métamorphose de la Littérature. De Barrès à Malraux. Paris 1950, S. 325–74.
Bollnow, Friedrich-Georg: Das Problem des geschichtlichen Bewußtseins in André Malraux' »Die Nußbäume von Altenburg«. In: Romanistische Beiträge. Mainz 1950, S. 26–35.
Brée, Germaine: The Writer and Our Time. Malraux, Sartre, Camus. In: Variety of Literary Expression 5, 1961, S. 75–94.
Breton, André: Pour André Malraux. In: Nouvelles littéraires, 16. August 1924.
Brincourt, André et Jean: Les œuvres et les lumières. A la recherche de l'esthétique à travers Bergson, Proust, Malraux. Paris 1955.
Carduner, J.R.: La création romanesque chez Malraux. Diss. Minnesota 1959.
Chaigne, Louis: Vies et œuvres d'écrivains. Jean Giraudoux, Jean-Paul Sartre, André Malraux. Paris 1954, S. 133–80.
Chevalier, Henri: André Malraux. The Legend and the Man. In: Modern Language Quarterly 1953, S. 199–208.
Chiaromonte, N.: Malraux und der Dämon der Aktion. In: Merkur 15, 1964, S. 220–46.
Cordle, Thomas H.: Malraux and Nietzsche's »Birth of Tragedy«. In: Bucknell Review VIII, 1959, S. 89–104.

Delhomme, Jeanne: Temps et destin. Essai sur André Malraux. Paris 1955.

Delmas, Claude: André Malraux et le communisme. In: L'âge nouveau Nr. 79, Februar 1953, S. 51–62.

Douthat, Blossom: Nietzschean motifs in »Temptation of the Occident«. In: Yale French Studies 1957, S. 77–86.

Duthuït, Georges: Le Musée inimaginable. Essai I–III. 3 Bände. Paris 1956.

Eggart, Dietmar: Das Problem der Einsamkeit und ihre Überwindung im Romanwerk von André Malraux. Diss. Tübingen 1966.

Ferreira, Vergílio: André Malraux. Interrogaçao ao destino. Lissabon 1963.

Fitch, Br. T.: Splendeurs et misères du »Monstre incomparable«. In: Le sentiment d'étrangeté chez Malraux, Sartre, Camus, Simone de Beauvoir. Paris 1964, S. 15–92.

– Les deux univers romanesques d'André Malraux. Paris 1964.

Frageone, Virgilio: Il museo dei musei. In: Civiltà Cattolica CX, 1959, S. 168–78.

Frohock, Wilbur Merrill: André Malraux and the Tragic Imagination. Stanford 1952.

Gannon, Edward: The Honor of Being a Man. The World of Malraux. Chicago 1957.

Girard, René: Man, Myth and Malraux. In: Yale French Studies 18, 1957, S. 55–62.

Golberger, Avriel: Visions of a New Hero. The Heroic Life According to André Malraux and Earlier Advocates of Human Grandeur. New York 1965, S. 145–243.

Goldmann, Lucien: L'individu, l'action et la mort dans »Les Conquérants« de Malraux. In: Méditations 6, 1963, S. 69–94.

– Pour une sociologie du roman. Paris 1964. 2. Aufl. Paris 1966 (Coll. Idées).

Halda, Bernard: Berenson et Malraux. Paris 1964 (Coll. Confrontations Bd. 4).

Hartman, Geoffrey H.: André Malraux. London 1960.

Hoffmann, Joseph: L'humanisme de Malraux. Paris 1964.

Jenkins, C.: The Concept of the Individual in the Work of Malraux and its Metaphysical, Political and Aritstic Implications. Diss. Dublin 1957/58.

Jeschke, Hans: Tragischer Humanismus als Lebensaspekt bei André Malraux. In: Romanistisches Jahrbuch 4, 1951, S. 342–73.

Kerndter, Fritz: André Malraux. Die Suche nach einem neuen Menschenbild in Leben und Werk bis 1933. Diss. München 1957.

Knight, Everett W.: Literature Considered as Philosophy. The French Example. London 1957, S. 128–59.

Lapique, Charles: A propos des »Voix du Silence«. Paris o. J. (12 S.).

Madaule, Jacques: André Malraux. »L'Espoir«. In: Reconnaissances. Bd. III. Paris 1946.

Maestre, A. Espiau de la: Malraux und der »postularische Atheismus«. In: Stimmen der Zeit 167, 1960/61, S. 180–89.

– Der Zeuge André Malraux, oder: Existentialismus zwischen revolutionärer Aktion und ästhetischem Traum: In: Wort und Wahrheit XVI, 1961, S. 449–60.

Magny, C.-E.: Malraux le fascinateur. In: Esprit. Sondernummer Oktober 1948, S. 513–35.

Maulnier, Thierry: André Malraux. La Condition Humaine. Adaptation théâtrale. Paris-Théâtre 1955.

Mauriac, Claude: Malraux ou le mal du héros. Paris 1946.

– Malraux et les »Voix du Silence«. In: Hommes et idées d'aujourd'hui. Paris 1953, S. 181–203.

Mauriac, François: De Gaulle et Malraux. In: Figaro littéraire, 5. Juli 1958.

Moeller, Charles: André Malraux. Espoir des hommes. In: Littérature du XXe siècle et christianisme. Bd. III. Paris 1957, S. 21–192.

Montigny, R.: Malraux. Kondottiere, Schriftsteller, Künstler und Kritiker. In: Antares 6, 1958, S. 583–86.

Mosely, E. M.: Pseudonyms of Christ in the Modern Novel. Pittsburg 1962, S. 177–94.

Moser, Yvonne: L'essai de constitution d'un monde dans l'œuvre d'André Malraux. Diss. Zürich 1957.

Mounier, Emmanuel: André Malraux. Le conquérant aveugle. In: Carnets der route. Bd. III. Paris 1953, S. 11–81. Erstveröffentlichung in: Esprit. Sondernummer Oktober 1948, S. 469–512.

Nadeau, Maurice: André Malraux et la monnaie de l'absolu. In: Littérature présente. Paris 1952, S. 148–52.

Picon, Gaëtan: André Malraux. Paris 1945.

– Malraux par lui-même. Paris 1953 (Coll. Ecrivains de toujours. Ed. du Seuil).

– Malraux et la condition humaine. In: Biblio, Februar 1958, S. 3–5.

– Malraux et la psychologie de l'art. In: L'usage de la lecture. Paris 1960, S. 131–53.

Reck, Rima Drell: The Heroes in the Novels of Malraux. The Aesthetes and the Myth of Art. University of Kansas City Review XXVIII, 1961, S. 151–57.

– Malraux' Cerebral Erotism. In: Forum (Houston) III, IX, 1961, S. 44–46.

Righter, William: The Rhetorical Hero. An Essay on the Aesthetics of André Malraux. London 1964.

Roedig, Charles F.: A Study of Malraux's »La Condition Humaine«. Diss. Yale 1956.

– The Early Fascinations of Malraux. In: American Society of Legion of Honor Magazine 39, 1958, S. 21–31.

Roger, J.: Figuras de la literatura francesa contemporánea. Madrid 1962, S. 97–104.

Rousseaux, André: André Malraux. Ecrivain révolutionnaire. In: Littérature du XXe siècle. Bd. II. Paris 1948, S. 51–59.

– La révolution d'André Malraux. In: Littérature du XXe siècle. Bd. III. Paris 1949, S. 47–72.

– L'humanisme d'André Malraux. In: Littérature du XXe siècle. Bd. IV. Paris 1953, S. 174–95.

Roy, Claude: André Malraux et Léon Tolstoi. In: Descriptions critiques. Bd. I. Paris 1949, S. 223–45.

Savane, Marcel: André Malraux. Paris 1946.

Simon, Pierre-Henri: L'homme en procès. Malraux, Sartre, Camus, Saint-Exupéry. 5. Aufl. Neuchâtel-Paris 1950.

– Témoins de l'homme. La condition humaine dans la littérature contemporaine. Paris 1951, S. 135–53.

Sperber, Manès: Malraux at 60: There's Hope in Man's Fate. In: New York Times Book Review, 5. November 1960, S. 4.

Steinmann, Jean: A propos des »Voix du silence«. In: Littérature d'hier et d'aujourd'hui. Paris 1963, S. 227–35.

Stéphane, Roger: Malraux et la révolution. In: Esprit. Sondernummer Oktober 1948, S. 461–68.

– Portrait de l'aventurier. T. H. Lawrence, Malraux. 2. Aufl. Paris 1965, S. 223–46.

Surchamp, Dom Angelico O. S. B.: André Malraux. Paris 1962.

Tilliette, Xavier: Malraux et les dieux. In: Existence et littérature. Brügge 1962, S. 129–76.

Vandegans, André: La jeunesse littéraire d'André Malraux. Essai sur l'inspiration farfelue. Paris 1964.

Vila Selma, José: La libertad de la inteligencia y el pensamiento de André Malraux. In: Cuadernos hispano-americanos 35, 1958, S. 199–209.

Zeltner-Neukomm, Gerda: Neuer Malraux. In: Trivium VII, 1948.

Verzeichnis der zitierten Ausgaben

La Tentation de l'Occident. Bd. 2 der »Œuvres complètes«, Genf Paris 1945, Albert Skira.
Erstveröffentlichung Paris, 1926, Grasset.

A une Jeunesse européenne. In: Ecrits, von André Chamson, André Malraux, Jean Grenier, Henri Petit, mit »Trois Poèmes« von J.-P. Jouve, hg. von Daniel Halévy, Paris 1927, Grasset, Bd. 70 der »cahiers verts« (Schlußband der ersten Serie), S. 129–153.

Les Conquérants. In: Romans, Bd. 70 der Bibliothèque de la Pléiade, Neuauflage Paris 1955, S. 7–162.
Erstveröffentlichung Paris 1928, Grasset.

La Voie Royale. Bd. 4 der »Œuvres complètes«, Genf–Paris 1945, Albert Skira.
Erstveröffentlichung Paris 1930, Grasset.

La Condition Humaine. In: Romans, Bd. 70 der Bibliothèque de la Pléiade, S. 179–432.
Erstveröffentlichung Paris 1933, Gallimard.

Le Temps du Mépris. Bd. 5 der »Œuvres complètes«, Genf–Paris 1945, Albert Skira.
Erstveröffentlichung Paris 1935, Gallimard.

L'Espoir. In: Romans, Bd. 70 der Bibliothèque de la Pléiade, S. 433–858.
Erstveröffentlichung Paris 1937, Gallimard.

La lutte avec l'Ange. Bd. 7 der »Œuvres complètes«, Genf–Paris 1945, Albert Skira.
Erstveröffentlichung Genf 1943, Albert Skira.
Französische Erstveröffentlichung unter dem Titel »Les Noyers de l'Altenburg«, Paris 1948, Gallimard.

Esquisse d'une Psychologie du Cinéma, Paris 1946, Gallimard.

La Psychologie de l'Art. Genf/Paris, Albert Skira.
Bd. I: Le Musée imaginaire (1947)
Bd. II: La Création artistique (1948)
Bd. III: La Monnaie de l'Absolu (1950).

Saturne. Essai sur Goya. Genf/Paris 1950, Albert Skira.

Les Voix du Silence. »La Galerie de la Pléiade«, 2. Aufl., Paris 1956, Gallimard.
Erstveröffentlichung Paris 1951, Gallimard.

Le Musée imaginaire de la Sculpture mondiale. »La Galerie de la Pléiade«, Paris, Gallimard.
Bd. I: Le Statuaire (1952)
Bd. II: Des Bas-Reliefs aux Grottes sacrées (1954)
Bd. III: Le Monde chrétien (1954).

La Métamorphose des Dieux. »La Galerie de la Pléiade«, Paris 1957, Gallimard.

Antimémoires, Paris 1967, Gallimard.

Nietzsche zitieren wir nach den »Werken in drei Bänden«, hg. von Karl Schlechta, Hanser Verlag, München 1954–56.

Den Marx-Zitaten haben wir, wenn nicht anders vermerkt, die Berliner historisch-kritische Gesamtausgabe zugrundegelegt.

Namensverzeichnis